Maurice Leenhardt
(1878-1954)

Mondes Océaniens
Collection fondée par Paul de Deckker

Les sciences humaines ont contribué à la perception des réalités passées et présentes des communautés et des sociétés du Pacifique Sud. Le croisement des approches – sociale, culturelle, politique, historique, juridique ou économique – doit conduire à un nouvel effort théorique et méthodologique. Il permettra d'affiner l'analyse de sociétés traditionnelles de l'Océanie, confrontées aux mutations engendrées de l'extérieur ou induites de l'intérieur.

Cette collection accueille des ouvrages et des essais traitant des archipels du Grand Océan dans cette logique et cette perspective.

Déjà parus

Lieutenant William BLIGH, *La Bounty. Voyage à la Mer du Sud (1787-1789),* 2015.
Armand HAGE, Jean-Yves FABERON (dir.), *Mondes océaniens. Etudes en l'honneur de Paul de Deckker,* 2010.
Antoine LECA et Bernard GILLE, *Histoire des institutions de l'Océanie française. Polynésie, Nouvelle-Calédonie, Wallis & Futuna,* 2009.
Robert BERTRAM, *Gouverner la Nouvelle-Calédonie,* 2008.
Sophie CAZAUMAYOU, *Objets d'Océanie,* 2007.
Viviane CRETTON, *Négocier le conflit à Fidji.* 2007.
Bernard RIGO, *Conscience occidentale et fables océaniennes ou La dynamique de la contradiction,* 2004.
Dominique PECHBERTY et Epifania TOA, *Vivre la coutume à 'Uvéa (Wallis). Tradition et modernité à 'Uvéa,* 2004.

Sous la direction de
Gwénael Murphy, Dominique Barbe
et Caroline Graille

MAURICE LEENHARDT (1878-1954)

Contextes et héritages

Avec le soutien de l'équipe de recherche Trajectoires d'Océanie (Université de la Nouvelle-Calédonie)

© L'Harmattan, 2022
5-7, rue de l'École-Polytechnique ; 75005 Paris
http://www.editions-harmattan.fr
ISBN : 978-2-14-025824-4
EAN : 9782140258244

Remerciements

Cet ouvrage propose la publication des actes du colloque « Maurice Leenhardt. Contextes et héritages » et veut marquer une nouvelle étape dans la connaissance de l'histoire coloniale de la Nouvelle-Calédonie, en lien avec l'émergence, depuis 2017, de l'équipe de recherche pluridisciplinaire « TROCA » (Trajectoires d'Océanie).

Ce colloque international, qui a réuni une quinzaine d'intervenants et un public nombreux les 27 et 28 septembre 2019 et qui s'est tenu à l'université de la Nouvelle-Calédonie, n'aurait pu se dérouler sans le soutien financier et matériel de cette institution et de ses services : qu'ils soient ici remerciés pour leur appui, en particulier le président Gaël Lagadec, qui a assuré l'ouverture des débats.

Nous adressons nos remerciements les plus sincères aux intervenants, en particulier Frédéric Rognon, qui a accompli le long voyage depuis la France vers la Nouvelle-Calédonie afin d'apporter sa contribution et sa connaissance importante de l'œuvre et de la vie du pasteur Leenhardt. Nous tenons également à remercier pour leur soutien constant et leur participation Yann Bévant, directeur de l'équipe TROCA, et Louis Lagarde, directeur adjoint, qui a transmis à l'assistance un texte inédit de l'anthropologue océaniste Jean Guiart, disparu quelques jours auparavant.

Enfin, nous remercions l'ensemble des communicants, dont tous les textes n'ont pu être publiés ici, des présidents de séance et des modérateurs, qui ont assuré la bonne tenue des débats, et du public venu écouter et dialoguer autour de l'héritage du pasteur Leenhardt : tous ont permis que les deux journées de ce colloque soient fructueuses et, nous le souhaitons, porteuses d'autres recherches à venir.

INTRODUCTION

Dominique BARBE

La personnalité de Maurice Leenhardt et son œuvre diverse sont au centre de cette publication.

Homme de foi, mais aussi homme d'action et de réflexion, il est une des figures les plus riches de l'histoire de la Nouvelle-Calédonie et de la mission protestante à un moment où triomphe le monde colonial et où les populations kanak, soumises à des changements violents, cherchent à se réinventer. Ce colloque organisé par l'équipe TROCA (Trajectoires d'Océanie, université de la Nouvelle-Calédonie) en septembre 2019 à Nouméa se proposait de montrer les multiples facettes de cette personnalité hors pair en dégageant les contradictions que le pasteur-missionnaire a pu rencontrer en découvrant un monde qu'il ne connaissait pas. Dans un contexte colonial marqué par le « grand cantonnement » et des contraintes de plus en plus pesantes sur les Kanak, il emprunte des chemins originaux pour découvrir leur culture, avec l'aide de nombreuses personnes, à commencer par Jeanne, son épouse. Quelques communications ont servi à planter le décor, mais il faudrait aller plus loin tant les écrits de Maurice Leenhardt, encore en partie méconnus, sont riches en enseignement sur l'homme, sur son temps, mais aussi sur celles et ceux qu'il rencontre.

Formé à la théologie et la philosophie dans un monde intellectuel protestant ouvert aux questions sociales de la fin du XIXe siècle et où les débats foisonnent, M. Leenhardt aborde le monde de la mission outre-mer et plus précisément de la mission en terre kanak en homme éclairé. Mais, preuve de son génie propre, ses idées et son discours évoluent sur le monde des Kanak qu'il cherche à comprendre au gré de ses découvertes et de ses échanges pour enraciner le message évangélique (voir Frédéric Rognon). Cette altérité, il l'a d'abord cherchée en Afrique australe. De cette rencontre avec un monde protestant contrasté et qui risque à tout moment d'éclater, M. Leenhardt tire deux enseignements : il faut collaborer avec les Églises réformées britanniques, d'une part, et éviter d'autre part des dérives qui font sortir les fidèles du champ du religieux vers celui du politique. Malgré une défiance ancienne et cultivée, l'exemple de M. Leenhardt sera repris tardivement en Nouvelle-Calédonie par certains prêtres catholiques et en particulier par François Luneau, prêtre mariste qui desservit, deux décennies après le pasteur, une mission voisine. Les modes d'action et le souci de former un encadrement autochtone caractérisent une époque où l'œcuménisme théorisé par la suite se développe d'abord sur ce terrain partagé (voir Dominique Barbe). Les missions rencontrent en effet les mêmes problèmes pour évangéliser et christianiser des populations dont les formes de pensée sont difficilement compréhensibles pour des Européens. En se plaçant dans une vision évolutionniste et des problématiques héritées du christianisme et des philosophies antiques, M. Leenhardt lui-même donne du monde intellectuel qu'il découvre une vision déformée qui finira par s'imposer aux Kanak eux-mêmes (voir Bernard Rigo).

Mais Maurice Leenhardt n'est pas seulement un pasteur solitaire sans connexion avec le monde de la pensée de son temps : sa trajectoire intellectuelle, qui débute sous l'influence de son père, le pasteur Franz Leenhardt, géologue et théologien ouvert aux questions sociales de son temps, est nourrie de rencontres, dont celle de son gendre Éric Dardel, géographe. En conséquence, le théologien qu'il est se préoccupe sans cesse de l'homme au point d'en faire le centre de sa géographie et de ses recherches (voir Gilles Vidal). Sur le terrain, M. Leenhardt fait en outre preuve d'un esprit curieux et très ouvert. Avec son épouse Jeanne, issue d'une famille impliquée de longue date dans l'étude des peuples océaniens, il rencontre Marius Archambault, qui l'initie à l'histoire pré-européenne de la Nouvelle-Calédonie, qu'en témoins de leur temps, tous appellent la préhistoire. Leurs questionnements et échanges sont le point de départ qui mènera à une archéologie scientifique et professionnelle en Océanie (voir Émilie Dotte). Un esprit identique le guide dans l'étude et l'apprentissage des langues kanak. Alors qu'il aurait très bien pu se limiter à la pratique traditionnelle des missions, il utilise les hommes qu'il a formés à cette tâche de christianisation, pour mener une véritable enquête linguistique lors de son dernier séjour en Nouvelle-Calédonie. Il en tire un ouvrage phare en son temps : *Langues et dialectes de l'Austro-Mélanésie,* publié en 1946. Si le rôle des uns et des autres, notamment la part de la collecte et des apports personnels, est difficile à distinguer dans cette œuvre prolifique, l'initiative en revient à M. Leenhardt (voir Bernard Gasser).

Mais M. Leenhardt peut aussi se montrer plus polémique. Alors qu'il est en France lors de l'Exposition coloniale de 1931, il profite de l'événement pour prendre la parole lors d'une conférence à de jeunes protestants sur le thème de la légitimité de la colonisation. Après avoir présenté les avis des uns et des autres pour ou contre la colonisation, il expose ses propres idées marquées par des positions protestantes mais aussi par son évolution personnelle sur le sujet. On peut ainsi cerner la pensée de Leenhardt sur le phénomène colonial (voir Gwénael Murphy). Ces propos n'ont cependant pas convaincu par la suite les principaux intéressés que sont les Kanak et les chercheurs français des générations suivantes. « L'évolutionnisme théologique » et le « paternalisme missionnaire » du pasteur-ethnologue ont alors été dénoncés à la lueur de l'évolution politique et sociale du monde kanak. Mais ces critiques ouvrent surtout la voie à une réflexivité des sciences sociales sur leurs propres pratiques de terrain et d'écriture (voir Caroline Graille).

En résumé, M. Leenhardt est un homme de son temps mais aussi un « défricheur », et sans doute un précurseur, tant dans le domaine de la foi que dans celui des sciences sociales (ethnologie, anthropologie, linguistique et archéologie). Tous les aspects de la richesse de sa réflexion ou de ses relations avec les Kanak, les autres hommes d'Église et les *intelligentsias* de la première moitié du XXe siècle, ne sont pas encore connus. De nombreux fonds dorment encore aux archives de la Nouvelle-Calédonie (voir Ismet Kurtovitch). Un inventaire complet de ces sources est d'ailleurs donné en annexe avec la bibliographie « leenhardtienne » mobilisée pour ce colloque.

Les présupposés théologiques et philosophiques du discours leenhardtien

Frédéric ROGNON

Interroger les présupposés théologiques et philosophiques du discours leenhardtien, c'est, d'une part, chercher à discerner les ressources intellectuelles et symboliques disponibles, soit préalablement à la rencontre de Maurice Leenhardt avec l'altérité culturelle, en l'occurrence avec l'univers kanak, soit intervenant au cours du processus qui se déploie entre le contact avec l'altérité et la production du discours sur cette altérité, et c'est, d'autre part, analyser l'articulation entre ces références situées en amont, l'expérience vécue de la rencontre et la production discursive. Aucun esprit n'est vierge de tout présupposé, qu'il s'agisse de celui d'un ethnologue ou de celui d'un missionnaire, et Maurice Leenhardt avait une conscience relativement aiguë de ses propres présupposés de missionnaire-ethnologue. Même s'il évoquait régulièrement ses « humanités canaques » (« humanités » au sens de propédeutique, ce qui laisserait à penser à une initiation *ex nihilo*), il assumait totalement sa posture de missionnaire-ethnologue, dans laquelle il voyait une dialectique : la posture de missionnaire le rendait à ses yeux sensible à certaines réalités religieuses auxquelles une ethnologie athée ou agnostique n'aurait pas eu accès, par exemple, et la posture d'ethnologue lui permettait de devenir, disait-il, meilleur missionnaire. La mission d'évangélisation était donc à la fois un présupposé et une finalité, l'analyse ethnologique s'avérant être un moyen mais également un certain type de regard, et donc elle aussi un présupposé.

Les sources à partir desquelles j'ai travaillé pour cette recherche sont d'une part les écrits publiés de Maurice

Leenhardt, qui se réfèrent explicitement ou implicitement à d'autres auteurs ou courants de pensée, mais aussi la correspondance qu'il entretient avec ses parents durant son apostolat, et d'autre part la bibliothèque de Maurice Leenhardt, qui permet de repérer ce qu'il avait lu. Lors de mon séjour à Nouméa en juillet-août 2018, le directeur de la bibliothèque de l'Université de Nouvelle-Calédonie, Philippe Bénier, avait eu la grande amabilité de me permettre d'accéder au Fonds Leenhardt, et j'ai par ailleurs dans ma bibliothèque personnelle un certain nombre d'ouvrages et de revues que le fils du missionnaire, Raymond-Henri Leenhardt, m'avait cédé peu avant sa mort en 1982, et qui sont annotés de la main de Maurice Leenhardt et comprennent parfois même des lettres glissées ou collées entre la couverture et la page de garde. Tout cela est fort précieux pour saisir quelles étaient les références livresques du missionnaire-ethnologue, et donc le paysage de ses présupposés.

Mon parcours s'articulera en trois étapes : tout d'abord, les présupposés théologiques du discours leenhardtien ; ensuite, ses présupposés philosophico-anthropologiques ; et enfin, ses présupposés spécifiquement philosophiques, avant de proposer une conclusion récapitulative.

Les présupposés théologiques

Dans quel contexte religieux le jeune Maurice Leenhardt a-t-il grandi et a-t-il été formé ? Le protestantisme français au XIXe siècle est passablement divisé. Après des décennies de persécutions qui l'avaient peu ou prou unifié dans l'adversité, le rétablissement de la liberté de conscience et de culte avait produit un certain nombre de fractures, et le principal clivage opposait le libéralisme théologique à l'orthodoxie calvinienne (qu'on appelle aussi, à l'époque, évangélisme).

Le libéralisme défend la légitimité d'un rapport scientifique et critique aux Écritures (on lit la Bible avec les mêmes outils d'analyse que pour Homère, Flavius Josèphe ou Shakespeare) ; il tend également à relativiser les dogmes (en pointant leur caractère historique, donc relatif) au profit d'une liberté d'interprétation et surtout d'une focalisation sur l'éthique : la vie chrétienne est moins une question de doctrine que de conduite droite et altruiste, elle est davantage une orthopraxie qu'une orthodoxie ; enfin, les libéraux accueillent favorablement les découvertes scientifiques et les évolutions culturelles dans lesquelles ils voient un progrès moral et spirituel pour l'humanité, une humanité amendable et perfectible.

L'orthodoxie calvinienne, pour sa part, met en exergue, comme son nom l'indique, la pureté de la saine doctrine, enracinée dans une lecture confiante et peu critique des Écritures et de leur reformulation par les premiers Conciles et par Jean Calvin. Les orthodoxes insistent sur la nécessité d'une piété personnelle, et adoptent une certaine défiance à l'égard des sciences (notamment du darwinisme) et des mouvements intellectuels et culturels de la modernité, vis-à-vis desquels ils construisent une apologétique, dans une posture défensive de la foi chrétienne. Ils ont enfin une vision négative de la nature humaine, totalement corrompue et incapable par ses propres forces du moindre progrès.

Le synode de 1872 n'avait pas permis l'unification du protestantisme, les velléités de rapprochement achoppant notamment sur le principe d'une confession de foi, que les orthodoxes exigeaient et que les libéraux refusaient. Or, en 1875, soit trois ans après le Synode et trois ans avant la naissance de Maurice Leenhardt, son père Franz Leenhardt (1846-1922) est nommé enseignant à la Faculté de théologie de Montauban. Les protestants français disposaient alors de deux facultés de théologie (Strasbourg ayant été cédée à l'Allemagne au terme de la guerre de 1870) : Paris, d'orientation libérale, et Montauban (qui déménagera pour Montpellier en 1920), d'orientation orthodoxe. Franz Leenhardt bénéficiait d'une double formation de théologien et de géologue, et hésitait entre le ministère pastoral et une carrière académique. Sa nomination à Montauban sur une chaire de philosophie des sciences, créée pour lui, révèle que la question du rapport entre théologie et science travaillait en profondeur la communauté protestante, et que le camp orthodoxe avait finalement admis la nécessité, sinon d'un dialogue avec les sciences, du moins d'une sensibilisation des futurs pasteurs aux acquis des sciences et à la démarche scientifique.

Tout en se rattachant à la famille orthodoxe du point de vue de la piété, Franz Leenhardt était un « évolutionniste chrétien »[1], qui tentait de réconcilier, non seulement orthodoxie et libéralisme, théologie et sciences, mais création et évolution, en voyant dans la collaboration des hommes à l'œuvre créatrice de Dieu, un vecteur de progrès moral et spirituel. Sa thèse consacrée à l'idée de « création » chez le théologien allemand Richard Nothe, sera publiée[2], et se trouve dans le Fonds Leenhardt déposé à la bibliothèque de l'Université de Nouvelle-Calédonie. Ce qu'il transmettra à son fils peut se résumer en deux motifs : celui de l'évolution ascensionnelle de l'humanité (motif qui sera si décisif, comme on le sait, dans la compréhension leenhardtienne des mutations que connaît le monde kanak), et celui de l'observation attentive et rigoureuse des faits bruts, les faits étant selon lui « une parole de Dieu ». D'où sa fameuse formule, souvent citée, tirée de la lettre du 24 décembre 1902 qu'il envoie à son fils fraîchement débarqué en Nouvelle-Calédonie comme jeune missionnaire : « Ils te diront peut-être des choses étranges, mais écoute d'abord, et tâche de comprendre en traduisant ce qu'ils disent dans ta mentalité : tu verras peut-être alors que ce n'est pas si étrange, mais seulement dans une autre langue que celle qui correspond à notre mentalité... »[3]. Le conseil d'un père à son fils de ne pas parler trop vite, même s'il est, en tant que missionnaire, « l'homme de la parole », servira de viatique tout au long du quart de siècle d'apostolat de Maurice Leenhardt.

Mais celui-ci va être, au cours de sa formation puis dans ses premières années en Nouvelle-Calédonie, de plus en plus attiré par un autre courant théologique qui surgit à la fin du XIXe

---

[1] Voir la notice nécrologique de Philippe Daulte, « Franz Leenhardt 1846-1922 », *Revue de théologie et de philosophie*, vol. 10 (1922), fasc. 44, p. 187-191 (ici p. 189).
[2] Franz Leenhardt, *De l'idée de la création d'après R. Nothe*, Montpellier, Imprimerie de Boehm et fils, 1871.
[3] Maurice Leenhardt, *Do Kamo. La personne et le mythe dans le monde mélanésien* [1947], Paris, NRF Gallimard (coll. Les Essais CLXIV), éd. 1971, p. 7.

siècle : le Christianisme social[4]. Entre libéralisme et orthodoxie, en effet, s'affirme peu à peu une troisième voie. On peut situer la naissance officielle du Christianisme social en 1888, dix ans après la naissance de Maurice Leenhardt, lors du premier Congrès de l'Association Protestante pour l'Étude Pratique des Questions Sociales (APEPQS), qui se tient à Nîmes. Les principales figures du Christianisme social sont, pour la première génération, Tommy Fallot et Charles Gide, et pour la seconde génération, Wilfred Monod et Élie Gounelle[5]. Le Christianisme social, comme son nom l'indique, veut réconcilier christianisme et préoccupations sociales, celles-ci ayant été par trop négligées par les Églises et les théologiens. La « question sociale » désigne, au XIXe siècle, tous les effets délétères de la révolution industrielle et du capitalisme : misère, exclusion, logements insalubres, accident du travail, chômage, précarité, alcoolisme, prostitution... Les chrétiens-sociaux lisent dans la Bible combien la thématique de la justice est présente comme un fil rouge depuis la Genèse jusqu'à l'Apocalypse. C'est pourquoi ils considèrent que l'expression « christianisme social » est en réalité un pléonasme, car le christianisme est par définition intégral et concerne tout l'homme. Mais cela avait été oublié pour ne s'occuper que des âmes. Alors que les paroisses protestantes, de configuration massivement bourgeoise, se situent au cœur des villes, les pasteurs chrétiens-sociaux vont implanter dans les faubourgs populaires, non pas des temples, mais des foyers d'évangélisation et de travail social, qu'ils

---

[4] Klauspeter Blaser, *Le Christianisme social. Une approche théologique et historique*, Paris, Van Dieren éditeur (coll. Débats), 2003.
[5] Alfred Boegner, *La vie et la pensée de T. Fallot. Tome I : La préparation (1844-1872)*, Paris, Berger-Levrault / Librairie Fischbacher, 1914 ; *Tome II : L'achèvement (1872-1904)*, Paris, Berger-Levrault / Librairie Fischbacher, 1926 ; *T. Fallot. L'Homme et l'œuvre*, Paris, Éditions « Je sers », 1940 ; Marc Pénin, *Charles Gide 1847-1932. L'esprit critique*, Paris, L'Harmattan (Les œuvres de Charles Gide – Biographie), 1997 ; Frédéric Rognon, *Charles Gide. Éthique protestante et solidarité économique*, Lyon, Éditions Olivétan (coll. Figures protestantes), 2016 ; Laurent Gagnebin, *Christianisme spirituel et christianisme social. La prédication de Wilfred Monod (1894-1940)*, Genève, Labor et Fides (coll. Histoire et Société, n°14), 1987 ; *Wilfred Monod. Pour un Évangile intégral*, Lyon, Éditions Olivétan (coll. Figures protestantes), 2018 ; Jean Martin, *Élie Gounelle. Apôtre et inspirateur du christianisme social*, Paris, L'Harmattan (coll. Religion et sciences humaines), 1999.

appelleront « Fraternités » (familièrement « Frats ») ou « Solidarités ». On y met en œuvre, au moins autant que des cultes et des chorales, des cours d'alphabétisation, des institutions d'éducation populaire, des actions de soutien aux chômeurs, aux femmes battues ou aux alcooliques qui veulent se libérer de leur addiction.

La théologie du Christianisme social est focalisée sur les motifs du « Royaume » et de l'espérance. Le « Royaume de Dieu » est compris, non pas comme un horizon strictement eschatologique à attendre pour la fin des temps, mais d'abord comme une réalité à construire tous les jours, par l'engagement dans les luttes sociales et le combat pour la justice. Il y a donc une solution de continuité entre l'histoire terrestre des hommes et le « Royaume des Cieux ». Et le Royaume progresse chaque fois que les droits des plus pauvres sont respectés, chaque fois qu'un homme malmené recouvre sa dignité, qu'un exclu prend des responsabilités (d'où l'engagement résolu des chrétiens-sociaux dans le mouvement coopératif), qu'une femme sort de la prostitution ou qu'un ancien buveur est libéré de l'alcoolisme. À l'exposé de tels motifs, on entend déjà l'impact de cette orientation théologique sur la pratique de Maurice Leenhardt en Nouvelle-Calédonie. Et l'espérance est donc tout sauf désincarnée ou passive : elle s'inscrit dans les réalités socio-économiques les plus concrètes.

Le Christianisme social connaît en son sein plusieurs tendances[6] : certaines, en affinité avec les courants socialisants, vont jusqu'à justifier la lutte des classes ; à l'autre extrémité du spectre, la Mission Populaire Évangélique est fondée en 1872, juste après la Commune de Paris (autre événement qui aura les échos que l'on sait en Nouvelle-Calédonie), pour promouvoir l'évangélisation des milieux populaires afin d'éviter précisément une nouvelle révolte. Et entre ces deux extrêmes, on repère différentes nuances, le maître-mot commun à tous les chrétiens-sociaux étant celui d'« émancipation ». L'émanci-

---

[6] Jean Baubérot, « Le christianisme social français de 1882 à 1940. Évolution et problèmes », *Revue d'Histoire et de Philosophie Religieuses*, volume 67, n°1, janvier-mars 1987, p. 37-63 ; « Le christianisme social français de 1882 à 1940. Évolution et problèmes (suite et fin) », *Revue d'Histoire et de Philosophie Religieuses*, volume 67, n°2, avril-juin 1987, p. 155-179.

pation est comprise comme une sortie de l'aliénation, qu'elle soit intérieure ou extérieure. Le Christianisme social emprunte au libéralisme sa vision évolutionniste de l'histoire conçue comme progrès, et son insistance sur la liberté, mais il conserve de l'orthodoxie une piété fervente : les chrétiens-sociaux sont en effet des hommes et des femmes de prière, qui, par exemple, célèbrent régulièrement, une fois par semaine si ce n'est par jour, un culte domestique, en famille, en plus du culte communautaire du dimanche matin. Maurice Leenhardt est, très nettement et de manière de plus en plus affirmée avec le temps, un chrétien-social. J'en veux pour preuve la présence dans sa bibliothèque de la collection de la revue intitulée *Christianisme social*, à partir de 1921, mais aussi d'ouvrages de et sur Tommy Fallot, de livres d'Élie Gounelle et de Wilfred Monod, d'un ouvrage du fondateur du Christianisme social aux États-Unis (le *Social Gospel*), Walter Rauschenbusch, ou de traités rédigés par des pasteurs chrétiens-sociaux[7]. J'en veux également pour preuve qu'à son retour définitif à Paris, en 1926, Maurice Leenhardt exercera pendant une dizaine d'années un ministère pastoral dans un poste de la Mission Populaire Évangélique, l'un des fers de lance du Christianisme social. Mais on peut déjà repérer une nette orientation chrétienne-sociale dès la thèse qu'il soutient quelques semaines avant son premier départ pour la Nouvelle-Calédonie en 1902, consacrée au mouvement éthiopien au Sud de l'Afrique[8]. Il s'agit d'un mouvement schismatique au sein de la Mission britannique, qui, contestant la direction des missionnaires européens, crée une Église autochtone africaine indépendante. Or, les conclusions de la thèse du jeune Maurice Leenhardt sont sans ambiguïté :

---

[7] Tommy Fallot, *Qu'est-ce qu'une Église ? Un chapitre de christianisme pratique*, Paris, Librairie Fischbacher, 1897 ; Alfred Boegner, *La vie et la pensée de T. Fallot, op. cit.* ; Elie Gounelle, *La famille et les forces de l'avenir*, Cahors / Alençon, Imprimerie A. Coueslant, 1914 ; Wilfred Monod, « Ceci est mon corps », Mâcon, Imprimerie Protat Frères, 1901 ; *L'examen de conscience*, Paris, Librairie Fischbacher, 1924 ; *Vers une chrétienté*, Paris, Librairie Fischbacher, 1927 ; Walter Rauschenbusch, *La situation tragique du riche*, Neuchâtel, Éditions Forum, 1921 ; S. Maillet, *Le devoir des Églises protestantes en face de l'alcoolisme*, Alger, Courrier du dimanche, 1900.
[8] Maurice Leenhardt, *Le mouvement éthiopien au Sud de l'Afrique de 1896 à 1899* [1902], Paris, Académie des sciences d'Outre-mer, éd. 1976.

« L'éthiopisme est un mouvement social d'un peuple réclamant ses droits au moment précis où il prend conscience de lui-même, et de l'oppression dont il est l'objet de la part d'un gouvernement étranger. L'éthiopisme est causé par les lois restrictives du Code indigène anglais, par la malveillance des Blancs, et par les erreurs et la manque de souplesse et d'art pédagogique de plusieurs missionnaires. (...) Dans les circonstances politiques actuelles, l'œuvre missionnaire ne comprend plus seulement l'évangélisation des païens, mais le devoir de travailler à obtenir dans les différents pays une législation indigène basée sur la justice »[9].

Prendre parti pour les autochtones séparatistes contre la Mission européenne ne manquait pas d'audace de la part d'un jeune homme de vingt-deux ans, candidat à un départ outre-mer auprès de la Société des Missions Évangéliques de Paris. Les sociétés missionnaires étaient cependant, pour la plupart d'entre elles, issues de mouvements de réveil surgis en dehors des Églises officielles, de même que nombre d'œuvres diaconales tout au long du XIXe siècle, et de ce fait n'étaient pas réfractaires aux orientations théologiques du Christianisme social.

Ce sont ces présupposés chrétiens-sociaux qui vont massivement jouer dans le regard que Maurice Leenhardt va porter sur le monde kanak à partir de 1902 ; il l'aborde en effet comme le prolétariat des cités ouvrières du Nord de la France : un peuple aliéné et opprimé, que la puissance de l'Évangile peut émanciper à l'égard des abus de la colonisation, des spoliations foncières et de l'alcoolisme, mais d'abord émanciper à l'égard de lui-même, de son paganisme et de son aliénation religieuse, afin d'être capable d'« initiatives spontanées », selon son expression. Là où Maurice Leenhardt innove par rapport à la vulgate chrétienne-sociale, en relation directe avec sa confrontation à l'univers kanak, c'est dans la construction d'une métaphore végétale pour rendre compte de l'émancipation autochtone en Nouvelle-Calédonie. Son article au titre typiquement chrétien-social : « Expériences sociales en terre canaque », publié en 1921 dans la revue *Christianisme social*, sera réédité sous le titre révélateur : « De la gangue tribale à la

---

[9] *Idem*, p. 145.

conscience morale »[10]. Il y est question de gangue ancestrale pour parler du paganisme, d'éclosion et de floraison pour rendre compte de la conversion et de ses effets, pour ne pas dire de ses fruits. Dans *Le Catéchumène canaque*, publié en 1922, Leenhardt convoque l'image d'une sortie de chrysalide. Marc Spindler parlera de la théorie leenhardtienne de l'Église et de la Mission comme d'une « ecclésiologie cosmomorphique »[11]. Ce sont des métaphores absentes de tous les discours des chrétiens-sociaux, mais à l'évidence issues à la fois de l'imagination de Maurice Leenhardt, et de sa découverte du monde kanak, dans lequel la référence végétale tient une telle importance. Tout se passe comme si Maurice Leenhardt avait voulu traduire ses présupposés chrétiens-sociaux d'évolutionnisme, de résistance contre l'arbitraire et d'émancipation à l'endroit des déterminations religieuses comme sociopolitiques, en des termes issus de la conjugaison de syntagmes culturels kanak et d'intuitions spécifiques à son propre imaginaire.

Les présupposés philosophico-anthropologiques

L'intitulé de cette seconde partie se justifie par le fait que les textes qui nourrissent la formation de Maurice Leenhardt à l'ethnologie émanent d'auteurs issus d'une matrice philosophique. Les fondateurs de l'ethnologie venaient forcément d'un autre champ disciplinaire : Émile Durkheim (1858-1917), dont Maurice Leenhardt reçoit à Do Néva un exemplaire des *Formes élémentaires de la vie religieuse*[12] (1912), lors de son trente-sixième anniversaire en 1914, comme Lucien Lévy-Bruhl (1857-1939) et même Marcel Mauss (1872-

---

[10] Maurice Leenhardt, « Expériences sociales en terre canaque », *Christianisme social*, n°9, 1921, p. 96-114 ; « De la gangue tribale à la conscience morale », *Le Monde Non-Chrétien*, n°66, 1963, p. 114-132.
[11] Maurice Leenhardt, *Le Catéchumène canaque*, Paris, Société des Missions Évangéliques (coll. Les Cahiers missionnaires n°1), 1922, p. 34 ; Marc Splinder, « L'ecclésiologie de Maurice Leenhardt », *Journal de la Société des Océanistes*, tome XXXVI, n°69, 1980, p. 279-291 (ici p. 289).
[12] Émile Durkheim, *Les formes élémentaires de la vie religieuse. Le système totémique en Australie*, Paris, Presses universitaires de France [1912], éd. 1979 (coll. Bibliothèque de philosophie contemporaine).

1950), étaient tous trois agrégés de philosophie, et les modalités des balbutiements de la nouvelle discipline s'en ressentent nécessairement. Maurice Leenhardt possédait bien les ouvrages classiques de Codrington (1830-1922) : *The Melanesian Languages* (publié en 1885, mais qu'il a dû acquérir en 1919 selon la lettre de la Melanesian Mission d'Auckland qui l'accompagne dans l'exemplaire dont j'ai hérité), *The Melanesians. Studies in their Anthropology and Folk-Lore* (publié en 1891 et qu'il a dû commander en même temps), *A Dictionary of the Language of Mota* (de 1896, et qui se trouve dans le Fonds Leenhardt), ainsi que la grande œuvre de Bernard Deacon (1903-1927) : *Malekula. A Vanishing People of the New Hebrides* (en date de 1934, et que j'ai elle aussi reçue de Raymond-Henri Leenhardt), sans compter les ouvrages de Malinowski (1884-1942)[13]. Mais ce sont essentiellement les maîtres français de l'ethnologie naissante, pétris de philosophie spéculative, qui vont influencer son discours.

C'est tout d'abord le cas de Lucien Lévy-Bruhl, titulaire de la chaire d'Histoire de la philosophie moderne à la Sorbonne, qu'il rencontre dès septembre 1920 (entre son deuxième et son troisième séjour en Nouvelle-Calédonie), et qui l'introduit littéralement dans le cercle de la recherche ethnologique balbutiante. Dans ses quelque six ouvrages consacrés à ce qu'il appelle « la mentalité primitive »[14], Lucien Lévy-Bruhl soutient que l'espèce humaine peut être scindée en deux types de « mentalité » : l'une, rationnelle et civilisée, l'autre, « prélogique » et donc « primitive ». Le propre de la mentalité

---

[13] Comme : Bronislaw Malinowski, *Argonauts of the Western Pacific. An Account of Native Enterprise and Adventure in the Archipelagoes of Melanesian New Guinea*, London / Henley, Routledge & Kegan Paul Ltd [1922], éd. 1935.

[14] Lucien Lévy-Bruhl, *Les fonctions mentales dans les sociétés inférieures*, Paris, Félix Alcan Éditeur, 1910 ; *La mentalité primitive*, Paris, Félix Alcan Éditeur, 1922 ; *L'âme primitive*, Paris, Félix Alcan Éditeur, 1927 ; *Le surnaturel et la nature dans la mentalité primitive*, Paris, Félix Alcan Éditeur, 1932 ; *La mythologie primitive. Le monde mythique des Australiens et des Papous*, Paris, Félix Alcan Éditeur, 1935 ; *L'expérience mystique et les symboles chez les primitifs* Paris, Félix Alcan Éditeur, 1938. Tous ces ouvrages sont publiés dans la collection « Bibliothèque de philosophie contemporaine ».

primitive est de ne pas être en mesure de distinguer le sujet de l'objet ; lorsqu'un primitif déclare : « Je suis un oiseau », il croit littéralement ce qu'il dit, car il participe à l'être même de l'oiseau ; il est en proie à une « participation mystique », totalement indifférente aux catégories et aux procédures cognitives de la logique, et notamment au principe de non-contradiction. Ces deux mentalités sont, aux yeux de Lévy-Bruhl, irréductibles l'une à l'autre, irréconciliables, mutuellement exclusives, comme s'il y avait deux espèces d'hommes.

Entretenant avec son maître une relation de déférence quasi-filiale, qu'il exprime dès les premières lignes de *Do Kamo*, Maurice Leenhardt va assumer une bonne partie des orientations de sa pensée, mais il va aussi les nuancer fortement, et les faire évoluer chez Lucien Lévy-Bruhl lui-même. Celui-ci ira jusqu'à faire amende honorable. Son autocritique apparaît nettement dans ses *Carnets*, publiés en 1949 à titre posthume et préfacés par Maurice Leenhardt. À plusieurs reprises, dans ses notations effectuées en 1938, Lévy-Bruhl donne raison à son élève[15]. L'impact de Maurice Leenhardt sur Lucien Lévy-Bruhl concerne le cœur même de la thèse de ce dernier : le clivage insurmontable entre les deux mentalités. Lucien Lévy-Bruhl reconnaît finalement, à la toute fin de sa vie, que la mentalité mystique est plus marquée chez les primitifs, mais présente dans tout esprit humain. Ceci étant, Maurice Leenhardt rejoint son maître dans ses considérations sur le rapport de participation affective du primitif au monde qui l'entoure : le primitif n'est pas en capacité de se dégager de son environnement naturel comme social. Il va même radicaliser la position lévy-bruhlienne en développant sa théorie du « cosmomorphisme ».

Maurice Leenhardt ne découvre la thèse de Lucien Lévy-Bruhl qu'après près de vingt ans d'immersion dans l'univers kanak : ce présupposé ne vient donc pas en amont de la rencontre avec l'altérité culturelle, comme les présupposés

---

[15] Maurice Leenhardt, *Do Kamo, op. cit.*, p. 41 ; Lucien Lévy-Bruhl, *Carnets*, Paris, Presses Universitaires de France (coll. Quadrige [1949], éd. 1998, p. 72-77 (20 et 29 juillet 1938), 129-131 (29 août 1938).

théologiques déjà mentionnés, mais il intervient au cours du processus de théorisation, entre le second séjour pendant lequel Maurice Leenhardt commençait déjà spontanément à faire des relevés ethnographiques, et le troisième séjour qui sera fortement marqué par une inflexion vers l'ethnologie. Et le missionnaire-ethnologue croit percevoir dans les catégories lévy-bruhliennes un cadre conceptuel susceptible de structurer ses propres observations. Il cherchera néanmoins, en vain, à faire évoluer son maître sur un autre point : Maurice Leenhardt préférait en effet toujours parler de « pensée mythique » plutôt que de « mentalité mystique ». Et il suggèrera plus d'une fois à Lucien Lévy-Bruhl de « simplement supprimer la lettre "s" à l'adjectif »[16]. Car c'est, selon lui, le « mythe », en tant que rapport particulier, affectif, au monde, et non la fusion dans le divin, qui caractérise toute mentalité, en tension avec la rationalité, et selon des dosages différents en fonction des cultures. Maurice Leenhardt construit en effet, à partir de Lucien Lévy-Bruhl, à la fois avec lui et contre lui, une pensée du mythe, qui confère à cette dernière catégorie une acception inédite et passablement extensive : « Le mythe est senti et vécu, avant d'être intelligé et formulé. Il est la parole, la figure, le geste qui circonscrit l'événement au cœur de l'homme, émotif comme un enfant, avant que d'être récit fixé »[17]. On perçoit dans cette recomposition de la conception du mythe, d'une part tout ce qui découle des présupposés lévy-bruhliens (le mythe comme participation affective, infantile), d'autre part tout ce qui provient de la confrontation avec l'univers kanak (la parole agissante, l'engagement vécu du Kanak dans sa parole et dans son geste), et enfin tout ce qui résulte du génie propre de Maurice Leenhardt (l'extension de la catégorie « mythique » à toute une série de phénomènes non discursifs qui expriment un certain rapport au monde).

L'impact de Marcel Mauss sur Maurice Leenhardt est différent de celui de Lucien Lévy-Bruhl. Marcel Mauss est lui

---

[16] Ainsi le relate Maurice Leenhardt : « L'observation des Canaques et le vide du mot mystique employé à l'endroit des primitifs : que de fois ai-je dit à Lévy-Bruhl : supprimez l's dans mystique et tout sera clair » (« Lettre inédite », in *L'Homme*, XVII, n°1, 1977, p. 112-115).

[17] Maurice Leenhardt, *Do Kamo*, op. cit., p. 303.

aussi agrégé de philosophie, mais formé ensuite aux approches méthodologiques des sciences religieuses, puis titulaire de la chaire d'Histoire des religions des peuples non civilisés (sic !) à l'École Pratique des Hautes Études. Il va peu à peu confier la responsabilité de certains de ses cours à Maurice Leenhardt, jusqu'à ce qu'en 1940, en raison des lois antisémites du régime de Vichy, il soit mis prématurément à la retraite et donc contraint de lui transmettre la totalité de son enseignement. Pas plus que Lucien Lévy-Bruhl, Marcel Mauss n'avait quitté les confortables bibliothèques universitaires parisiennes pour voyager outre-mer, mais à force de compiler des sommes considérables de notations d'administrateurs coloniaux, de missionnaires et d'ethnologues anglo-saxons, il était devenu très attentif à la diversité culturelle comme aux invariants universels. Et il attira l'attention de Maurice Leenhardt sur des faits que celui-ci, d'emblée, ne voulait pas voir. Je prendrai un seul exemple, emblématique, qui nous permettra de saisir l'impact croisé, réciproque, de Marcel Mauss et de Maurice Leenhardt (qui étaient de la même génération : seulement six années les séparaient) : c'est le cas des parentés à plaisanterie.

Dans deux textes en date des années 1921-1922, et publiés dans des revues missionnaires, Maurice Leenhardt décrit les Kanak quasiment comme des animaux, qui de ce fait ne rient jamais :

> « Qu'ils [les Canaques] soient en proie à une passion ou qu'ils jouent, leurs figures gardent ce même sérieux qui en impose d'abord, et qui n'est que la gravité des visages où la pensée n'est pas allumée encore, un peu la gravité des animaux.
>
> C'est un état de demi-vie dans lequel il [le Canaque] végète, une tradition qui se continue par force d'inertie, une société moitié animale, moitié humaine, à l'âge de pierre et qui n'évolue pas[18] ».

De ces deux citations, assez surprenantes, je tirerai les commentaires suivants. Tout d'abord, pour Maurice Leenhardt, le rire est le propre de l'homme : les animaux sont graves car ils ne pensent pas, et donc ne rient pas et n'évoluent pas.

---

[18] Maurice Leenhardt *Le Catéchumène canaque*, *op. cit.*, p. 15 ; « De la gangue tribale à la conscience morale », art. cit., p. 117.

Cependant, au sein même de cet apanage humain qu'est la capacité à rire, il est des hommes et même des sociétés qui ne rient pas, et qui se rapprochent de ce fait des animaux, des sociétés qui sont « moitié animale(s), moitié humaine(s) ». Néanmoins, l'absence de rire ne signifie ni l'absence de passion, ni l'absence de jeu. Il faut donc se représenter, si nous suivons toujours notre auteur, les Kanak comme passionnés et comme jouant, comme joueurs, mais sans jamais rire. Par ailleurs, la pensée chez eux n'est pas encore allumée : le rire est donc lié à l'exercice de la pensée, car c'est la pensée qui permet la distance par rapport à soi qui produit le rire. Or, selon la théorie de Maurice Leenhardt, le Kanak est immergé dans le monde (ce qu'il appelle le « cosmomorphisme », processus inverse par rapport à l'anthropomorphisme), il ne se dégage pas du monde, et notamment du monde végétal auquel il s'identifie littéralement ; et le Kanak est immergé dans son propre groupe, l'individu ne se distingue pas de la communauté, le sujet, à proprement parler, n'existe pas. Paradoxalement, le Kanak commence à penser quand il devient chrétien ; il s'extrait du monde, et, pour reprendre les expressions de Maurice Leenhardt, sort de « la gangue mythique », ou « de la gangue tribale » pour accéder à « la conscience morale ». C'est alors qu'il rit : seul le converti a accès au rire.

Mais Maurice Leenhardt se contredit totalement, en nous exposant, dans d'autres textes, des situations de rire dans la société kanak précoloniale et préchrétienne. Ces textes n'ont pas le même statut que ces deux extraits que nous venons de citer : il s'agit d'une littérature ethnologique et non plus missionnaire, leur lectorat n'est pas le même, il s'agit d'un public érudit et non plus des soutiens paroissiaux de la Mission, et surtout ces textes sont plus tardifs, ils datent des années 1930, 1937 et 1947, et l'on y sent la nette influence de Marcel Mauss. Celui-ci a longtemps étudié ce qu'il appelle « la parenté à plaisanterie », et Maurice Leenhardt « la parenté à libre parler ». Cette expression « parenté à plaisanterie » (*joking relationships* en anglais), et l'expression inverse « relation d'évitement » (*avoidance relationships* en anglais), sont devenues classiques en anthropologie depuis les travaux de Marcel Mauss. En 1926,

Marcel Mauss consacre la première étude systématique aux « parentés à plaisanteries »[19].

Marcel Mauss veut tout d'abord intégrer ce phénomène dans cette catégorie plus vaste d'institutions qu'il a lui-même baptisée, depuis son fameux *Essai sur le don* (1923-1924), « un système de prestations totales »[20] : un ensemble structuré d'échanges non seulement de biens matériels, mais de prestations et contre-prestations morales, de services, de politesses, de fêtes, et de paroles, qui concernent des individus mais surtout des groupes qui s'obligent mutuellement, échangent et contractent, selon des règles et des normes extrêmement codifiées. Le rire est donc à la fois spontané et structuré, culturellement construit, et articulé à tout un modèle normatif qui le dépasse largement. Ensuite (second point de sa théorie), Marcel Mauss cherche à situer les « parentés à plaisanteries » dans un schéma structural de type binaire : d'un côté, dans les sociétés archaïques, on constate des relations de respect, de pudeur, et même de crainte et de honte, entre certaines personnes, notamment entre belle-mère et gendre, beau-père et bru, ou entre partenaires sexuels potentiels mais interdits par le tabou de l'inceste (les frères et sœurs, et ceux que l'on appelle les « cousins parallèles » : pour un garçon, la fille du frère de son père, ou la fille de la sœur de sa mère) ; et de l'autre côté, on relève des comportements d'incorrection, de sans-gêne, des farces, des gestes et des langages licencieux, des insultes et des brimades, notamment entre partenaires sexuels potentiels et légitimes (ceux que l'on appelle les « cousins

---

[19] Marcel Mauss, « Parentés à plaisanteries », in *Œuvres 3. Cohésion sociale et divisions de la sociologie*, Paris, Les Éditions de Minuit (coll. Le sens commun) [1926], éd. 1969, p. 109-135. Ce texte a d'abord fait l'objet d'une communication présentée à l'Institut français d'anthropologie en 1926, puis a été publié dans l'*Annuaire de l'École Pratique des Hautes Études*, Section des sciences religieuses, en 1928. Voir aussi Freddy Raphaël, « L'injonction au rire. Marcel Mauss et les "parentés à plaisanterie" », *Revue des Sciences sociales*, Presses Universitaires de Strasbourg (numéro thématique : « Humour et dérision »), 2010, p. 32-33.

[20] Marcel Mauss, « Essai sur le don. Forme et raison de l'échange dans les sociétés archaïques », in *Sociologie et anthropologie*, Paris, Presses Universitaires de France (coll. Sociologie d'aujourd'hui) [1923], éd. 1950, p. 143-279 (ici p. 150-151).

croisés » : pour un garçon, la fille de la sœur de son père, ou la fille du frère de sa mère). Marcel Mauss convoque deux termes grecs pour rendre compte de cette dualité structurale : αἰδώς (qui signifie la honte, la crainte, la retenue, la mesure) et ὕβρις (l'excès, la démesure, l'absence de limites). Le rire est le contraire du tabou : avec les « parentés à plaisanteries », ce ne sont pas seulement des comportements interdits que l'on s'autorise, mais des mots interdits que l'on prononce goulûment. Et notre auteur de souligner que ces deux types de conduites (αἰδώς et ὕβρις) ne concernent pas seulement les sociétés archaïques, mais que « en réalité un très grand nombre de classes et de gens parmi les nôtres, encore de nos jours, ne savent modérer ni leur politesse, ni leur grossièreté. Nous-mêmes, nous avons connu de ces états d'excessive audace et d'insolence vis-à-vis des uns ; d'excessive timidité, de gêne et contrainte absolues vis-à-vis des autres »[21]. En voici quelques exemples : « Soldats échappant à la position sous les armes ; écoliers s'égaillant dans la cour du collège ; messieurs se relâchant au fumoir de trop longues courtoisies vis-à-vis des dames »[22]. Mais cette notation nous introduit précisément au troisième terme de la théorie maussienne des « parentés à plaisanterie » : son présupposé et son intention évolutionnistes. Marcel Mauss considère en effet que ce type de relations appartient à un stade élémentaire, embryonnaire, de l'évolution des sociétés vers la civilisation ; et que par conséquent les comportements du même ordre constatés chez nous ne sont que des survivances d'un état archaïque de cette évolution. Le rire est donc un marqueur d'évolution civilisationnelle : il distingue l'homme de l'animal, mais aussi les peuples premiers (où s'observent les « parentés à plaisanteries ») des sociétés civilisées (où le rire sert aussi de compensation au sérieux de la vie quotidienne, mais sans être encadré dans des structures rigides extrêmement contraignantes). On retrouve donc, chez Marcel Mauss, un dispositif théorique foncièrement évolutionniste, comme dans les premiers textes de Maurice Leenhardt, mais bien différent en ceci que ce n'est pas

---

[21] « Parentés à plaisanteries (1926) », art. cit., p. 111-112.
[22] *Idem*, p. 118.

l'évangélisation comme vecteur de civilisation qui permet aux peuples archaïques d'accéder au rire, mais que ce rire est déjà présent chez les peuples les plus archaïques, et qu'il se débride avec le processus de civilisation. Les deux schémas sont à la fois en affinités et nettement distincts. Maurice Leenhardt consacre trois chapitres, dans trois ouvrages différents, à ce qu'il appelle non pas la « parenté à plaisanteries » mais la « parenté à libre parler », et à « la spontanéité et le rire dans la société » kanak[23]. Il fait tout d'abord l'inventaire des personnes concernées par ce type de relation : grands-parents et petits-enfants, neveux et tantes paternelles, et enfin cousins croisés. Et il précise :

> « Ces gens, qu'ils soient du même sexe ou de sexe opposé, ont la faculté de se parler aussi librement qu'il leur agrée, ils peuvent se moquer l'un de l'autre sans blesser les susceptibilités, et causer sans peser leurs mots. Ils ne s'en font pas faute, et c'est la joie de la galerie de les entendre se décocher des gauloiseries. (...) La plaisanterie n'est que l'éclat de rire impertinent au cours d'une conversation plus morne, mais toujours libre, qui se déroule chaque jour »[24].

Maurice Leenhardt explique cette coutume par la neutralité statutaire des protagonistes, mais plus précisément par trois types de facteurs : pour les grands-parents et petits-enfants, par le décalage de générations, qui exclut l'activité sexuelle ; alors que la société est enserrée dans un réseau d'interdits liés au tabou de l'inceste et au risque de profanation du sacré, d'offense faite aux puissances invisibles, ces personnes concernées par la « parenté à libre parler » ne jouent pas de rôle organique dans la transmission de la vie. La tante paternelle, pour sa part, a un statut ambivalent, elle représente à la fois le principe de puissance, puisqu'elle appartient au clan du père, et le principe de vie, puisqu'elle est l'épouse de l'oncle maternel, et du fait de leur concomitance les deux principes s'annulent en

---

[23] Maurice Leenhardt, *Notes d'ethnologie néo-calédonienne*, Paris, Université de Paris – Institut d'ethnologie (coll. Travaux et mémoires de l'Institut d'ethnologie, volume VIII) [1930], éd. 1989, p. 86-88 ; *Gens de la Grande Terre*, Paris, Gallimard (coll. L'espèce humaine) [1937], éd. 1953, p. 153-158 ; *Do Kamo, op. cit.,* p. 238-241.
[24] Maurice Leenhardt, *Notes d'ethnologie néo-calédonienne, op. cit.,* p. 86-87.

quelque sorte. En ce qui concerne les cousins croisés, ils jouissent d'une situation particulière de liberté sexuelle, jusqu'au mariage, et leurs rencontres sont un prélude au mariage ; ils peuvent donc se permettre tous les propos piquants, qui vont jusqu'au registre érotique ; cette licence tranche sur le protocole ordinaire des autres protagonistes, qui se prosternent, se parlent le dos tourné, et se vouvoient, autant mari et femme que père et fils, frères et sœurs, neveu et oncle utérin...

Maurice Leenhardt donne un exemple saisissant de ce que la « parenté à libre parler » pouvait produire dans la société traditionnelle. Après la révolte kanak de 1917, révolte écrasée dans le sang, s'est tenu un procès pour juger et condamner les rebelles. Or, les accusés étaient innocents du soupçon d'avoir fomenté les troubles (ce que Maurice Leenhardt savait). Et c'est une femme, qui, par ailleurs, marchait à quatre pattes devant les chefs selon la coutume, qui est venue en plein tribunal, s'est dressée devant les vrais coupables pour leur parler librement, impunément, sans crainte de représailles car elle était de leur « parenté à plaisanteries ». Et ceux-ci ont fini par avouer en se suicidant, ouvrant la porte à l'acquittement des accusés[25]. Ainsi la distance par rapport à soi-même n'était-elle nullement absente de la société traditionnelle. Ce n'est donc pas l'évangélisation, contrairement à ce qu'affirmait le premier Maurice Leenhardt, qui a introduit le rire dans la société kanak ; mais sans doute lui a-t-elle fait subir de sérieuses mutations, voire même des inversions, structurelles et symboliques.

Maurice Leenhardt critique ensuite la théorie de Marcel Mauss, construite autour de la tension entre αἰδώς et ὕβρις. Il le fait en ces termes : « Il n'y a pas, dans tout cela, tant de théorie. Il y a le fait que la société se partage en deux groupes : celui dont les membres sont dominés par la catégorie du sexe et celui dont les membres sont soustraits à cette catégorie, c'est-à-dire celui où une stricte discipline est requise, avec tabous et appuis mythiques, et celui où la défense est inutile »[26]. Et notre auteur de décliner les trois versions de cette inutilité, dans le cadre

---

[25] Maurice Leenhardt, *Do Kamo, op. cit.*, p. 238-239.
[26] *Idem*, p. 239-240.

particulier de la société kanak traditionnelle. Ce qui importe à Maurice Leenhardt, c'est de ne pas appliquer une théorie universelle à toutes les sociétés, comme le fait Marcel Mauss, mais de tenir compte du contexte culturel, organisationnel et symbolique, toujours singulier. Si la « parenté à libre parler » se retrouve dans nombre de sociétés, elle se traduit chaque fois sur un mode différent. Et il est inutile de chercher à élaborer une théorie spéculative à prétention universaliste. On peut déjà percevoir dans ces griefs la tension qui ne tardera pas à fleurir entre l'approche de Maurice Leenhardt et le structuralisme de Claude Lévi-Strauss, qui prétendra assumer l'héritage de Marcel Mauss.

Ainsi Maurice Leenhardt infléchit-il sensiblement son discours après la fréquentation de Marcel Mauss (et désanimalise-t-il les Kanak, ou les ré-humanise-t-il) ; mais il n'hésite pas en retour à évaluer sur un mode critique la théorie de son second maître, à partir de son expérience vécue de près d'un quart de siècle en immersion culturelle au sein de l'univers kanak. Cette critique de la dimension spéculative de la théorie maussienne nous conduit à examiner, pour terminer, les présupposés philosophiques du discours leenhardtien.

Les présupposés philosophiques

Je ne pourrai traiter à présent des présupposés proprement philosophiques du discours leenhardtien avec autant d'assurance que pour les premiers présupposés, car, faute soit de références explicites dans les ouvrages de Maurice Leenhardt, soit d'une présence avérée d'une littérature philosophique dans sa bibliothèque, nous en sommes réduits aux hypothèses. Cette teneur hypothétique de ma troisième partie introduit une certaine dissymétrie dans ma recherche. Il n'empêche : tout se passe comme si le discours de Maurice Leenhardt entretenait des affinités électives avec deux types de tradition philosophique, la phénoménologie et le personnalisme.

La phénoménologie, initiée par Edmund Husserl (1859-1938), introduite en France par Emmanuel Levinas (1906-1995) puis par Maurice Merleau-Ponty (1908-1961) et Paul Ricœur

(1913-2005), est en vogue sur la scène philosophique européenne dans les années trente et quarante du XXe siècle. Elle prend le parti de sortir des spéculations abstraites pour revenir « aux choses mêmes », par une attention minutieuse portés à ce qui apparaît à la conscience : les phénomènes qui se donnent à percevoir. Mais il n'y a de phénomène que pour l'acte de conscience qui le vise, d'où l'insistance des phénoménologues sur l'intentionnalité comme vertu heuristique. C'est pourquoi la phénoménologie prône la suspension du jugement (« l'épokè »), afin d'être tendu vers les choses et de se donner les moyens de les percevoir telles qu'elles sont. James Clifford, le biographe américain de Maurice Leenhardt, avait déjà établi un parallèle entre la démarche leenhardtienne et celle de la phénoménologie, en parlant de *Do Kamo* comme d'une « curieuse étude de phénoménologie religieuse », et en pointant le caractère intentionnel de la symbolique kanak (les pierres de la rivière ne sont pas de simples pierres, mais des « pierres pour »). Mais il préférait voir en *Do Kamo* « une refonte ethnologique, chrétienne et syncrétiste des positions heideggériennes », en raison de la mise en exergue du concept d'« authenticité ». Il est sans doute plus juste d'y voir l'influence de ce succédané anthropologique de la phénoménologie philosophique qu'est l'œuvre du philosophe et historien de la religion néerlandais Gerardus Van der Leeuw (1890-1950). C'est à l'évidence Van der Leeuw qui a conduit Maurice Leenhardt à remettre en question la notion unilatérale de « primitivité », si décisive chez Lévy-Bruhl, pour concevoir une double primitivité, soit mythique, soit rationnelle, définie par la domination absolue de l'un des deux pôles, mythe ou rationalité, sur l'autre[27]. Il y a

---

[27] James Clifford 1982 [1987]. *Maurice Leenhardt. Personne et mythe en Nouvelle Calédonie* [1982], traduit de l'américain par Geneviève et Raymond Leenhardt, Paris, Éditions Jean-Michel Place (coll. Les Cahiers de Gradhiva 1), éd. 1987, p. 11 mais également 15, 159, 177 et 192 ; Gérard Van der Leeuw, *L'homme primitif et la religion. Étude anthropologique*, Paris, Alcan-PUF (Bibliothèque de philosophie contemporaine), 1940 (publié directement en français), cité à cinq reprises dans *Do Kamo* (p. 41, 288, 300, 301, 302). Voir aussi James Clifford, *op. cit.*, p. 226 ; ainsi que *La religion dans son essence et ses manifestations. Phénoménologie de la religion* (traduit en anglais en 1938 et en français en 1948), traduit du néerlandais par Jacques

autant de primitivité dans l'organisation de la guerre totale, invention typiquement occidentale, ou dans la conception des camps de concentration, que dans le rapport mythique au cosmos et à l'environnement végétal dans la mentalité kanak traditionnelle. Maurice Leenhardt s'appuie donc sur la phénoménologie religieuse de Van der Leeuw, elle-même issue de la phénoménologie philosophique de Husserl, pour construire son schéma du mythe et de la rationalité conçus comme deux modes complémentaires de la connaissance. Ainsi son rapport à la phénoménologie est-il indirect : il se réfère à Van der Leeuw, qui lui-même se réfère à Husserl.

Quant au personnalisme, il apparaît de manière plus implicite encore dans la théorie leenhardtienne de la personne. Le courant personnaliste, impulsé par le philosophe catholique Emmanuel Mounier (1905-1950)[28], fondateur de la revue *Esprit*, et dans sa version protestante par Denis de Rougemont (1906-1985) et Jacques Ellul (1912-1994), au cours des années trente, cherchait à tracer une troisième voie entre « le modèle de l'Ouest et le modèle de l'Est », pour reprendre les catégories de Mounier, c'est-à-dire entre d'une part l'individualisme forcené qui fait de chaque individu un électron libre, au mieux un Robinson Crusoé tout seul sur son île, au pire un prédateur ennemi de chacun des autres (dans une lutte à mort de chacun contre chacun), et d'autre part le modèle de l'Est, sous sa triple version stalinienne, fasciste et nazie, dans lequel l'individu n'existe pas, écrasé par la masse (la classe sociale, l'État, la race), qui en fait un simple rouage interchangeable. Le personnalisme se propose de promouvoir la notion de « personne », qui, à la différence de l'individu, n'existe et ne se définit que par ses relations. La personne est relationnelle, et pour ce faire, elle n'est pas noyée dans l'anonymat des mégapoles, mais elle construit son identité relationnelle dans un cadre communautaire, dans des petits groupes d'interconnaissance. La communauté elle-même est une personne, « une

---

Marty, Paris, Payot (coll. Bibliothèque scientifique) et enfin, voir *Do Kamo*, *op. cit.*, p. 308.

[28] Emmanuel Mounier, *Écrits sur le personnalisme* (1961-1962), Paris, Éditions du Seuil, éd. 2000 ; *Refaire la Renaissance* [1961], Paris, Éditions du Seuil, éd. 2002.

personne de personnes »[29], qui vit de ses relations avec d'autres communautés à taille humaine. Enfin, la personne comme la communauté (personne de personnes) répond à une vocation, qui oriente ses choix et son agir, et confère à la fois du sens et une finalité à son existence. Tel est le lieu de réalisation de « l'authenticité ». Les affinités entre la pensée personnaliste et la théorie leenhardtienne du sujet authentique, du « Do Kamo », ne laissent pas de saisir le lecteur attentif. Tout se passe comme si Maurice Leenhardt s'était nourri de la philosophie personnaliste d'Emmanuel Mounier et de ceux que l'on appelait « les non-conformistes des années trente »[30], pour lui faire subir un décentrement singulier, pour s'en servir de grille herméneutique afin d'interpréter l'altérité kanak. Afin aussi de comprendre le processus d'évangélisation lui-même (et donc de se comprendre lui-même en tant que missionnaire), puis le « Do Kamo » est conçu comme le réajustement, l'accès au juste équilibre entre mythe et rationalité, par la conversion à l'Évangile. Ce dernier, aux yeux de Maurice Leenhardt, n'est ni pur mythe, ni pure rationalité, mais le lieu de l'articulation la plus adéquate entre les deux pôles : le chemin offert à chacun vers sa propre authenticité. Il ne s'agit plus de définir une troisième voie entre individualisme et massification, mais de discerner l'émergence du sujet, libéré de la gangue ancestrale du mythe (où chacun existe par ses relations, mais sans véritable « moi »), sans dériver pour autant vers les aberrations de la pure rationalité, et ce par la conversion au Christ. Mais encore une fois, la filiation entre le personnalisme et le discours leenhardtien est une hypothèse qui repose davantage sur des intuitions que sur des indices probants.

Conclusion

Au terme de ce parcours, il me semble possible d'avancer ceci. Le discours leenhardtien est le fruit de la rencontre entre

---

[29] Id., *Refaire la Renaissance*, op. cit., p. 103.
[30] Jean-Louis Loubet del Bayle, *Les Non-conformistes des années 30. Une tentative de renouvellement de la pensée politique française* [1969], Paris, Éditions du Seuil (coll. Points Histoire), éd. 2001.

trois facteurs, ou trois vecteurs : d'une part, les présupposés théologiques, philosophico-anthropologiques, et philosophiques, de Maurice Leenhardt, ressources intellectuelles et symboliques disponibles en amont de la rencontre et de l'élaboration discursive ; d'autre part, l'expérience de la confrontation avec l'altérité de l'univers kanak ; et enfin, le génie propre de l'homme Maurice Leenhardt. Ces trois vecteurs vont se conjuguer et s'articuler selon des modalités diverses, selon une alchimie à chaque fois singulière, pour donner lieu à un discours singulier.

Les présupposés théologiques, tout d'abord, peuvent se résumer par les orientations du Christianisme social et par leur focalisation sur le motif de l'émancipation ; mais la rencontre avec le monde kanak et la sensibilité particulière de Maurice Leenhardt conduisent celui-ci à déployer une pensée du végétal, qui traduit le Christianisme social dans un système de références autre que le cadre conceptuel des chrétiens-sociaux occidentaux.

Les présupposés philosophico-anthropologiques, ensuite, peuvent s'exprimer à travers, d'une part, la théorie lévy-bruhlienne de la mentalité primitive et mystique, et d'autre part, la théorie maussienne du phénomène social total ou du système de prestations totales, mais la rencontre avec l'univers kanak et le génie particulier de Maurice Leenhardt l'ont amené à élaborer une pensée du mythe, qui extrait le mythique du mystique, et recompose totalement le concept même de primitivité, en distinguant une primitivité mythique et une primitivité rationnelle ; et à réenraciner l'ethnologie française balbutiante dans un empirisme nominaliste micro-local qui invalide toute prétention spéculative universalisante, à ses yeux par trop positiviste.

Enfin, les présupposés philosophiques de Maurice Leenhardt révèlent ses affinités avec la phénoménologie et avec le personnalisme chrétien ; mais son immersion prolongée dans la culture kanak et son génie propre ont conduit Maurice Leenhardt à échafauder une pensée du sujet authentique (le « Do Kamo »), qui, s'appuyant sur la phénoménologie et le personnalisme, les réoriente vers une conception conversionniste de l'authenticité. Cette authenticité se veut à la fois le fruit de l'émancipation à l'endroit de la gangue végétale, le produit d'une synergie entre mythe et rationalité, et le lieu de rencontre entre les deux processus d'acculturation.

Tels sont, à mon sens, les soubassements du discours leenhardtien, qui dialectise ces trois vecteurs dans une production discursive singulière (les psychanalystes diraient « une perlaboration ») : une production discursive inédite et passablement intrigante.

Maurice Leenhardt et les missionnaires catholiques, vers une convergence ecclésiologique dans la région de Houaïlou-Canala au début du XXe siècle ?

Dominique BARBE

Introduction

Catholiques et protestants ont une ecclésiologie très différente. Pour les premiers, l'Église est authentifiée par la succession apostolique qui fait des évêques les successeurs des disciples du Christ. Cette tradition monarchique réaffirmée sous le pontificat de Pie IX fait de l'Église une *Sancta fidelium congregatio,* société parfaite et visible, lieu de l'annonce de la Parole de Dieu et de la réception des sacrements pourvoyeurs de la grâce salvatrice. Les protestants, pour qui seule la foi suffit (*sola fides*), ont une ecclésiologie qui a donné naissance à un système ecclésial décentralisé et souple. La place des fidèles dans les communautés diffère selon les confessions protestantes, mais dans l'ensemble les baptisés ont un rôle primordial à jouer surtout dans les obédiences protestantes présentes en Nouvelle-Calédonie depuis 1840. Les conceptions ecclésiologiques des uns et des autres ont une influence déterminante sur leur façon d'envisager et de conduire la mission. Pour les catholiques, la mission n'est pas concevable sans la fondation d'une Église : ainsi, parmi les missionnaires envoyés en Nouvelle-Calédonie trouve-t-on un évêque, des prêtres et des frères, avant même d'y trouver des laïcs autochtones. L'encadrement humain arrive avec le message évangélique et accompagne la stavropégie[1]. Pour les protestants, la Parole de Dieu

---

[1] Plantation de croix.

prêchée par des catéchistes encadrés par des pasteurs suffit. *Logos* créateur², elle (il) nourrit les jeunes communautés qui peu à peu s'organisent en Églises. Le jeune Maurice Leenhardt, écrivant sur l'éthiopisme, partage cette conception d'une Église s'édifiant à partir des convertis animés par le Souffle de Dieu.

Ces deux approches différentes, pour ne pas dire opposées, ont de multiples conséquences sur l'évangélisation, sur l'Église plantée et enfin sur le vécu des missionnaires et des convertis. Dans les deux Églises qui se partagent l'archipel néo-calédonien, il y a des attitudes communes liées à la missiologie de l'époque qui associe christianisation et civilisation. Mais il y a surtout des divergences qui portent sur le rôle des évangélisateurs, sur la valeur des croyances que l'on découvre sur place et que l'on essaie plus ou moins de comprendre, souvent en leur plaquant des *a priori* nés d'une éducation classique et de quelques lectures missionnaires provenant des autres continents. L'évaluation de l'intériorisation de la foi (peut-elle ou non s'encombrer de croyances et de gestes issus du paganisme ?) n'est, de fait, pas la même. Or de celle-ci, dépend une question essentielle : quand passe-t-on d'une Église plantée et dépendante des cercles missionnaires européens à une Église dressée³ et autonome ? En Nouvelle-Calédonie, c'est chose faite très tôt pour le protestantisme, mais il faut attendre 1966 pour les catholiques⁴.

Cette initiative s'inscrit dans l'action de Vatican II qui, en outre, initie un mouvement de rapprochement œcuménique entre les Églises. Elle est le résultat d'une lente évolution des mentalités dans le monde catholique mais aussi dans le monde protestant. Mais ce qui est formulé alors à Rome, est le fruit de multiples expériences et de réflexions menées par les uns et les autres depuis plus d'un demi-siècle. La région de Houaïlou-Canala sur la Grande Terre, région où protestants et catholiques

---

[2] « Ἐν ἀρχῇ ἦν ὁ λόγος...Πάντα δι' αὐτοῦ ἐγένετο » (Jean, *Évangile, prol.* 1 et 3).
[3] La terminologie est huguenote et date du début de la seconde moitié du XVIᵉ siècle. Elle a été reprise par les historiens des religions au XXᵉ siècle.
[4] C'est la date de Constitution apostolique du 21 juin 1966 de Paul VI qui fait du Provicariat de Nouvelle-Calédonie, un archevêché. De ce fait, quasi-paroisses et quasi-curés deviennent paroisses et curés à part entière.

voisinent, est un de ces laboratoires où, au fil du temps, l'action missionnaire des uns a emprunté à celle des autres et où le dialogue s'est amorcé autour du pasteur Leenhardt et de son jeune confrère catholique le père Luneau. Reste à savoir si c'est la similitude des situations qui a provoqué un rapprochement des ecclésiologies, ou s'il s'agit d'un mouvement plus général.

Deux missions concurrentes ?

Lorsque Maurice Leenhardt débarque à Nouméa en 1902, il découvre un archipel riche en histoire religieuse. Les catholiques numériquement majoritaires sur la Grande-Terre sont loin de l'être dans les Îles Loyauté et dans certains districts ouverts aux protestants. À ces deux groupes, moins homogènes pour les seconds que pour les premiers, il faut ajouter des populations « païennes[5] » principalement dans les régions les plus reculées, des populations de transportés et de travailleurs venues avec leurs croyances et de nombreux colons blancs agnostiques, déistes ou athées à l'image de ce qui se passe alors en métropole.

L'Église catholique est implantée sur la Grande Terre depuis 1843 : elle a profité en ses débuts de la proximité d'une Marine française dont les officiers étaient majoritairement catholiques et de l'aide du gouvernement français. Encore au début du XXe siècle, cette Église a un double centre géographique : la mission de Saint-Louis fondée en 1856 et, depuis 1890, la cathédrale de Nouméa. Cet édifice devient dès lors le siège du provicariat de Nouvelle-Calédonie. Depuis ses origines, l'Église catholique de la Nouvelle-Calédonie dépend de la congrégation mariste qui a reçu la mission d'évangéliser l'Océanie occidentale en 1837. Les maristes, comme leur nom l'indique, ont une spiritualité mariale très forte en un siècle où cette dernière se développe. Ce trait les distingue automatiquement des protestants. Ils sont issus des milieux ruraux français dont ils partagent la spiritualité et ils ont reçu une formation surtout missiologique :

---

[5] Les populations non converties sont appelées païennes dans les statistiques pontificales jusque dans les années 1930.

peu d'entre eux sont des théologiens avertis. Au début du XXe siècle, la Grande Terre a donc un réseau de missions catholiques qui, outre un presbytère et un lieu de culte[6], ont toutes une ou des écoles. Et s'il existe un désir de former des prêtres autochtones[7], ceci reste un vœu pieux pendant des décennies partout en Océanie.

Sur la Grande Terre, la mission catholique est longtemps sans concurrence. Mais ce n'est pas le cas dans les îles Loyauté, où elle doit composer parfois difficilement avec les protestants. Le climat entre les confessions est alors tendu et les autorités jouent de cette situation. À la fin du XIXe siècle, le gouverneur Feillet, hostile aux missions catholiques, encourage les protestants à s'établir sur la Grande Terre sans pour autant leur apporter une aide substantielle. Cette période est un temps de stagnation voire de régression pour la mission catholique, qui quitte les temps héroïques de l'Évangélisation et doit s'adapter à la durée. C'est donc une Église catholique à la recherche d'un second souffle que découvre Leenhardt en 1902.

La situation des protestants est différente. La *London Missionary Society* (désormais *LMS*) débarquée la première sur la Grande Terre ne s'est maintenue que dans les Loyauté. C'est un système congrégationaliste où les pasteurs blancs peu nombreux, se contentent de tournées pastorales et ont en charge la formation. Ils sont aidés par des pasteurs indigènes, les *natas*[8]. Ces derniers sont à la tête d'une communauté et se réunissent en Conseil d'Église dont le rôle, en particulier, est de superviser le culte. Le congrégationalisme laisse beaucoup de liberté aux fidèles. En 1891, avec l'accord de la *LMS*, la Société

---

[6] Presque partout en Nouvelle-Calédonie, la construction du presbytère en dur précède de quelques années celle de l'église. Ce trait confirme l'importance du clergé et des structures d'encadrement dans les nouvelles chrétientés catholiques.

[7] « Dieu veuille surtout nous envoyer ici des hommes assez puissants en œuvres pour faire germer un clergé indigène et pour y souffler le véritable esprit du sacerdoce de notre Seigneur : alors seulement on pourra dire que l'Océanie est convertie à la foi », lettre du Père Charles-Eugène Matthieu, alors missionnaire à Wallis, à Denis Maîtrepierre, 16 juillet 1847, publiée dans Charles Girard, *Lettres des missionnaires maristes en Océanie, 1836-1854*, Paris, Karthala, 2008, p. 692.

[8] « Celui qui raconte ».

des Missions Évangéliques de Paris, la SMEP, accepte de prendre en charge l'Eglise protestante de Maré[9] alors que Ouvéa et Lifou restent pour l'instant aux mains de la *LMS*. La décennie est propice aux changements et à l'expansion. Se servant des chemins coutumiers ancestraux, des *natas* des Loyauté partent évangéliser les Kanak de la Grande Terre malmenés par l'administration coloniale et les divers acteurs économiques européens installés en brousse. En 1894, Mathaia, *nata* d'Ouvéa, débarque à Houaïlou et commence un travail d'évangélisation. Le succès de Mathaia provoque une réaction de l'Eglise catholique, qui obtient son renvoi du gouverneur. Mais son exil est de courte durée. Le nouveau gouverneur, Paul Feillet, qui a autorisé l'ouverture d'une école protestante à Houaïlou, le laisse revenir en 1897. C'est le début de l'implantation des *natas* sur la Grande Terre[10]. Et afin de les encadrer et encadrer les nouveaux convertis, les protestants de la Grande Terre demandent un pasteur qui ne leur est envoyé qu'en 1902 : ce sera Maurice Leenhardt.

Le climat entre les deux confessions chrétiennes est donc tendu : les statistiques pontificales de la Propagande de la Foi continuent alors de désigner du nom d'*hérétiques,* les protestants et tout mouvement évangélique jusqu'au milieu des années trente. Même le père O'Reilly, dans son ouvrage sur le père Luneau, *Pèlerin du ciel,* publié en 1952, ne peut s'empêcher de lancer quelques saillies contre les protestants que la main de Leenhardt ou de ses enfants notent en marge dans l'exemplaire qui lui a appartenu. Leenhardt et les autres responsables protestants ne sont d'ailleurs pas toujours très tendres devant les efforts déployés par la mission catholique,

---

[9] Depuis 1883, le gouvernement français essaie d'imposer un pasteur dans cette île pour contrer l'influence du pasteur britannique Jones, qui finit par être expulsé en 1887.

[10] « La Mission de Calédonie était fondée. Il n'y avait là aucun Blanc, ni missionnaire ni pasteur pour avoir soulevé l'enthousiasme, dirigé les cœurs. Cela se passait tranquillement, de case en case, tandis qu'on écrivait officiellement que les Canaques étaient résignés à mourir », pouvait écrire M. Leenhardt à son arrivée en Nouvelle-Calédonie. La citation est reprise par Jean Guiart, *Destin d'un peuple et d'une Église, Nouvelle-Calédonie 1900-1950. Étude monographique d'une œuvre missionnaire protestante*, Paris, Mouvement du Christianisme Social, 1959, p. 14.

riche en hommes[11] mais aux résultats plus piètres que ceux de la mission protestante.

À l'exception des missionnaires, tout le monde attend la disparition des Kanak, tant le manque de dynamisme démographique, accentué par les méfaits de l'alcool et une politique de cantonnement drastique qui les coupe de leurs terres, est fort. C'est leur état physique et moral qui conditionne l'action des *natas* des Loyauté, ces îles ne connaissant pas une telle déstructuration des populations autochtones. La misère sociale est bien plus grande chez les non-chrétiens, encore nombreux jusqu'au milieu du XXe siècle, que chez les Kanak des missions. Ces derniers sont en effet nourris, soignés, et l'on cherche alors à les former. Quant aux colons et à l'administration coloniale, ils apportent peu de soutien aux missions. L'aide ou l'indifférence plus ou moins hostile évoluent au gré des gouverneurs et des débats qui agitent la métropole. L'anticléricalisme des années 1895-1910 ne facilite pas les choses pour les chrétiens de façon générale, même en Nouvelle-Calédonie. Les travailleurs venus d'Asie sont quant à eux en-dehors des soucis de la mission.

Deux traditions ecclésiologiques différentes

Chez les protestants comme chez les catholiques, la formation théologique des ministres est assez faible : l'ecclésiologie est rarement présente dans les documents qui nous restent.

L'ecclésiologie protestante à l'époque de Leenhardt reste basée sur la conception d'une Église principalement « structure invisible », dans la lignée de la définition donnée dans la Confession d'Augsbourg de 1530. L'article 7 stipule en effet qu'il y a Église « là où l'Évangile est enseigné dans sa pureté et où les sacrements sont administrés selon les règles » et l'idée

---

[11] « …lorsque Maurice Leenhardt arrive en Nouvelle-Calédonie en 1902, il est seul missionnaire protestant pour la Grande-Terre, face à quatre-vingt-cinq religieux maristes. » selon Frédéric Rognon, *Maurice Leenhardt. Pour un « Destin commun » en Nouvelle-Calédonie*, Lyon, coll. Paroles protestantes, 2018, p. 29.

est reprise tant dans la Confession de La Rochelle que dans *Les Institutions Chrétiennes* de Jean Calvin. C'est d'abord une communauté de croyants animés par l'Esprit.

M. Leenhardt qui appartient à un milieu surtout versé dans le protestantisme social, ne semble pas s'intéresser dans un premier temps à l'ecclésiologie. Il connaît le petit ouvrage de Tommy Fallot, *Qu'est-ce qu'une Eglise ?* publié en 1896, mais ce livre est plus une théorie du christianisme social qu'un traité d'ecclésiologie. Le christianisme social veut la reconnaissance des implications de l'Incarnation. Il désire donc la prédication d'un Évangile intégral à la fois spirituel et social. En s'appuyant sur les prophètes qui dénoncent les injustices et sur certains préceptes évangéliques (« aime ton prochain comme toi-même »), Wilfred Monod, pasteur à l'Oratoire et fondateur de l'école du jeudi dans le quartier des Halles à Paris, affirme que l'expression « christianisme social » est pléonastique parce qu'il s'agit d'un christianisme spirituel porté jusqu'au bout de lui-même et qui s'épanouit parmi les plus défavorisés. Le christianisme social très proche du dialogue avec les autres est aussi naturellement ouvert sur l'œcuménisme. Une des grandes figures de ce courant du tournant des XIXe et XXe siècles est Alfred Boegner qui a consacré une partie de sa thèse à Tommy Fallot. La pensée de Boegner, mort en 1912, a beaucoup influencé Leenhardt qui ne commence véritablement à s'intéresser à l'ecclésiologie qu'en 1922[12]. Il pense alors que le but de la mission est de fonder une Église, mais une Église autochtone et décentralisée, c'est-à-dire non fondée sur la personne de son pasteur. Les années qui suivent, voient ses conceptions en la matière s'affiner. Et surtout, il va essayer de définir une ecclésiologie propre aux Kanak. La volonté d'une ecclésiologie qui cherche la responsabilisation des autochtones pousse Leenhardt à former des pasteurs kanak. L'initiative ne sera pas du goût d'autres responsables de l'Église réformée. Après son départ de Nouvelle-Calédonie en 1926, la volonté de réduire les pasteurs-*natas* à un simple rôle de moniteur-

---

[12] Marc Spinder, « L'ecclésiologie de Maurice Leenhardt », *Journal de la Société des Océanistes*, 169, 1980, p. 279-291, consultable sur : https://www.persee.fr/doc/jso_0300-953x_1980_num_36_69_3043.

instructeur l'emporte, sous l'influence d'Étienne Bergeret, ce qui provoque une vive polémique avec Philippe Rey-Lescure, neveu de Leenhardt, et entraîne le départ de ce dernier en 1933.

Du côté des catholiques, l'ecclésiologie est beaucoup plus doctrinale. Elle demeure directement inspirée de Cyprien de Carthage, chantre de la succession apostolique et de l'indivisibilité du corps épiscopal : « L'évêque est dans l'Église et l'Église dans l'évêque et si quelqu'un n'est pas avec l'évêque, il n'est pas dans l'Eglise »[13]. L'évêque et son peuple ne font qu'un, ils forment l'Église et « hors de l'Église point de salut »[14], formule reprise à quelques mots près dans le *Commentaire du Livre de Josué* d'Origène. Cette dernière formule qui confine les protestants, hérétiques, aux portes de l'Église, justifie également la mission : il faut amener les païens à l'Église catholique pour qu'ils soient sauvés.

Ces formules reprises et commentées assoient aussi le pouvoir pontifical. Aussi ne se pose-t-on pas le problème de la forme de l'Église en pays de mission : l'Église locale, transcription visible de l'Église invisible, Corps du Christ, doit suivre le modèle romain et tendre à devenir une Petite Rome. Ce sont ces idées ecclésiologiques qu'ont en tête les missionnaires qui partent vers le Pacifique Sud au début du XXe siècle. Ils partent planter une Église locale, fille de Rome, sous des cieux nouveaux. Fuyant le climat politique et social européen, ils essaient de tout faire pour que cette nouvelle Église soit une véritable image terrestre de l'Église invisible, selon une lecture, mal comprise, de la *Cité de Dieu* d'Augustin. Ainsi, trouve-t-on dans le Pacifique des tentatives de théocraties fermées, aussi bien chez les Picpusiens qui ont reçu la charge d'évangéliser le Pacifique occidental aux îles Gambier avec le père Laval, que chez les maristes qui ont reçu la même charge pour le Pacifique oriental, à Wallis avec monseigneur Bataillon et dans une moindre mesure à Saint-Louis, en Nouvelle Calédonie, où le père Rougeyron qui en est le fondateur, fait explicitement référence aux réductions jésuites du Paraguay.

---

[13] « *Vnde scire debes episcopum in ecclesia esse et ecclesiam in episcopo et si qui cum episcopo non sit in ecclesia non esse...* » (Cyprien de Carthage ; Ep. 66, 8, 3, *La Bible de Jérusalem*, Paris, éd. 2002, Bayard/CUF, p. 232).

[14] « *Extra ecclesiam nulla salus* », *id*., Ep.4,4,3 et Ep.73, 21, 2, p. 12 et p. 275.

Dans ces lieux clos ou que l'on voudrait tels, on forme des néophytes chrétiens à la foi catholique pour en faire des catéchistes, mais aussi à l'agriculture et à l'artisanat moderne considérés comme parties intégrantes de la civilisation chrétienne. Le progrès compris comme réalisation de la promesse de Dieu à Adam[15] et imitation de l'Europe sans esprit de lucre, est enseigné dans les missions.

La mission catholique a peu évolué dans ses réalisations au cours des premières décennies de son implantation en Nouvelle-Calédonie et le souffle nouveau romain ne semble pas l'affecter.

Pourtant à Rome, les choses changent avec Léon XIII (1878-1903) mais surtout avec les nouveaux défis nés des conséquences de la Grande Guerre et de l'évolution de l'Église chinoise. L'Église, libre à l'égard des puissances victorieuses et qui se veut une société parfaite devant s'efforcer de restaurer les idéaux chrétiens, se doit d'avoir un rôle dans les relations internationales en s'appuyant sur l'élargissement de ses assises politiques et religieuses dans les régions extra-européennes où elle continue de connaître une croissance. Elle est pourtant exclue de la table des Conférences de paix. La lettre encyclique *Maximum Illud* de Benoît XV, nourrie des réflexions missiologiques de l'école de Münster, est publiée dans ce contexte le 30 novembre 1919. Il s'agit alors de réaffirmer la nécessité d'un clergé indigène[16] pour éviter que ne se reproduise le sort des missionnaires germaniques chassés des colonies allemandes qui passent sous le mandat d'une puissance alliée et, de façon générale, des missionnaires trop nationalistes. Le pape en profite pour répéter aux missionnaires : « Rappelez-vous que vous ne devez pas travailler à étendre un royaume des hommes, mais celui du Christ, ni à recruter de nouveaux sujets pour une patrie terrestre, mais pour celle d'En-Haut ». Les missionnaires ne peuvent servir aucun intérêt national. Ils doivent par ailleurs

---

[15] *Genèse*, 1, 26.
[16] « Le prêtre indigène que tout, naissance, mentalité, impressions, idéal, rattache à ses ouailles, est merveilleusement armé pour acclimater la vérité dans les âmes ; bien mieux que tout autre, il sait choisir les moyens de forcer la porte des cœurs. C'est ainsi qu'il a facilement accès auprès de bien des âmes dont le prêtre étranger se voit interdire le seuil. », *Documentation Catholique*, n° 47, 27 décembre 1919, col. 804.

être plus ouverts aux coutumes et mœurs locaux. L'effort de mission doit être porté par tous les catholiques. La mission ne peut plus se contenter de planter des Églises mais de les établir durablement. Pie XI va plus loin dans *Rerum Ecclesiae*, encyclique publiée le 28 février 1926. Il faut promouvoir la formation d'un clergé local capable de constituer rapidement une hiérarchie autochtone, accroître la formation intellectuelle du clergé et fonder des congrégations locales. Preuve de la maturité de ces Églises, il faut aussi introduire partout la vie contemplative qui favorisera la spiritualité et orientera les néophytes vers Dieu. La mentalité du missionnaire doit changer par le rappel constant qu'il est au service de la seule Église, et non d'autorités et d'intérêts politiques ou encore congrégationalistes. Les congrégations apparaissent alors trop repliées sur elles-mêmes.

L'accueil de ces encycliques dans les missions est mitigé. Certaines instructions qui leurs sont destinées et que précise par exemple le cardinal van Rossum le 6 janvier 1920, ne sont pas suivies d'effets : ainsi la volonté que les missionnaires apprennent les langues des populations vers lesquelles ils sont envoyés[17]. En revanche, la volonté de formation d'un clergé local avec l'ouverture de séminaires est assez bien reçue, et c'est dans ce mouvement général que s'inscrit la naissance du séminaire de Canala, où s'illustre le père Luneau.

Ce dernier mérite qu'on s'attarde sur lui, non pour sa pensée, mais pour ses multiples initiatives où l'on peut lire l'évolution de la pensée ecclésiologique énoncée en haut lieu. François Luneau (1890-1950) a été prêtre diocésain avant de devenir mariste dans le diocèse de Nantes où il a été élève du séminaire. Or jusqu'en 1907, Nantes était pourvue d'une école diocésaine de philosophie pour donner aux séminaristes les bases nécessaires à l'étude de la théologie. Il est difficile de penser que tout avait disparu de cet enseignement sous les coups de la loi de séparation de l'Église et de l'État. Mobilisé durant la Grande Guerre, Luneau s'est illustré comme brancardier par de nombreux actes de bravoure : il restera proche des anciens

---

[17] Claude Soetens, « Pie XI et les missions », *Actes du colloque Achille Ratti, le pape Pie XI*, École Française de Rome, 1996, p. 722.

combattants et ne s'oriente vers la mission qu'après le conflit. Il suit son noviciat mariste et part pour la Nouvelle-Calédonie, où il débarque vingt ans après le début du premier séjour de Leenhardt. Il est d'abord envoyé à Nakety non loin de Houaïlou.

Dès ce jour, il semble avoir deux buts en particulier : le premier sera celui de convertir les derniers païens, encore nombreux dans les vallées reculées de la région. Pour ce faire, il va utiliser les réseaux d'anciens combattants. Et c'est ainsi que les commémorations deviennent des moments où se rencontrent autour de lui, catholiques, païens et mêmes protestants. Et le second, l'instruction et la formation des « indigènes » dans le but de faire de certains d'entre eux des prêtres. « Il était hanté, par la pensée de former des prêtres indigènes et en parlait souvent », écrit le R.P. Jacques Rouvray en 1926[18]. D'ailleurs, très vite, avec l'accord du pro-vicaire, il ouvre un « juniorat » à Nakety en s'appuyant le *motu proprio* du 24 juin 1924 par lequel Pie XI encourage l'Œuvre Pontificale de Saint Pierre Apôtre à aider la formation d'un clergé indigène dans les missions. En 1932, il inaugure le petit séminaire de Canala dont les meilleurs éléments deviendront les premiers prêtres kanak en 1946. Mais, lors de son second noviciat en 1936, durant lequel il passe six mois à Sydney, le R.P. Luneau se voit retirer la direction du séminaire. À son retour, il se lance alors dans un autre projet : former des catéchistes mariés, une idée qu'il reprend, sans doute, aux protestants voisins qu'il fréquente depuis son arrivée.

Vers des similitudes entre les Églises ?

Contrairement à Leenhardt qui a beaucoup écrit, François Luneau, le prêtre catholique dont l'action est proche de la sienne, a peu pris la plume, ou plus exactement, il a cessé de le faire au fur et à mesure qu'il s'engageait auprès des Kanak. Il arrive en Nouvelle-Calédonie en 1921. Dès octobre 1924, il affirme qu'on ne peut se passer des catéchistes « ces aides sans

---

[18] Cité par Patrick O'Reilly, *Pèlerin du ciel,* Paris, éd. Alsati, 1952, p. 113.

lesquels nous ne pouvons avoir aucune influence durable... »[19]. Et il ne cache pas alors son intérêt pour les méthodes des protestants voisins et son intention de leur emprunter quelques-unes de leurs initiatives. C'est ainsi qu'il crée, en 1938, un corps de catéchistes mariés formés dans une école proche dans sa conception de celle Do Neva. Aux critiques qui lui sont alors adressées d'imiter le système des *natas*, il aurait répondu si l'on en croit le père O'Reilly : « Et puis après, pourquoi ne pas prendre chez le voisin ce qu'il y a de bon ? C'est ce qui fait leur force. Nous avons trop sous-estimé l'indigène. Nous ne l'avons pas assez utilisé... »[20]. Étude de la Bible et de la doctrine chrétienne, formation religieuse et apostolique, exercices spirituels alternent avec tâches matérielles, en particulier agricoles, visant à la viabilité financière de l'entreprise[21]. Mais cela ne s'arrête pas là. C'est un enseignement qui ne se fait pas *ex cathedra*. Le Père O'Reilly écrira que, tout en instruisant les futurs catéchistes, le père Luneau apprit à leur contact à mieux connaître la mentalité et les coutumes kanaks. Professeur et élèves sont donc dans un processus d'apprentissage mutuel dont ils sauront chacun, dans leur domaine respectif, tirer profit. Si, selon la classification esquissée par Yannick Essertel[22], les « missionnaires missiologues » existent depuis le début du siècle précédent avec des exemples comme Mgr Pompallier chez les Maoris ou Mgr Bataillon à Wallis, il ne semble exister sur la Grande Terre qu'avec la génération de prêtres qui prend ses fonctions dans les années de l'entre-deux-guerres.

---

[19] *Idem*, p. 157.
[20] *Idem*, p. 232.
[21] Cette volonté de rendre l'école créée autonome est très différente de la volonté des premiers missionnaires catholiques d'alléger l'effort missionnaire de Rome ou des milieux lyonnais. Dans une lettre du 16 octobre 1869 par exemple, le père Rougeyron écrit : « Nous nous industrions (sic) pour pouvoir soulager un jour la Propagation de la foi en nous suffisant tout et en partie » (Père Rougeyron, *À Fabre, Saint-Louis*, APM 1463, Rome).
[22] Yves Essertel, « Missionnaires maristes et anthropologie au XIXe siècle : aux sources de l'ethnologie et des collections océaniennes ? », *Histoire des Missions Chrétiennes*, n° 8, 2008/4, p. 181 (en ligne sur https://www.cairn.info/revue-histoire-monde-et-cultures-religieuses1-2008-4-page-159.htm).

À travers ces derniers, la pratique missionnaire présente de plus en plus de traits communs avec celle inaugurée par Maurice Leenhardt. La volonté de connaître les Kanak n'est pas nouvelle chez les missionnaires catholiques, mais ce qui change, c'est le regard. Les yeux du R.P. Lambert dans son ouvrage paru en 1900, *Mœurs et superstition des Néo-Calédoniens*, sont ceux d'un homme pétri de culture classique et biblique : il plaque sur ses observations des réalités qui appartiennent plus au paganisme antique qu'à la religion kanak. Les nouveaux missionnaires bénéficient des réflexions sur les missions portées par la *Semaine missiologique de Louvain* et les organes de presse qui relaient l'activité de cette réunion annuelle. Celui qui devient le principal animateur de cette initiative, qui débute en 1923, est le jésuite Pierre Charles[23]. Par ses vues assez négatives[24] sur la mission protestante, Pierre Charles provoque la réaction de Maurice Leenhardt, alors à Paris[25]. Mais au-delà de cette polémique, l'idéal du jésuite de planter une Église locale n'ayant plus besoin d'un « clergé d'importation » et surtout sa certitude que les non-chrétiens sont des « pierres d'attente du christianisme » dont il faut valoriser les richesses morales, ne pouvait que séduire le pasteur Leenhardt. Ce dernier, en particulier dans son article d'avril 1931[26] dans lequel il lance la formule « Rester pasteur tue le missionnaire et devenir missionnaire sauve le pasteur », rejoint la pensée du père Charles pour qui la mission qui réussit cesse

---

[23] Jean Pirotte, « Pierre Charles à Louvain. Les formes d'une action missionnaire », dans Jean Comby (dir.), *Diffusion et inculturation du christianisme (XIXe-XXe s.). Vingt-cinq ans de recherches missiologiques par le Crédic*, Paris, Karthala, 2005, p. 121-137.

[24] « L'Eglise n'est pas comme l'ont voulu certaines sectes protestantes, une société des esprits, une communauté d'âmes. Elle est encore et d'abord une réalité tangible, une société des hommes, corps et âme » dans Pierre Charles, *Dossiers de l'Action missionnaire,* n° 4, Louvain, Bruxelles, 2nde édition, 1939, p. 25.

[25] Jean Pirotte, « D'une missiologie « confessante » à une missiologie « distanciée » ? Les études missiologiques en Belgique au XXe siècle.», *Histoire et missions chrétiennes*, 2007/1, p. 51-62, https://www.cairn.info/revue-histoire-monde-et-cultures-religieuses1-2007-1-page-51.htm

[26] Maurice Leenhardt, « La place du missionnaire dans la mission. Apostolat et pastorat », *Propos missionnaires*, 4, n° 23, avril 1931, p. 78-82.

d'être mission : « La mission est donc la phase préparatoire de l'activité proprement ecclésiastique. Elle fait passer l'œuvre de Dieu de l'état d'enfance à l'état d'adulte, non de l'origine à la consommation », ou encore : « On ne prépare pas les néophytes au jugement dernier, mais à l'œuvre immense de l'Église adulte. Travail d'éducation complète et non de conversion hâtive »[27].

Convertere en latin signifie retourner son habit, mais cela ne signifie pas en changer. Ainsi, les missionnaires catholiques sont-ils encouragés à valoriser la culture de leurs ouailles et non à les en dépouiller. En Nouvelle-Calédonie comme dans beaucoup d'autres terres de missions, l'acceptation de la culture de l'autre va prendre du temps. Si le père Luneau s'inquiète de donner à ses catéchistes, et par eux à ses fidèles, des techniques pour devenir les plus indépendants possible des circuits commerciaux qui les oppriment, ce qu'avait initié Leenhardt avant lui, il ne semble pas avoir le temps voire même le goût d'utiliser les capacités artistiques kanak. Mais à la même époque, le père Luquet, missionnaire chez les Kunié de 1890 à sa mort en 1943, est semble-t-il plus ouvert à certaines formes d'art kanak sans pour autant remettre en cause l'art sulpicien. Mais les véritables novateurs sur la question viendront plus tard. Le père Guéneau (1904-1993) arrive sur la Grande Terre après un apostolat au Mexique durant lequel il connaît la persécution, en 1935, et surtout le père Barbault (1910-1985), missionnaire dans le Nord à partir de 1938 : il est vrai que ces derniers sont plus jeunes que François Luneau d'une génération environ.

L'ostensoir de Pouébo devenu depuis lors emblématique est d'ailleurs à cet égard, un véritable symbole ecclésiologique : le Corps du Christ, dont l'Église est l'image terrestre, se trouve placé au milieu d'un cercle de jade, image kanak traditionnelle du soleil et de la croissance végétale. Tout se passe comme si l'image catholique, transcription iconographique d'un dogme refusé par les protestants, la présence réelle dans l'hostie, ici consacrée et présentée à l'adoration des fidèles, rejoignait l'effort de Leenhardt d'adapter le discours ecclésiologique aux modes de la pensée kanak en multipliant les métaphores

---

[27] Pierre Charles, *Dossiers de l'Action Missionnaire*, n° 49, 1939, p. 206.

végétales, quitte à taire parfois un peu trop l'action de la grâce divine remplacée par la nature[28].

Conclusion

La prière nourrit les cœurs d'où naît l'Église impossible sans la grâce de Dieu et la foi des hommes. Telle est la grande leçon de l'ecclésiologie de Maurice Leenhardt qui insiste, dès lors, sur l'instruction matérielle mais surtout spirituelle des Kanak et sur la nécessité de leur donner confiance en eux. Cela se rapproche fort de la pensée de François Luneau qui écrit à sa mère en 1926 : « Le Bon Dieu seul convertit les âmes, mais il veut que ses missionnaires s'aident eux-mêmes. Les moyens humains sont excellents quand, en les employant, on ne compte cependant que sur Dieu[29]. » Le Père O'Reilly a d'ailleurs vu, dans cette phrase, la règle d'or de l'apostolat du fondateur du séminaire de Canala. Il est vrai qu'il écrit en 1952, au moment où les ecclésiologies catholiques et protestantes des Églises établies amorcent une convergence qui aboutira aux décrets œcuménistes de Vatican II. Maurice Leenhardt et quelques prêtres maristes sont donc les témoins de ce rapprochement global, c'est-à-dire pas seulement des Églises institutionnelles, mais également de tous les baptisés. Ils sont aussi des hommes qui ont compris que le temps de l'Église plantée était fini et qu'il fallait passer à celui de l'Église établie en s'appuyant sur des pasteurs locaux, seuls capables de faire pénétrer le christianisme en profondeur dans le monde dont ils sont issus et que le missionnaire ne connait que partiellement, selon un processus historique habituel, même si les modalités changent avec le temps et surtout dans les espaces concernés. Ces hommes de dialogue dont les opinions ne sont pas figées, sont naturellement des hommes d'un œcuménisme vécu avant d'être théorisé.

---

[28] Marc Spinder, *op.cit.*, p. 289-291.
[29] François Luneau, *Lettre à sa mère*, 25 avril 1922, citée dans Patrick O'Reilly, *op.cit.* p. 233.

Le passage à ce nouveau type ecclésial a été suivi, dans les deux cas, d'un accompagnement des Kanak dans leurs premiers pas politiques : les hommes de la Cité de Dieu devaient être citoyens à part entière dans la cité terrestre, une cité terrestre alors menacée par le communisme dans un contexte de Guerre Froide. Mais cette prise en main par les Kanak de leur destin spirituel et politique s'est accompagnée de résistances. On les connaît mieux dans le monde politique que dans le monde religieux. Elles ont parfois amené des schismes au sens premier du terme, comme celui du pasteur Charlemagne, ou des conflits feutrés et en partie oubliés, comme ceux qui animèrent les membres du synode diocésain de l'Église catholique de 1974 par exemple.

« DO KAMO ».
COMMENT LA PIRE DES FABLES PASSE POUR LA MEILLEURE THÉORIE…

Bernard RIGO

Pour les Océanistes se penchant sur les cultures kanak, et pour les Kanak eux-mêmes, Maurice Leenhardt apparait comme la référence incontournable et sert souvent de socle à la réflexion ou à la description ethnographique.

Et de fait, les notes ethnographiques de Maurice Leenhardt représentent un corpus de données irremplaçables. On ne peut toutefois pas ignorer que ces données sont insérées dans un cadre théorique, voire théologique, qui en infléchit la compréhension.

On connait l'exemple célèbre tiré du *Vocabulaire et grammaire de la langue de Houaïlou* : commentant le terme *ko*, esprit, âme, Maurice Leenhardt rapporte l'anecdote selon laquelle son informateur, en l'occurrence Boesou Eurijisi, lui aurait déclaré : « Bah, vous ne nous avez pas apporté l'esprit. […] Mais ce que vous nous avez apporté c'est le corps. » En 1986, dans sa présentation de *Do Kamo*, dans le *Journal de la société des Océanistes*, Jean Guiart souligne que pour Maurice Leenhardt, « l'idée de l'individuation par la conquête du corps repose sur cette réflexion de Boesou Eurijisi ». Michel Naepels dans les Cahiers de *l'Homme* en 2007 montrera comment Maurice Leenhardt détourne la pensée de Boesou en ignorant qu'il ne s'agit pas en l'occurrence du corps physique, dont le terme est paradoxalement relevé par le *Vocabulaire et grammaire de la langue de Houaïlou*, *karo*, mais de la « chair », du corps pécheur et coupable des Chrétiens.

Le point important ici reste le cadre théorique implicite qui a permis ce détournement de sens : il s'agit moins pour le missionnaire d'une réflexion sur le corps que le point d'ancrage d'une grande théorie sur l'individuation ou son absence dans les cultures kanak.

Cette théorie est elle-même enchâssée dans une vision plus large qui marque l'anthropologie sociale de cette époque et qui demeure un obstacle épistémologique majeur.

Maurice Leenhardt n'avait pas besoin de puiser son inspiration chez Lucien Lévy-Bruhl et pouvait bien prendre certaines distances avec l'évolutionnisme de la *Mentalité primitive,* tous les éléments théoriques et conceptuels de son anthropologie s'insèrent dans une longue tradition de la pensée européenne qui va de Kant jusqu'à Lévi-Strauss lui-même.

En effet, la « primitivité », les « sociétés traditionnelles » sont toujours décrites sous le double chiffre de la faiblesse de l'individuation et de la participation et c'est la raison pour laquelle je ne limiterai pas mon propos aux sociétés kanak mais l'étendrai à toutes les cultures océaniennes.

Notons d'emblée la persistance d'une telle vision et son inconsistance face aux simples faits : l'importance structurelle en Océanie de la généalogie situe et individualise fortement chacun dans son réseau d'appartenance ; le primat du local et de l'ancrage dans une terre particulière n'évacue pas moins l'idée d'une participation à un grand tout cosmique et universel. À cet égard, la lecture de *Do Kamo* de Maurice Leenhardt, qui a tant fait référence pour le monde mélanésien, a de quoi laisser perplexe.

Pour comprendre cela, il me faut exposer deux fables anthropologiques puis leur fondement philosophique ou religieux.

Fables anthropologiques

La fable du sujet superficiel

Pour que l'on saisisse la force, la logique et l'enjeu des préjugés contenus dans certaines catégories, il faut partir d'un exemple concret saisissant. Voici quelques phrases énoncées au sujet de « l'homme canaque » :

> « Le Canaque a du corps externe une représentation très sûre. Il connaît sa surface. […] Mais vision limitée, et qui ne dépasse pas celle même que le primitif a du monde. Cette vision se développe sous l'angle de deux dimensions seulement. […] Le canaque n'a pas dégagé la troisième dimension, il ignore la profondeur. L'événement est dans l'opacité, comme au-delà de l'eau profonde. Le regard du Canaque ne peut pas plus percer l'épaisseur de l'histoire qu'il ne perce l'eau profonde. »[1]

À en croire l'auteur de ces jugements, le « Canaque » se déplace dans le monde comme une figure sur une fresque égyptienne, ignorant de la profondeur et de toute perspective. Il faut être particulièrement imprégné d'une logique culturelle pour énoncer des affirmations qui vont aussi ouvertement contre le simple bon sens. Le préjugé, quand il repose sur un postulat culturel structurant, ne recule devant aucun surcoût cognitif et peut autoriser l'élaboration de complexes théories qui défient l'expérience commune. L'énonciateur ici n'est pas n'importe qui, il s'agit du missionnaire Maurice Leenhardt. Directeur d'études à l'École pratique des hautes études, il fut le fondateur et le premier directeur de l'Institut français d'Océanie. Ses convictions humanistes lui font prendre la défense des populations kanak contre les abus coloniaux. Les citations sont tirées de l'un de ses maîtres ouvrages, *Do Kamo*. Un tel auteur ne peut être soupçonné de volonté mauvaise ni scientifiquement ni moralement. Il faut chercher ailleurs la raison d'être de ces propos. Ils n'offriraient toutefois qu'un intérêt anecdotique si on ne les retrouvait déjà portés sur toutes les cultures sans écriture … dès la période de contact. Ainsi, en Polynésie, de Cook jusqu'à une thèse soutenue en 1981 par Hodée, les observateurs ou analystes font planer le soupçon sur les peuples traditionnels d'être des peuples sans profondeur.

Force est de constater que ce déni d'un sens de la profondeur s'accompagne d'un déni d'un sens du temps, d'une absence de perspective historique. D'où vient cette conviction, cette quasi-

---

[1] Maurice Leenhardt, *Do Kamo. La personne et le mythe dans le monde mélanésien* [1947], Paris, Gallimard, éd. 1985, p. 54-55, 159.

unanimité dans la perception de l'Autre comme être superficiel ? Cette superficialité native de l'Autre *exotique*, on la trouve déjà décrite chez Kant, chez Hegel. On connaît le succès des interprétations contemporaines qui enferment les cultures traditionnelles dans le présent atemporel du mythe et dans le temps immobile d'une histoire froide.

Il n'en demeure pas moins que tous ces thèmes ne sont que des variations d'une même conviction : *l'absence de profondeur*. Cette conviction est suffisamment forte pour s'imposer comme évidence commune à des chercheurs qui obéissent pourtant à des principes théoriques contradictoires : évolutionnisme de Maurice Leenhardt et culturalisme de Margaret Mead, par exemple. L'être océanien apparaît comme un être de surface : il n'a pas de fond. Voué à l'instant, à l'émotion éphémère, il a les caprices de l'enfant auquel une mémoire trop courte interdit sagesse et projet à long terme.

Dès lors, le sujet exotique est confiné à la surface des apparences : sujet d'émotions, il lui manque la profondeur d'une conscience réflexive. Comme l'affirme Leenhardt, avec tant d'autres, le sujet traditionnel ne sait pas encore se distinguer des objets et des phénomènes de ce monde auxquels il participe sans se penser comme *substance* à part entière. Dès lors cette première fable péjorative est l'occasion d'inventer une nouvelle fable culturelle qui s'énonce sur le mode nostalgique et qui est l'expression d'un refoulé culturel.

La fable du sage participatif

Si l'on accorde à l'homme moderne la profondeur, on pensera le sujet traditionnel comme un être superficiel : ainsi de Leenhardt. Mais, à l'inverse, si l'on reconnaît à l'homme moderne un individualisme superficiel, on pensera le sujet traditionnel comme un sage qui vit sur le mode de la participation en ne séparant pas son moi des objets de la nature : ainsi de Durkheim ou de Lévi-Strauss. Dans tous les cas manquent l'individuation du sujet et le sens du temps : on connaît le succès du *mythe de l'éternel retour* théorisé par Mircea Eliade. Autrement dit, soit le sujet souffre d'une perte de la transcendance, soit il est immergé dans l'immanence. Il y a là deux fables culturelles.

L'Occident chrétien a toujours puisé dans son héritage hellénistique les éléments intellectuels de résistance aux problématiques de la transcendance imposant une vision verticale et dualiste du monde. Les philosophes qui refusent le sens du monde posé par la seule volonté d'un Dieu créateur renouent avec la problématique de la vérité du monde, de l'intelligence de l'univers. Tout organique, panthéisme, sont autant de variations autour de l'affirmation renouvelée de l'unité ontologique, du Logos cosmique.

Ainsi en va-t-il à la Renaissance quand l'univers médiéval est désorganisé par la découverte des Nouveaux Mondes, par la redécouverte humaniste des textes anciens, par la rupture de la Réforme au sein de la Chrétienté : la Nature reprend la place de Dieu, Giordano Bruno retrouve l'unité de l'âme cosmique[2], Campanella le sein de la Terre vivante et maternelle[3], Vanini la sympathie universelle du vivant. Ainsi en va-t-il des « *Naturphilosophies* » du XIXe siècle où raisonnements philosophiques et illuminations théosophiques se confondent : un même souffle parcourt Dieu, la Nature et les hommes. Tout correspond et résonne de Jakob Böhm à Schelling, en passant par Swedenborg, Richter, Schlegel ; chez tous, le même monisme vitaliste domine : l'esprit habite la matière, le sujet ne se distingue plus de l'objet, tout participe de tout car tout est un. La nature redevient naturante. Isolés dans leur époque, des génies solitaires comme ceux de Maître Eckhart ou de Spinoza n'affirment pas autre chose que cette « expérience unitive »[4] par laquelle l'homme communique avec l'Un divin. Plus près de nous, Bergson nous explique que nous sommes tous mus par le même élan vital par lequel nous participons à la nature.

Il n'est pas nécessaire de faire de longues analyses pour comprendre que l'affirmation de l'Un et de l'immanence est la réaction logique contre un discours de la transcendance et de la

---

[2] *De la cause, du principe et de l'unité*, Paris, éd. d'Aujourd'hui, PUF, 1982.
[3] *De Sensu rerum et magia* in *Tutte le Opere*, Milan, éd. Firpo, 1954 et cf. *La Cité du Soleil*, Genève, Droz, 1972.
[4] L'expression est de Jean Eckhart, cité par Alain Libera, *La philosophie médiévale*, Paris, PUF, 1993, p. 428.

division de l'Être. Et réciproquement. Va-et-vient logique entre la philosophie hellénique et la théologie chrétienne que permet le fondement ontologique des deux discours. Affirmer la participation, c'est affirmer son refus d'une faille ontologique entre le sujet et l'objet, entre l'être et le paraître, entre le temps et l'éternité, entre le moi et le monde. Nier la dissociation, c'est fonder à nouveau l'association : l'affirmation n'est que la négation d'une négation. Le sujet ne s'abstrait plus des objets, le sage ne se soustrait plus du monde : la conscience se dissout et se résorbe dans l'Être-Un.

Il peut sembler oiseux de disserter ainsi autour de questions purement philosophiques, et cela le serait en effet si ces questions n'étaient reconduites telles quelles dans le domaine ethnologique par les anthropologues-sociologues eux-mêmes, comme si l'universalité de cette problématique si particulière allait de soi.

Que l'on relise Spencer, Frazer, Durkheim, Lévy-Bruhl, Leenhardt, Gusdorf, Eliade, Augé, Gauchet, Maffesoli, Girard, voire dans une certaine mesure Lévi-Strauss lui-même, les « sociétés traditionnelles » sont toujours décrites sous le double chiffre de la faiblesse de l'individuation et de la participation. L'Autre, dont la culture orale n'a guère laissé de démenti visible et lisible, est peint sous les traits curieux d'un double exotique et illettré de nos penseurs présocratiques. À cet égard, la lecture de *Do Kamo* de Maurice Leenhardt, qui a tant fait référence pour le monde mélanésien, nous apprend ainsi que « l'impotence conceptuelle » des Mélanésiens qui les prive de la profondeur dans l'espace et dans le temps, non seulement les confine dans le « monde à deux dimensions » du mythe[5], mais aussi, par voie de conséquence, les plonge dans le « cosmomorphisme » où l'individu incapable de saisir « le lien unissant son corps et lui, […] est demeuré dès lors [également] incapable de le singulariser » et par là d'établir une « distance entre l'homme et le monde ». Sa présence est « participative ». Comment décrire le « Canaque » ? « L'impossibilité de

---

[5] Il ne s'agit pas ici d'une image : « Le regard du Canaque ne peut pas plus percer la profondeur de l'histoire qu'il ne peut percer celle de l'eau profonde », p. 159. De même, il est incapable de dessiner la perspective de la profondeur… (p. 56.)

dégagement et d'individuation pure de la personne demeure la caractéristique de sa mentalité, et la structure de cette personne reste encore à trouver ». Notre « Canaque » est un sage qui s'ignore, à l'instar de Monsieur Jourdain.

Ignorance telle qu'il ignore jusqu'à sa propre existence[6]. C'est chez Lévy-Bruhl, son maître, que Leenhardt a pu trouver une définition de la participation[7] ; mais on aurait pu tout aussi bien la compléter par celle d'un philosophe qui lui était contemporain : « Le propre de la participation, c'est de me découvrir un acte qui, au moment où je l'accomplis, m'apparaît à la fois comme mien et comme non-mien, comme universel et personnel »[8]. La conséquence qu'en déduit le philosophe-anthropologue est que « pour la mentalité primitive, les limites de l'individu sont variables et mal définies »[9]. Durkheim disait la même chose : « Il y a chez le primitif une certaine incapacité à penser l'individu séparément de l'espace ; le lien qui unit à l'un s'étend tout naturellement à l'autre » : l'âme est collective et la vie primitive est une « vie unanime »[10]. Assurément, « être, c'est participer »[11].

Fondations philosophiques

Hénologie : l'Un, le Kosmos

En se dégageant du discours mythologique, les premiers philosophes grecs pensent le monde comme *Kosmos*, c'est à dire comme monde soumis à un ordre garant à la fois d'une possibilité de la connaissance et d'une vie sage : le sage est l'homme qui sait vivre car il connaît sa place dans un monde auquel il participe. La pensée de l'Un implique celle de la

---

[6] Georges Gusdorf, *Mythe et métaphysique*, Paris, Champs-Flammarion, 1984, p. 136. Les citations précédentes de ce paragraphe sont issues de *Do Kamo*, *op.cit.*, p. 292, 282, 272, 70, 99, 261.
[7] *Les fonctions mentales dans les sociétés inférieures*, Paris, Alcan, 1916, chap. II, p. 77.
[8] Louis Lavelle, *De l'acte*, Paris, PUF, 1937, p. 85.
[9] *Idem*, note 66, p. 150.
[10] Georges Gusdorf, *op. cit.*, p. 118.
[11] *Idem*, note 66, p. 22.

participation (*méthexis*) et précède celle de l'Être. L'homme se pense comme l'élément constitutif d'un Tout qui le dépasse en l'englobant. : il y a une liaison entre l'individuel et l'universel, entre la conscience et l'Un (unité cosmique des physiciens ioniens, l'harmonie pythagoricienne, les correspondances orphiques, l'idée de Bien platonicienne, les sympathies stoïciennes ou l'Être-Un de Plotin.) La pluralité des étants n'est que le mode d'apparaître de l'Un. L'ataraxie épicurienne ou stoïcienne, la contemplation platonicienne ou aristotélicienne, sont l'état même du sage qui, à l'instar d'un dieu, laisse sa conscience se fondre dans l'unité impersonnelle d'une harmonie englobante.

Ontologie

Très vite l'idée d'être va se juxtaposer à celle d'Un et même la dominer. « L'Être est et il n'est pas possible qu'il ne soit pas. C'est le chemin de la certitude car elle accompagne la Vérité » affirme Parménide au VIe siècle avant notre ère. « Je suis celui qui est » aurait répondu le Dieu de l'Ancien Testament à Moïse, selon une traduction classique[12], « Je pense donc je suis » conclut Descartes en triomphant du doute. Antiquité grecque, message biblique ou philosophie moderne, il semble bien que la pensée européenne soit traversée par une perspective ontologique c'est à dire par le postulat de l'être : pour le sage de l'antiquité, une connaissance est possible parce qu'une permanence se tient sous le flux changeant des choses. « Se tenir sous » est le sens étymologique du mot d'origine grecque « hypostase » et du mot d'origine latine « substance ». Peu importe l'idée que l'on se fait de la substance, est vrai ce qui est.

Ce parti-pris a deux conséquences majeures : en premier lieu, l'invitation permanente à aller chercher derrière les phénomènes l'être qui les sous-tend ; en second lieu, dans tous les cas « je ne suis pas ce que je parais ». Le temps marque

---

[12] *Genèse* 3, 14. La formule hébraïque : « *Ehyeh asher ehyeh* » a été différemment interprétée. Elle a été traduite dans l'édition Chouraqui par : « je serai qui je serai » et dans l'édition plus récente Bayard/Médiaspaul par : « je serai : je suis. ».

précisément cette distance entre l'être et l'apparence. Dans cette perspective, la question de la profondeur devient majeure.

Théologie biblique

Le christianisme, en posant l'idée d'un Dieu créateur qui décrète l'existence même du monde sans être déterminé par lui, introduit la transcendance et avec elle une problématique nouvelle : celle du sens – tout doit être ramené à une volonté divine exclusive pour être compris, non comme essence mais comme intention. Or cette volonté est pur libre arbitre, c'est-à-dire pur caprice immotivé, jaillissant *ex nihilo*. Elle n'est redevable en rien aux hommes tandis qu'ils lui doivent tout. Entre le divin et le monde, la notion de création pose une rupture ontologique qui est la condition même de l'idée de transcendance. Ainsi les morts chrétiens, quittant la réalité intramondaine, ne sont plus l'affaire des hommes et ne sont plus que du ressort exclusif du Tout Autre. Comme le dirait Baudelaire, le sujet humain est soumis à une double postulation qui lui rend le présent insupportable.

Impertinence de ces problématiques en Océanie

Primat de la relation

Précisément, on chercherait parfois en vain dans le lexique des langues océaniennes des équivalents aux concepts d'apparence, d'être, de néant, de création, de providence, de transcendance ou de nature. Réciproquement on chercherait en vain l'équivalent de nombre de concepts océaniens en français à commencer par la notion polynésienne si célèbre de *mana*, de *men* en drehu.

Si l'on y réfléchit un peu, la notion d'être, prise absolument, est une curiosité intellectuelle. *Être en soi* défie le sens commun : on est quelque chose quelque part à un moment donné. L'existence n'est que le nœud de ces trois paramètres ou ce qui les noue. Il suffit d'affirmer à l'homme de la rue : « je suis », pour que, l'instant de surprise passé, il demande poliment : « tu es quoi ? ». Interrogation pleinement justifiée : si l'on fait l'économie d'un référent fondateur ultime, d'un ancrage ontologique transcendant, on est bien obligé de déterminer une entité dans le temps, dans l'espace, comme nœud d'un certain nombre de qualités et quantités ; l'homme n'est homme qu'en tant qu'animal et qu'en tant que raisonnable. Ce n'est pas l'être de l'homme qui pose l'animal ou la raison, c'est la conjugaison de l'animal et de la raison qui permettent de déterminer, en la repérant, une entité générique : l'homme. Or, précisément, ce repérage n'est jamais exhaustif : l'homme est aussi sociable, industrieux, doué de langage… Ce repérage n'est jamais non plus assuré : l'enfant ou l'esclave sont-ils des hommes ? Par ailleurs est-ce le danseur qui, par son essence atemporelle, fait la danse ou est-ce la pratique temporelle de la danse qui fait un danseur ?

Le maître-mot du type de raisonnement qui conduit à imaginer des cultures sans profondeur est le terme d'apparence. En effet qu'est-ce qu'une apparence ? Si l'apparence passe pour trompeuse, est-ce sagesse populaire ou préjugé culturel ? L'étymologie nous rappelle que l'apparence n'est que le participe présent du verbe latin *apparere* : elle est le fait d'apparaître, c'est à dire de devenir présent, elle est l'action à l'issue de laquelle une apparition est effectuée. En bref, elle est la venue en présence d'un objet de perception. L'histoire des idées européennes a disqualifié l'apparence, elle n'y a pas vu comme l'exigeait l'ordre des choses, la condition de la connaissance. En effet une étoile ou un microbe ne sont connaissables que si un instrument les fait apparaître. Elle a préféré y voir un obstacle à la connaissance : une illusion, une erreur voire une faute. Il faut se détourner des apparences nous dit Platon pour trouver la vérité en soi, il ne faut pas s'attacher trop aux créatures si on ne veut pas se détourner du Créateur nous disent les théologiens.

Nous voilà au cœur même de la pensée européenne dans ce qu'elle a de paradoxal et dans ce qui a pu passer pour universel, nous voilà du même coup au cœur même d'une dynamique productrice de préjugés aussi puissants qu'ils sont anciens.

Tous les témoins européens des cultures océaniennes traditionnelles ont été frappés par l'importance et la complexité des croyances. Or celles-ci se caractérisent notamment par la place qu'elles accordent à l'ancestralité : on peut dire, d'une certaine façon, que l'ancien système religieux est d'abord une croyance aux ancêtres vis-à-vis desquels on entretient des relations fortes et continues. Primat de la relation. *Mana* privatif et exclusif.

Les cultures océaniennes font une large place à leurs morts : cette place est exactement proportionnée aux relations entretenues entre les ascendants et les descendants. Si ces relations ne sont contestées par personne, il faut en poser la condition de possibilité. Je ne peux entrer en contact avec les défunts qu'à deux conditions ; d'une part qu'ils soient toujours présents, d'autre part que cette présence soit effective avec mon propre plan d'existence. Ainsi, en Océanie : mes ancêtres sont quelque part dans un espace-temps, proches ou lointains, ils peuvent toujours se rapprocher ou être approchés, c'est la qualité même de la relation qui va définir la plus ou moins grande proximité. La communauté invisible constitue les racines vivantes de la communauté visible.

Individualisme et individuation

Que le réseau situe un homme en fonction de telle divinité, de tel ancêtre, de tel groupe, de telle terre, de tels éléments naturels est une affaire entendue. Mais, précisément, un réseau ne se doit d'être actif que parce qu'il n'est qu'un réseau parmi d'autres réseaux – à l'instar d'un chef qui n'est le chef d'un clan ou d'une tribu que parmi d'autres clans et parmi d'autres tribus. Il y a là une donnée majeure sans laquelle on s'interdirait de comprendre le monde océanien qui n'a pas grand-chose en commun avec la représentation d'une sacralité holistique qui ne serait qu'une variante panthéistique de la participation à l'Un cosmique, tel que Jung par exemple interprète la mythologie maorie[13].

Dans un système panthéiste, le monde est tout ce qu'il doit être : stoïcisme ou bouddhisme, peu importe ; l'affirmation et la volonté de puissance y sont des illusions. C'est là que les

---

[13] Pour une analyse critique de la relecture jungienne de la mythologie maorie, réinventant la tradition avec un parti pris holistique occidental, on pourra se référer aux travaux de Georges Goulven Le Cam.

prétentions de *l'ego* sont vaines car, fondu dans le tout, il n'y a qu'à se laisser être : ataraxie, nirvâna... Nous sommes aux antipodes des cultures océaniennes où, en dépit de tous les mythes occidentaux sur l'insouciance indigène, l'affirmation et la conquête, par la guerre ou l'alliance, sont des nécessités vitales.

On retrouve ici une illustration d'une idée importante : la compétition particulière, tant externe – triompher de l'ennemi – qu'interne – être le plus grand guerrier de sa tribu – profite à l'ensemble du réseau, en l'occurrence à la chefferie et au chef qui, initiateur du combat, en laisse la conduite à ses guerriers. À l'évidence, l'intérêt du guerrier, à son niveau, est le même que celui du chef : accroître son prestige personnel. Prestige activé par une circulation double : de grands guerriers font un chef vainqueur, un chef vainqueur donne du prestige à ses guerriers. Le code de l'honneur est aristocratique plutôt que militaire. Partout, en Océanie, les guerriers prestigieux arborent les signes visibles et effectifs de leur *mana* : ceinture de crânes, ornement de cheveux humains, nom de l'adversaire tué. Si nous insistons ainsi sur cette idéologie plus guerrière que militaire, c'est qu'elle permet l'exploit personnel, qu'elle montre que l'individu n'est pas un simple pion d'un jeu social réglé d'avance. Il ne tient qu'à lui de faire ses preuves, de démontrer sa valeur. Les anthropologues ont beaucoup insisté, à juste titre, sur le primat de la collectivité en Océanie ; les énergies se mobilisent pour des entreprises collectives : érection hier d'un *marae* ou d'une maison paroissiale aujourd'hui (*fare paroita*)[14], guerre, pêche au caillou, etc. Cette dynamique de réseau ne s'accompagne nullement d'un effacement des membres du réseau : à l'intérieur même de celui-ci, la rivalité bat son plein et chacun tente d'acquérir le plus de prestige ; c'est à qui portera la plus grosse pierre, tuera le plus d'ennemis... L'exploit individuel s'inscrit, certes, dans un projet collectif mais il ne serait pas faux de dire que le projet collectif est l'occasion par excellence de l'exploit individuel, l'occasion où chacun, étant sous les yeux de tous, peut briller devant les yeux

---

[14] Voir Claude Robineau, *Tradition et modernité aux îles de la Société*, Papeete, IRD Editions, 1984, p. 221.

de tous[15]. Si l'on ne peut pas parler d'individualisme au sens où l'exploit rend service au réseau, on peut encore moins parler d'une faible individuation. Bien au contraire, on se distingue d'autant dans le réseau que l'on y participe davantage. De là cette générosité typiquement océanienne qui visa à donner le maximum : maximum de biens, d'énergie, d'habileté ou de courage. Cette générosité n'a rien de l'effacement, de l'oubli de soi, elle s'inscrit pleinement dans une volonté d'affirmation de soi qui a choisi pour modalité l'héroïsme et pour expression l'exploit[16]. Le maître mot, finalement, de cette société, ce n'est pas la rentabilité industrielle ou l'accumulation bourgeoise, c'est la performance. Souvent le premier nom que le sujet reçoit n'est pas une simple désignation, il est l'inscription dans une généalogie par les anciens. Ce nom généalogique est à la fois sacré et secret, il n'est pas d'usage commun. Au quotidien, on portera le plus souvent un sobriquet peu glorieux reçu, par exemple, pendant les premiers tatouages[17]. Un tel « surnom », choisi en dérision, incite, certes, le jeune *mā'ohi* à la modestie mais, plus encore, l'invite à accomplir au plus vite une prouesse – comme chasseur, pêcheur ou guerrier –, prouesse grâce à laquelle il pourra effacer son sobriquet pour un nom plus prestigieux qui évoquera son exploit. Ce nom est autoproclamé : « vainqueur de … », « chasseur de … », « tueur de … ». En ce sens, le sujet a l'initiative de son nom : charge à lui de rester à la hauteur de ses prétentions. Un nom nouveau accompagne chaque changement de statut et chaque nouvel exploit.

---

[15] Comme le remarque judicieusement Greg Dening, *Marquises, 1774-1880 : réflexion sur une terre muette*, Pirae, Association'Eo Enanta, 1999, p. 146 : « Comme guerrier, dans leurs batailles, Robarts enseigna aux Enata [Marquisiens] à varier les cibles. Il les orienta, semble-t-il, vers des stratégies d'expansion et de conquête, plutôt que vers des prouesses mâles de prestige individuel. ».
[16] Voir cette notation de William P. Crook, *Récit aux îles Marquises*, Papeete, Haere Po, éd. 2007, p. 28 : « Certains de ces hommes deviennent tapu pour avoir tué un ennemi et il semble que ceux qui se sont illustrés par leurs prouesses à la guerre, ou d'autres manières, peuvent festoyer avec les classes tapu, alors même qu'ils gardent avec les femmes des relations qui les font appartenir à la classe des hommes ordinaire en d'autres circonstances. ».
[17] Voir notre film documentaire *Nuku hiva, une île, une légende*, SFD-Canal Plus, 2002.

L'individu, en ce sens, n'hérite pas passivement d'une identité : il construit celle-ci par l'initiative du nom profane, le prestige de ce nom acquis rejaillit sur le nom généalogique, *tapu*. L'ensemble de la société polynésienne est par conséquent ouvert, à chaque niveau, voire d'un niveau à l'autre, à la montée en puissance d'un guerrier ou d'un chef. Un homme déterminé ou valeureux peut toujours devenir chef. La dynamique collective participe de l'individuation forte du sujet océanien.

Conclusion

La vision de Maurice Leenhardt qui projette le sujet kanak à la surface du monde comme des ombres au fond de la caverne de Platon est à la fois parfaitement irréaliste, anti-scientifique, moralement condamnable, et en même temps fait pleinement sens dans l'univers culturel des intellectuels et érudits européens qui en font le paradigme d'une autre humanité. Le concept central qui sous-tend l'anthropologie de Maurice Leenhardt et la notion d'altérité culturelle chez de nombreux penseurs a été celui de « participation ».

La théorie anthropologique de la participation n'a pu être imaginée que par des esprits distingués et érudits qui avaient fait leurs humanités. Elle est le produit de purs intellectuels : parmi tant d'autres, Hegel, Lévy-Bruhl, Bradley, Cassirer, Bergson, Leenhardt, Merleau-Ponty... À ce titre, cette théorie a joui de la crédibilité donnée par un discours savant, dûment argumenté et illustré selon les règles académiques en vigueur. Le prestige intellectuel de ces grands penseurs a pu oblitérer les *a priori* qui sous-tendent un discours si sérieux, si brillant et, au final, si consternant par sa consistance et sa résistance aux démentis du réel.

À partir de là, il était facile de théoriser sur un sujet kanak à l'âme participative, à la conscience collective, incapable d'individualisation car englué dans un réel englobant, dans une nature naturante. On ne s'étonnera ainsi pas que, nourri de problématique occidentale, un professeur de philosophie originaire d'Ouvéa puisse affirmer :

> « Si nous faisons un parallèle avec la naissance des fils de l'homme, le Kanak est l'homme qui n'est pas né car c'est un homme qui n'a pas subi la rupture avec sa mère, la nature. […] Bachelard semble dire qu'entre l'homme et la nature il ne peut y avoir de communion. […] Mais pour le Kanak, qui considérait que seule la réalité existait, de là où il se tenait, le néant était un non-sens. Il voyait et il participait. […] Dans cette communion du Kanak avec la nature, il n'y avait pas de place pour l'imaginaire. »[18]

Ce philosophe océanien a raison de dire que le néant était un non-sens pour les Kanak car le concept de néant est adossé à la problématique métaphysique de l'être. Pour autant, cela n'implique pas que les Kanak participent et se fondent dans une nature globale dont le concept est grec (*phusis*) puis latin (*natura*) et ne renvoie en rien à une terre particulière ancestrale ; cela n'implique pas non plus qu'ils doivent renoncer à l'imaginaire qui est constitutif de toute humanité, en dépit des efforts de quelques sages de l'Antiquité hellénistique.

À chaque fois, dans l'histoire de l'Occident chrétien, qu'un courant de pensée ou qu'un philosophe particulier résistera à la conception verticale et dualiste d'un monde créé *ex nihilo* et orienté par Dieu, ou qu'il essaiera d'imaginer un monde qui n'hérite pas des dualismes chrétiens, il renouera avec le discours grec et l'affirmation d'une participation cosmique et ontologique posée par les présocratiques et théorisée par les grands penseurs de la tradition hellénistique, à commencer par Pythagore, Platon et Aristote, les Stoïciens, Plotin, puis Giordano Bruno, Campanella ou Vanini. Au-delà d'une terminologie strictement platonicienne, tout système postulant une unité fondatrice et englobante implique logiquement l'idée de participation : c'est ainsi que le sujet kanak, enfermé dans l'alternative binaire de problématiques strictement européennes, faute d'individualisme chrétien, ne peut pas endosser d'autre costume que celui du sage grec qui, à l'instar d'un dieu indifférent, laisse sa conscience se fondre dans l'unité impersonnelle d'un grand tout indéfini.

---

[18] Maléta Homboy, *L'enfant kaori : conte kanak en Français-Iaii*, Nouméa, Grain de Sable et CCT, 2004, p. 12.

Il n'est pas nécessaire de faire de longues analyses pour comprendre que le discours missionnaire ou d'une anthropologie coloniale puise son autre dans la réactualisation de son refoulé culturel : la réinvention d'une participation exotique permet d'opposer l'affirmation de l'Un et de l'immanence au discours chrétien de la transcendance avec sa division de l'Être. Affirmer la participation, c'est affirmer le refus ou l'ignorance d'une faille ontologique entre le sujet et l'objet, entre l'être et le paraître, entre le temps et l'éternité, entre le moi et le monde. Parce que l'âme chrétienne n'est pas tout à fait de ce monde, le sujet océanien, ignorant de la vraie nature de son âme, se trouve immergé du point de vue missionnaire dans un monde à deux dimensions dont il ne se distingue pas, simple reflet à la surface des choses… La mission du pasteur sera de lui inculquer le sens de la profondeur, celle du catholique de provoquer en lui la *distensio animi* chère à Saint Augustin.

On voit bien ainsi comment l'ethnologie historiquement a pu servir de scène privilégiée pour un retour du refoulé. L'Autre « primitif » ou « traditionnel » n'est que le support d'une nostalgie culturelle : présocratique exotique, il n'est que le faire-valoir nostalgique de la modernité malheureuse d'une anthropologie qui n'a pas soumis à question la forme même de ses problématiques. Ainsi pour Marc Augé, le paganisme est un « monde gorgé de sens » dont l'immanence assure la tolérance et l'ouverture[19], tandis que pour Marcel Gauchet, c'est la transcendance du sacré qui libère l'individu des contraintes rituelles, distingue le sujet de l'objet et brise la clôture de l'Un ontologique[20].

Rappelons pour finir cette formule pour le moins frappante de Durkheim : l'âme personnelle, « c'est du mana individualisé » : elle n'est que l'effet d'un processus d'individuation qui particularise une entité par nature collective et impersonnelle.

---

[19] Marc Augé, *Génie du paganisme*, Paris, Gallimard, 1982, p. 77-79.
[20] Marcel Gauchet, *Le désenchantement du monde. Une histoire politique de la religion*, Paris, Gallimard, 1985, p. 76-80.

Notre propos s'achève sur le constat de l'extrême difficulté qu'éprouvent encore aujourd'hui nombre d'intellectuels, européens ou océaniens, à distinguer ce qui relèvent de l'individuation – processus psychologiques et sociaux – si forte en Océanie, et ce qui relève de l'individualisme, c'est-à-dire de conceptions théologiques ou philosophiques.

L'héritage de Maurice Leenhardt, c'est aussi d'avoir fait passer aux yeux des Océaniens eux-mêmes cette fable redoutable pour le fin mot de leur identité culturelle.

LA TRAJECTOIRE LEENHARDT :
ÉMERGENCE ET ÉVOLUTION DE L'HUMAIN, MAÎTRE DE SA CONSCIENCE

Analyse des proximités intellectuelles entre Franz Leenhardt, Maurice Leenhardt et Éric Dardel

Gilles VIDAL

Deux citations serviront de préambule à cette communication. La première provient du grand chef du district de Guahma à Maré, Nidoïsh Naisseline (1947-2015). Il raconte comment son père, le grand chef Henri Naisseline, et ses amis l'ont envoyé en France pour y préparer son baccalauréat en 1962 :

> « Je suis parti en France avec une bourse. J'ai atterri à Montmorency au lycée Jean-Jacques Rousseau. Le proviseur de l'époque, Éric Dardel [...] a tracé les contours d'une nouvelle discipline, la géographie culturelle. Pour lui, la géographie ne doit pas s'intéresser uniquement aux paysages. Elle doit également prendre en compte cette relation spirituelle que l'homme a avec la terre. J'étais assez époustouflé parce que Dardel conceptualisait ce que nous vivions tous les jours à la tribu. Sa vision cassait un peu le rationalisme occidental et réintroduisait le sacré dans notre relation à notre environnement[1] ».

La deuxième citation, également issue de l'éducation, date de 1884. Il s'agit de la leçon inaugurale donnée à la Faculté de théologie protestante de Montauban lors de la séance de publique de rentrée par Franz Leenhardt (1846-1922), chargé de

---

[1] Walles Kotra, *Nidoïsh Naisseline de cœur à cœur, entretiens*, Papeete, Au Vent des Îles, 2016, p. 46.

cours de sciences et de philosophie naturelles. Elle porte sur l'articulation entre le christianisme les sciences :

> « La géologie est maintenant en mesure de nous donner sur l'ensemble de l'histoire du globe un récit suffisamment complet, voire même de jeter sur plus d'un point de détail des clartés pleines de révélations. On peut considérer comme définitivement acquis les grands traits de cette histoire.
>
> Ils nous montrent le globe incandescent livré tout d'abord au jeu des forces physiques. Une couche solide se forme peu à peu ; elle va devenir le théâtre de la vie. D'abord impropre à la recevoir, elle se refroidit bientôt pour permettre à l'eau de séjourner à la surface, et, dès lors la vie s'y manifeste sous des formes de plus en plus variées. […] Elle [la vie] se développe avec profusion, comme pour épuiser toutes les combinaisons possibles. Sans cesser de se multiplier à tous les degrés de l'échelle des êtres, elle tend cependant à s'exprimer dans des formes toujours plus élevées, à mesure que les conditions générales de l'existence sont rendues plus nombreuses et plus délicates par la complication, sans cesse croissante, de la distribution des terres et des mers, du relief des continents, de la diversité des climats. Enfin, le calme de l'âge mûr succède à l'exubérance de la jeunesse. Les formes nouvelles deviennent de plus en plus rares. La nature semble se recueillir ; elle attend son roi. L'homme paraît. Avec lui la création entre dans une phase nouvelle ; dorénavant, il sera ouvrier avec Dieu pour une œuvre plus grande, la création spirituelle, le royaume de Dieu[2] ».

1962-1884, Montmorency-Montauban, en passant par Maré : quelques quatre-vingts ans séparent ces deux moments en un espace dans lequel se déploient la vie, l'œuvre et la pensée de Maurice Leenhardt, borné par la science géologique et théologique de son père Franz, et la science géographique et historique de son gendre Éric Dardel, l'époux de Renée, deuxième des cinq enfants du couple Leenhardt.

Cette contribution tente de cerner cette « trajectoire » au centre de laquelle se trouve Maurice Leenhardt, celle d'un homme de foi et de science ancré dans une forme particulière de

---

[2] Franz Leenhardt, « Quelques réflexions sur les rapports du christianisme et des sciences », Faculté de théologie protestante de Montauban, *Séance publique de rentrée,* 9 novembre 1884, Montauban, impr. Granié, p. 27.

protestantisme qui le précède et lui survit, héritier et passeur d'une pensée dynamique cherchant à sauvegarder à la fois méthode scientifique et résultats philosophiques et théologiques. Dans cette trajectoire, un point semble marquer un climax, l'humain en ce qu'il a « de plus humain », de commun avec les autres êtres de son espèce. Un humain pensé dans son lien entre immanence et transcendance.

Nous comprenons ce terme de trajectoire ici presque métaphoriquement, en tout cas de façon tout à fait empirique. Il s'agit ici de repérer des concepts chez trois auteurs de générations successives afin d'en dégager des significations dans la durée, d'établir des proximités ou des écarts éventuels. Le cadre est celui d'une histoire des concepts intégrant les éléments contextuels familiaux. La tentative présentée ci-après consistera à saisir un *moment* Maurice Leenhardt, pleinement habité par lui, mais qui en même temps le déborde en amont et en aval.

Notre point de départ sera donc Maurice Leenhardt puis nous examinerons quelques aspects de la pensée de son père Franz et de son gendre Éric Dardel (1899-1967).

Maurice Leenhardt : le goût du concret

Le point commun repérable dans cette trajectoire concerne l'importance de l'expérience, passant par l'observation : ce que nous pourrions appeler *le goût du concret*, à condition cependant de l'insérer dans une vue d'ensemble se voulant cohérente. Au début de ses recherches ethnographiques correspondant avec ses premiers pas de missionnaire, Maurice réalise des inventaires et dresse des listes, sans grande logique comme il l'écrit à ses parents en 1913 : « Je ne cherche pas à faire trop de travail scientifique. Je cherche à noter seulement ce qui vient de la connaissance de la langue et de l'indigène, et qu'un ethnographe trouvera difficilement sans cela, car les Canaques ne livrent pas facilement leurs secrets et les jeunes ne savent plus rien. » Un peu plus bas il poursuit : « Tu vois, Papa, ce que je cherche : la religion et la famille canaque ; c'est exactement le domaine du missionnaire. Mais je tiens compte de ce que tu me dis, et vais tâcher de rédiger une note cataloguant les noms de famille canaque. Ce ne sera pas très original [...] Cependant je n'ai pas encore écrit une fois le mot « totem ». [...] J'attends d'avoir lu tout ce que Durkheim prête au totem (au mot totem) avant de l'employer[3]. »

Au-delà de l'information qu'elles donnent sur les tâtonnements d'un jeune chercheur découvrant le terrain, ces lignes témoignent d'un dialogue épistolaire « serré » entre Maurice et Franz. C'est ici qu'intervient le contexte de la pensée développée par Franz au cours de son propre cheminement intellectuel. Il distingue nettement philosophie et science :

> « Car ou elle est philosophie et alors reste indépendante de toute la révélation ou elle est chrétienne et cesse d'être la recherche indépendante de la vérité. Je n'accepte ni le dilemme ni la contradiction. [...] j'entends être un philosophe indépendant et cependant un chrétien fidèle ; et je ne veux rien sacrifier de la piété dont je vis et cependant je réclame la plus absolue liberté de pensée. Je reste en communion avec le plus humble chrétien et cependant je ne consens pas à penser ma foi par une autre méthode que ma science[4] ».

Franz prône une coupure épistémologique entre la spéculation – qu'il entend dans le sens positif d'une théorie explicative – et l'observation. La première, dit-il, est « la science des "pourquoi" et la seconde celle des "comment" »[5]. Cette position *charnière* explique les conseils prodigués par Franz à Maurice pour son enseignement à l'école pastorale. De même, les lignes suivantes offrent l'amorce d'une théorie de la culture tenant compte des mentalités sur laquelle Maurice sera en dialogue avec Lucien Lévy-Bruhl[6] :

---

[3] Maurice Leenhardt, « Lettres des antipodes », *Études Théologiques et religieuses (ETR)*, 53e année, 1978/1, p. 19 [1-24].

[4] Franz Leenhardt, « Le chrétien et la philosophie. Discours prononcé à la séance de rentrée de la Faculté libre de Montauban le 15 novembre 1906 », *Revue de théologie et des questions religieuses*, 15e année, Montauban, 1906, p. 513-514 [510-528].

[5] *Id.*, p. 512.

[6] Voir sur ce point Frédéric Rognon, *Maurice Leenhardt. Pour un « destin commun » en Nouvelle-Calédonie*, Lyon, Olivétan, 2018, p. 120 *sq.*

« Il est probable que tu auras à leur faire une théologie simpliste à leur usage. C'est là qu'il faut aller doucement, et *les écouter beaucoup d'abord*, et ne répondre que quand tu as compris leur point de vue et leurs préoccupations […] Ils te diront peut-être des choses étranges, mais *écoute d'abord*, et tâche de comprendre en traduisant ce qu'ils disent dans ta mentalité : tu verras peut-être alors que ce n'est pas si étrange, mais seulement dans une autre langue que celle qui correspond à notre mentalité[7] ».

D'un point de vue missiologique il faut souligner l'aspect hétérodoxe de ces instructions : dans la rhétorique *classique* de la mission au XIXe siècle, en effet, le missionnaire entend d'abord apporter *la* vérité à des populations *païennes* considérées comme perdues dans les ténèbres. Son rôle premier est par conséquent de faire des convertis, non de se mettre à leur école. Ce qui nous paraît tout aussi capital ici est le schème intellectuel – que l'on retrouvera chez Dardel – distinguant l'étude des faits ou événements dans le détail et leur agencement systémique en une théorie se voulant cohérente.

Chez Franz, cette disjonction permet d'instiller une démarche scientifique – au sens expérimental d'une vérification d'hypothèse – dans une théologie particulière. Chez Maurice, ce même geste explique selon nous l'impossibilité, biographiquement parlant, de séparer le croyant du savant ou le missionnaire de l'ethnologue. Et c'est enfin ce qui permet aussi à Dardel de prescrire une finalité à l'histoire comme discipline. Voyons donc successivement à présent ces deux acteurs situés aux extrémités de la trajectoire Leenhardt.

Franz Leenhardt : une philosophie chrétienne finaliste

Franz se situe sur une ligne théologique assez particulière dans le protestantisme. Le XIXe siècle voit en effet s'affronter à l'intérieur de cette confession deux tendances aux options divergentes : l'une dite « libérale », l'autre dite « évangélique ». Toutes deux sont héritières des Lumières et plus

---

[7] C'est nous qui soulignons. « Hommage à Maurice Leenhardt », *Le monde non-chrétien*, 33, janv.-mars 1956, p. 6.

particulièrement de l'une de ses caractéristiques, l'émergence du sujet. Les deux tendances s'accordent sur les principes fondamentaux du protestantisme que sont notamment, la place de la Bible comme norme de la foi et la primauté de la grâce divine sur les œuvres humaines. Mais elles divergent nettement dans leur anthropologie, entendue ici comme conception de l'humain. En simplifiant à l'extrême, disons que la tendance libérale développe une anthropologie optimiste : par ses facultés physiques, mentales et spirituelles, l'humain est doté des capacités suffisantes pour se rapprocher du divin et en avoir une certaine intelligence. La tendance évangélique, en revanche, opte fondamentalement pour une anthropologie pessimiste : les facultés humaines sont comme annihilées par la radicalité du péché qui occupe totalement la place centrale du cœur humain. Au XIXe siècle, les travaux de certains théologiens allemands ou historiens français soumettant la Bible à une critique historique[8] d'une part, et plaçant le christianisme en situation comparative avec les autres religions d'autre part, ont contribué à l'exacerbation de l'opposition entre les deux tendances. Dans le dernier tiers du siècle apparaît un troisième courant, dit du christianisme social[9], prétendant dépasser cette opposition doctrinale, sans toutefois y parvenir totalement, en mettant l'accent sur l'urgence sociale et morale. C'est sur ce terreau de débats théologiques intenses que s'est construite la théologie de Franz et de Maurice, avec une option explicitement sociale pour ce dernier comme en témoigne son allocution lors de sa consécration comme missionnaire en 1902 à Montpellier :

> « Je veux travailler à l'œuvre de Dieu pour travailler un peu au bien de mes frères. J'appartiens à une génération qui voudrait secouer l'égoïsme séculaire au nom d'un rêve social. Mais, des méthodes tentées, une seule dans l'histoire et de nos jours, n'a

---

[8] Voir André Encrevé, « La théologie protestante au XIXe siècle », in Pierre-Olivier Léchot (dir.), *Introduction à l'histoire de la théologie*, Genève, Labor et Fides, 2018, p. 476 *sq.*
[9] Ce terme est l'équivalent du *social gospel* anglo-américain. Il serait historiquement plus correct de parler de « protestantisme social ».

jamais failli. Elle se résume en deux mots : "Connaissance du péché – Rédemption" »[10].

Dans le paysage théologique brièvement esquissé ci-dessus, la position de Franz est assez originale. Recruté explicitement en 1875 par la Faculté de théologie protestante de Montauban comme chargé de cours afin que les étudiants se confrontent aux idées de la science moderne, simultanément géologue et théologien, il lui faudra néanmoins attendre plus de dix ans avant d'être titularisé comme professeur de philosophie et de sciences naturelles. Les raisons de ce délai sont multiples et seraient trop longues à développer ici[11], mais disons que la ligne défendue par Franz détonnait au sein d'une faculté dont certains professeurs défendaient une ligne évangélique « dure ». Non que la science soit récusée *a priori*, mais elle devait céder le pas à la piété et à une certaine formulation dogmatique traditionnelle. C'est précisément ce que Franz osait mettre en cause publiquement. Ainsi déclare-t-il en 1906 :

> « Ni la philosophie n'est l'erreur, ni le système qu'on lui oppose comme venu d'en haut n'est la vérité ; l'un et l'autre doivent être soumis à une critique scientifique qui les ramène à leur véritable valeur […]
>
> [Séparée de la théologie] la philosophie n'a cessé de refaire et de préciser sa langue […] d'un autre côté les chrétiens ne se sont pas livrés à un travail semblable sur leur propre terrain. […] Ils n'ont à leur usage qu'une langue vieillie et qu'ils ne sauraient traduire en langage moderne sans emprunter à la philosophie ses expressions, ses concepts, ses catégories, c'est-à-dire sans se servir de mots qui impliquent d'autres prémisses[12] ».

---

[10] Maurice Leenhardt, « Lettres des antipodes », art.cit., p. 2.
[11] Voir Gilles Vidal, « La Faculté de théologie protestante de Montauban (1890-1905) : crises et transitions, *ETR*, 92, 2017/4, p. 767-786.
[12] Franz Leenhardt, « Le chrétien et la philosophie. Discours prononcé par M. le professeur Leenhardt à la séance de rentrée de la Faculté libre de Montauban, le 15 novembre 1906, *Revue de théologie et des questions religieuses,* 15ème année, Montauban, Impr. coopérative, 1906, p. 510-511 [510-528].

Rejetant une apologétique chrétienne qui, face à ce qu'il appelle « la mentalité scientifique [13] » – qui fait naturellement écho à la « mentalité primitive » avec laquelle se débat Maurice – procède par un rejet en bloc de toute avancée, Franz pourrait donc se définir comme un théologien évangélique *progressiste*. Évangélique car il reste dans un système qui fait du péché de l'homme un point indépassable, tout en lui donnant une signification originale, héritée en grande partie du théologien allemand Richard Rothe (1799-1867)[14].

Chez Maurice, l'aspect moral équivaut au religieux et se double de l'aspect social[15]. Dans le discours mentionné ci-dessus, Maurice rend d'ailleurs un hommage appuyé à ses professeurs, mais on devine qu'il parle avant tout de son père et de ses collègues défenseurs d'une ligne universitaire, face à ceux qui défendent une ligne plus ecclésiastique :

> « […] en disant ma reconnaissance à mes professeurs de la Faculté de Montauban, dont l'enseignement scientifique oblige les étudiants à ne jamais juger des choses sans en chercher la vérité ou la valeur morale, et forme leur intelligence à une discipline de loyauté vis-à-vis d'eux-mêmes qui unit la meilleure prudence à la plus grande indépendance d'esprit. L'on comprend, à leur école, *que le christianisme est moins une doctrine qu'une vie*, et qu'il ne peut jamais entrer en conflit avec les découvertes les plus imprévues de l'observation. Le devoir s'impose alors de [se] donner à Dieu, avec son cœur, son intelligence ; on ne cherche plus le départ entre le monde et Lui[16]… ».

Ainsi le développement de la pensée missiologique et ethnologique de Maurice apparaît-elle fortement conditionnée à

---

[13] Franz Leenhardt, *Une attitude à prendre. Allocution prononcée à la conférence des étudiants chrétiens, Brionne (Montpellier) le 18 avril 1903*, Cahors, impr. Coueslant, 1903, p. 21.
[14] Voir la thèse de doctorat de Franz Leenhardt intitulée *Le péché d'après l'éthique de Rothe*, Toulouse, impr. Chauvin et Fils, 1893. Sur Rothe, voir Frédéric Lichtenberger, « Richard Rothe », in Idem (dir.), *Encyclopédie des sciences religieuses*, t. XI, Paris, Sandoz et Fischbacher, 1881, p. 302-322.
[15] Voir par exemple Maurice Leenhardt, « Expériences sociales en terre canaque », *Le christianisme social*, 9, oct.-nov. 1921, p. 96-114 [rééd. sous le titre « De la gangue tribale à la conscience morale », *Le monde non-chrétien*, 66, avril-juin 1963, p. 114-132].
[16] Maurice Leenhardt, *Lettres des antipodes*, art. cit., p. 2.

l'enseignement reçu, en particulier de son père. Comme son inspirateur Rothe, celui-ci adopte une attitude originale qui distingue nettement l'ordre du discours scientifique et l'ordre du discours philosophique. L'observation, le classement et la description d'éléments ou d'objets séparés relèvent du premier. Mais selon Franz, cette méthode est incomplète sans une vue d'ensemble répondant à l'ordre du second qui lui donne un sens moral et spirituel. Le concept de vie repris par Maurice est ici capital. D'une part parce qu'il va se retrouver dans ses travaux ethnographiques à propos du flux venant des ancêtres maternels, mais aussi d'autre part parce qu'il témoigne d'un débat théologique qui a imprégné ses années d'études théologiques[17].

Ainsi l'évolution biologique ou géologique, telle que décrite par les scientifiques de l'époque et visible dans « l'histoire de la création », est-elle à mettre en parallèle, par analogie, avec une évolution morale et spirituelle de l'humain, menant à la rédemption, ce que Maurice comprend comme « l'Évangile » : le message libérateur de tous les déterminismes. À l'évolution organique succède l'évolution éthique, on passe de l'animal naturel à l'animal personnel, puis à l'homme :

> « L'évolution éthique reste la caractéristique du développement de l'humanité comme l'évolution psychique l'était de celui des mammifères. Les faits montrent que ce dernier a eu pour fin la formation d'un centre cérébropsychique (*sic*) réunissant les conditions nécessaires à *l'apparition de l'animal personnel et à sa transformation en homme* ; par analogie, on peut assigner pour fin au premier, la réunion des conditions nécessaires à l'apparition de la personne proprement dite, du sujet entièrement personnel, qui se possède absolument lui-même, avec un organisme transformé en docile instrument de son activité, d'une personne dans laquelle la conscience est entièrement active et l'activité entièrement consciente, absolument maîtresse d'elle-même »[18].

---

[17] L'enjeu de cette question de la vie, assimilée à l'expérience opposée à la doctrine, consiste à vouloir dépasser l'antinomie entre un excès de rationalisme des libéraux et de dogmatisme des évangéliques, à l'instar du Christianisme social de Maurice Leenhardt.

[18] Franz Leenhardt, *L'évolution, doctrine de liberté*, Saint Blaise et Roubaix / Paris, Foyer Solidariste / Fischbacher, 1910, p. 110.

Dans cette conception de Franz, le péché ne s'explique pas d'abord par la chute originelle mais est considéré comme discordance entre une évolution qui tend toujours plus vers une « maîtrise de soi » par l'homme et la réalité du monde, où l'état de perfection morale est loin d'être atteint :

> « L'humanité à ses débuts n'a pas su se décider pour une des deux voies que l'évolution ouvrait devant elle ; faute de cela, elle est devenue la victime de la puissance naturelle déjà constituée, au lieu d'en devenir le maître par une activité personnelle... Il n'y a donc pas évolution inachevée ou retardée, mais bien évolution déviée[19] ».

Dans la théologie de Franz, dont Maurice restera imprégné, le seul être ayant réussi historiquement à surmonter cette discordance est le Christ : « l'homme paru en Palestine sous César-Auguste » qui « paraît avoir franchi l'étape entière qui sépare l'animalité de *l'hominité* »[20]. Une conception très proche de la tendance libérale, vite contrebalancée par l'aspect nettement téléologique de sa philosophie chrétienne :

> « Malgré les apparences de détail, l'histoire que le géologue voit se dérouler devant lui est *toute empreinte de finalité* ; chaque feuillet du livre qui le retrace est marqué du sceau de son divin auteur. Dans cette unité qui s'exprime dans l'infinie diversité, dans cet acheminement continu de toute la création vers l'état actuel et vers l'apparition de l'homme, on ne peut méconnaître la main qui dirige, l'artiste divin qui poursuit son but. La complexité des moyens nous confond, mais la fin brille comme un phare dans les ténèbres de notre ignorance[21] ».

Ainsi, en autorisant un champ d'investigation ouvert à l'expérimentation scientifique, mais à l'intérieur d'une conception théologique providentialiste, et en identifiant l'éveil de l'homme à la conscience morale et l'apparition de l'homme spirituel, c'est-à-dire capable de dialogue avec la transcendance, d'esprit à Esprit, Franz trace un cadre dans lequel vont s'inscrire les travaux de Maurice. La notion de *personne*

---

[19] *Id.*, p. 128-129.
[20] Terme qui désigne le caractère propre de l'homme par rapport à l'animalité. Voir *ibid.*, p. 121 et p. 127.
[21] Franz Leenhardt, « Quelques réflexions », art. cit. p. 28.

notamment, y gagne un sens particulier de personnalité éveillée à la plus haute conscience d'elle-même, donc capable de choix éthiques éclairés aux impacts sociaux indéniables.

Après avoir vu en amont de Maurice, comment Franz parvient à distinguer l'étude des faits ou événements dans le détail et leur agencement systémique, qu'en est-il à présent, en aval, chez Éric Dardel ?

Éric Dardel : pour une histoire et une géographie de l'humain

Dardel partage avec les Leenhardt le goût du concret. Il est profondément marqué par sa mobilisation en 1918, puis par l'expérience de la Seconde Guerre mondiale et la barbarie nazie, qu'il ne confond pas, en tant que germanophile, ni avec le peuple, ni avec la pensée allemande. Et du coup, le concret prend pour lui la figure de l'événement qu'il éprouve dans une dimension fortement existentielle :

> « Août 19, septembre 39, sont des événements qui sortent des livres pour une génération[22] [...] Derrière le cataclysme tectonique qui bouleverse la condition humaine, il y a l'Histoire, la réalité de l'Évènement, cette force de surrection et d'anéantissement qui *te* saisit, toi et pas un autre, qui me met en cause là où je suis. [...] Cette rencontre avec l'Événement, qui nous montre l'envers de l'histoire apprise et récitée, est ainsi pour nous comme une introduction à cette science du concret que veut être une histoire vraiment fidèle à son impulsion initiale. [...] L'Événement renvoie de l'extérieur à quelque chose en nous ; une vibration intérieure répond en notre être à l'excitation des circonstances. L'Histoire se manifeste ici comme Destin[23] ».

---

[22] Éric Dardel, *L'Histoire, science du concret*, in *Écrits d'un monde entier*, Alexandre Chollier et Éric Waddell éd., s.l., Héros-limite géographies, 2014, p. 38. Cet ouvrage collationne deux livres de Dardel : *L'Histoire, science du concret* (PUF, 1946), *L'Homme et la Terre* (PUF, 1952) ainsi que plusieurs articles sur la pensée mythique renvoyant à Maurice Leenhardt regroupés en un chapitre intitulé « L'appel du monde ».

[23] *Id.*, p. 39.

Faire de l'histoire revient donc à faire une expérience impliquant le sujet, à l'instar de Franz Leenhardt pour qui il était possible de décrire l'expérience spirituelle au même titre que l'expérience physique, mais à la grande différence près que Dardel ne partage ni l'optimisme ni la confiance dans le progrès de Franz (relative au regard de sa foi et de sa génération). Constatant l'échec de tous les messianismes[24], Dardel critique tout autant que Franz en son temps l'arrogance d'un discours scientifique se présentant comme explication totalisante. Une histoire scientifique à l'objectivité pure lui apparaît comme une illusion totale, notamment à cause de l'absence probante d'articulation entre les faits et l'ensemble : « L'histoire scientifique a cru trouver dans les « faits » ces éléments que l'intelligence domine aisément dès lors qu'elle les isole [...] fragments de réalité faciles à recomposer [...] pour ensuite l'insérer entre l'homme et la nature et donner du recul sur elle[25]. » Et son verdict est sans appel : « il n'y a pas d'objet en soi, isolé du sujet qui l'objective[26] ».

En quête d'une conception de l'histoire cohérente avec son option existentielle, Dardel cherche par conséquent à envisager autrement « l'histoire de l'histoire », notamment recourant à la catégorie du mythe et à son évolution, payant ainsi, selon nous, un double tribut et à Franz et à Maurice Leenhardt. Il repère en effet dans l'histoire de l'humanité trois modes d'expression différents, mais non contradictoires : le mythe, « récit tissé d'émotivité » et la logique, « langage qui éteint toute affectivité » ; l'histoire se situant à mi-chemin dans la mesure où sa compréhension englobe l'intellect et l'affectif (« science du concret, elle [l'histoire] participe du mythe attaché au concret et de la connaissance lucide[27] »). Le parallèle d'un évolutionnisme historique chez Dardel et les Leenhardt, père et fils, de même que le recours à l'idée de « participation » élaborée par Maurice est trop frappant pour être fortuit.

---

[24] « Le messianisme social, politique, culturel est mortellement atteint et ne se relèvera pas. La route de l'avenir est barrée ». Éric Dardel, *Écrits d'un monde entier, op. cit.*, p. 42.
[25] *Id.*, p. 43-44.
[26] *Ibid.*, p. 45.
[27] *Ibid.*, p.107.

Quasiment chaque phrase de la citation qui suit pourrait se lire en synoptique avec des propos de l'un ou de l'autre.

> « L'histoire naît d'une prise de conscience. Une conscience historique se forme, telle une éclosion qui, des voiles et des rosées de la nuit, s'ouvre aux rayons de la claire pensée logique[28]. Une distance s'insère entre le soi « naturel » qui est ce qu'il est et le soi qu'il a à être. L'historien observera les résistances que cette conscience rencontre et cherche à surmonter[29]. Au point de départ, la vie qui est en l'existence humaine l'absorbe, l'immerge dans le monde et l'identifie à tout. La superstition et le fanatisme l'aveuglent[30]. L'histoire de l'histoire refait la découverte qui, par la lumière qui vient du dehors se poser sur les choses, voit une différentiation sortir progressivement de l'identification primitive. Une distanciation à partir de la participation générale au Tout, des plans, des objets, des individus[31], et voici le monde historique mis en mouvement dans un sens déterminé, orienté vers ses buts et ses fins[32]. À l'autre limite, la conscience historique s'éteint sous la lumière blafarde de l'intelligibilité totale. L'objet et le donné, rejetés à l'extérieur de l'existence, s'incorporent à une connaissance qui me devient entièrement indifférente. Entre un concret qui menace à tout moment de l'enliser et une clarté qui l'éblouit, la conscience historique occupe donc une position instable et précaire[33] ».

Ainsi, dans l'élaboration de son historiographie et dans le droit fil des principes de Franz et Maurice Leenhardt, Dardel recourt-il au concept de mythe, de « mentalité mythique » et de « participation » citant des exemples mélanésiens tirés de *Do Kamo* ou par allusions implicites[34].

---

[28] Notons aussi pour le style, un certain lyrisme que l'on retrouve parfois chez Maurice.
[29] Observation valable aussi pour l'ethnographe qui n'est pas sans rappeler les conseils de Franz à Maurice cités plus haut.
[30] À rapprocher de Maurice Leenhardt utilisant parfois l'expression de « fatras » à propos de la diversité des dieux.
[31] *Cf.* le passage de l'homme, animal naturel à l'homme spirituel chez Franz Leenhardt et la notion clé de « participation » chez Maurice, dans *Do Kamo* par exemple.
[32] *Cf.* le finalisme de Franz Leenhardt.
[33] Éric Dardel, *Écrits d'un monde entier, op. cit.*, p. 108-109.
[34] *Id.*, p. 108-112.

Une tendance qui s'amplifie dans son deuxième ouvrage, plus tardif, *L'homme et la Terre* (1952). Là, l'auteur réutilise tous ces concepts afin de définir les contours d'une « histoire de la géographie ». Sa thèse principale est qu'il est impossible de penser une science de la terre indépendamment du rapport de celle-ci à l'humain, démarche analogique au projet contemporain de Marc Bloch pour l'écriture de l'histoire[35]. Il s'agit selon Dardel de « suivre l'éveil d'une conscience géographique, à travers les différents éclairages sous lesquels est apparu à l'homme le visage de la terre[36]. » Un chapitre particulier, « La géographie mythique », retient davantage notre attention. Dardel y énonce cinq caractères de la terre que nous ne pouvons qu'énumérer brièvement[37], mais il est significatif que dans chaque paragraphe soit mentionné un exemple océanien dont la provenance n'est guère difficile à deviner !

Comment l'homme peut-t-il alors sortir de ces représentations mythiques ? Selon Dardel, sa conscience s'éveille et le mythe sera brisé sous l'action de trois facteurs : « la parole prophétique », et plus particulièrement monothéiste, qui désacralise la terre en introduisant une distance entre un Créateur et une création ; une conception proche de Franz Leenhardt, la parole des « héros », dont l'archétype est Ulysse, qui fait découvrir à son groupe un « élargissement » considérable de l'horizon ; et enfin le « logos » ou la géographie scientifique, qui complète la précédente en travaillant sur des « objets ».

Appliquant à la géographie le principe de complémentarité entre discours mythique et discours logique qu'il avait en premier lieu assigné à la discipline historique, Dardel s'inscrit bien dans la même tension épistémologique dans laquelle

---

[35] « Derrière les traits sensibles du paysage, [les outils ou les machines,] derrière les écrits en apparence les plus glacés et les institutions en apparence les plus complètement détachées de ceux qui les ont établies, ce sont les hommes que l'histoire veut saisir. » (Marc Bloch, *Apologie pour l'histoire ou métier d'historien*, Paris, Armand Colin [1949], éd. 2012, p. 51).
[36] *Id.*, p. 194.
[37] Origine, présence, puissance spirituelle, principe d'unité de groupe et lieu de l'expérience du sacré. *Do Kamo* est cité explicitement. *Ibid.*, p. 195-210.

s'inséraient Franz et Maurice Leenhardt, résumée à la fin de *L'Homme et la Terre* :

> « La géographie, par sa position, ne peut manquer d'être tiraillée entre la connaissance et l'existence. En s'écartant de la science, elle se perdrait dans la confusion et le bavardage. En se livrant sans réserve à la science elle s'exposerait à ce que Jaspers appelle « une nouvelle vision mythique », oubliant que l'attitude scientifique objective entre dans une compréhension totale du monde qui ne peut manquer d'être aussi morale, esthétique, spirituelle. Le froid détachement cosmique du spectateur s'accorde mal avec la finitude et la déréliction de l'homme en son existence effective, avec l'exigence concrète de son séjour terrestre[38] ».

Notons, avant de conclure, que Dardel a cherché à diffuser le plus largement possible la pensée de Maurice Leenhardt sur le mythe en y consacrant plusieurs articles dans des revues philosophiques mais aussi dans le journal *Le Monde*[39].

Conclusion

Pour terminer notre propos, partons du milieu de la trajectoire de Maurice, figure centrale de cet ouvrage. Dans de nombreuses pages, sa pensée combine deux démarches que l'on peut *a priori* considérer comme peu conciliables voire contradictoires.

L'on peut discerner d'un côté une approche « évolutionniste », un processus d'individuation où progressivement, le Mélanésien, au contact de « l'Évangile » considéré comme force d'élévation morale, pourra accéder à une double prise de conscience, celle du soi et celle de sa relation au Dieu des chrétiens. De là, l'idée constante chez Maurice – et embarrassante du point de vue de la laïcité – de la supériorité de l'indigène chrétien sur le païen, ce dernier agissant par imitation, sans jamais vraiment saisir le sens ultime des choses. Une telle conception est parfaitement illustrée dans *Le*

---

[38] Éric Dardel, *L'Homme et la Terre*, Paris, PUF, 1952, p. 133.
[39] Articles regroupés par les éditeurs de *Écrits d'un monde entier* dans un chapitre intitulé « L'appel du monde ».

catéchumène Canaque : « À ce stade de leur développement, les catéchumènes adressent à Dieu des prières qui, toutes, expriment ce contentement d'être arraché enfin à l'effroyable solitude du paganisme, où l'on est agi, où l'on se sent, si j'ose dire avec précision, davantage mort que vivant[40]. » Elle se retrouve également dans *De la mort à la vie*.

D'un autre côté cependant, nous savons que Maurice Leenhardt récuse le passage d'une mentalité prélogique à la rationalité. Pour lui, il y a concomitance entre la mentalité mythique qui implique une « participation » de l'homme à son environnement et une inscription dans la rationalité et l'historicité importée par la colonisation. Il franchit même un pas supplémentaire en redéfinissant la notion de primitivité comme on peut le constater à la fin de *Do Kamo*. Celle-ci ne se caractérise pas par son mode d'être au monde dit primitif ou affectif : « La primitivité est là, dans cet aspect unilatéral de la pensée qui, en privant l'homme de la balance de ces deux modes de connaissance, le conduit aux aberrations[41] ».

Et Maurice Leenhardt de montrer, par « antithèse », qu'un fonctionnement unilatéral par pure rationalité conduit à des aberrations logiques telles que « la guerre totale[42] ». Indépendamment de la justesse historique de cette dernière remarque, il n'en reste pas moins que d'un point de vue systémique, la coexistence de mythe et de rationalité semble devoir se concevoir comme une sorte de donnée préexistante, une toile de fond, un milieu nécessaire à l'émergence d'un sujet dont l'authenticité – le *vrai* homme – se mesure à l'aune d'une éthique préalablement posée.

C'est la constance de ce schème de pensée que nous avons cru identifier comme caractéristique d'une « trajectoire Leenhardt » se déployant sur trois générations. À travers la pensée, mais peut-être surtout l'implication existentielle de ces trois hommes dans leur recherche expérimentale et philosophique, se dévoile une même quête non dénuée de

---

[40] *Le Catéchumène canaque*, 1922, coll. « Les cahiers missionnaires » n°1, Société des Missions Évangéliques de Paris, p. 31.
[41] Maurice Leenhardt, *Do Kamo La personne et le mythe dans le monde mélanésien*, Paris, Gallimard, [1947], éd. 1971, p. 308.
[42] *Id.*, p. 309.

noblesse, celle de montrer la voie d'un humanisme universel, une *hominité* indépendante des déterminations, y compris de condition ou de « race », sans jamais être totalement sûrs d'y parvenir autrement que par leur foi assumée, comme un pari sur le présent et l'avenir.

MAURICE – ET JEANNE – LEENHARDT ET L'ARCHÉOLOGIE CALÉDONIENNE : UNE HISTOIRE DE CONNEXIONS

Émilie DOTTE-SAROUT

Dans le dossier Leenhardt conservé aux archives de la Nouvelle-Calédonie, on trouve quelques pages détachées d'un journal intime, accompagnées d'une lettre signée : Marius Archambault – l'un des premiers archéologues amateurs de Nouvelle-Calédonie et du Pacifique. En explorant la raison justifiant la présence de ces notes au sein des archives Leenhardt, ce qui peut apparaître comme une anecdote s'avère comme le fil conducteur qui révèle la trame complexe des relations personnelles, intellectuelles et institutionnelles tissées entre le pasteur et la discipline archéologique alors naissante en Calédonie et dans la région. Le rôle de Jeanne Leenhardt, son épouse, à travers sa propre histoire personnelle, s'y montre fondamental. Les connexions entre le couple Leenhardt et le développement de l'archéologie dans le Pacifique s'étendent au-delà du monde francophone et de la Nouvelle-Calédonie, de la fin du XIXe siècle aux années 1950.

Dans ce chapitre, je m'attarderai sur les circonstances de la rencontre entre Marius Archambault et le couple Leenhardt au tout début du XXe siècle, ainsi que sur le soutien essentiel qu'ils offrirent à ses travaux. Le contexte intellectuel sera exposé, mais aussi l'importance des histoires biographiques des protagonistes. De plus, j'explorerai la continuité de l'intérêt porté par Maurice Leenhardt aux questions d'archéologie en Nouvelle-Calédonie et dans le Pacifique, tout autant que le rôle actif qu'il prit dans la réalisation d'une archéologie professionnelle océaniste.

Introduction

Si la contribution du pasteur Maurice Leenhardt à l'ethnologie calédonienne et même à la tradition ethnographique française est maintenant bien reconnue[1], son rôle dans le développement de l'archéologie locale est passé plus inaperçu. Pourtant, de par ses intérêts intellectuels tout comme à travers son réseau étendu de relations, Maurice Leenhardt occupa une place fondamentale dans l'histoire calédonienne – et régionale – de la discipline. D'autres personnages sont intimement liés à l'action du Pasteur dans ce domaine : l'archéologue amateur Marius Archambault, Bwêêyöuu Ërijiyi qui guida les deux hommes dans l'aire ajië-arhö, mais aussi et surtout Jeanne (Michel) Leenhardt, dont l'histoire biographique et généalogique, l'inscription au sein de réseaux d'influence importants dans le milieu, et la forte personnalité apparaissent lui avoir fait jouer un rôle historique tout à fait déterminant.

Pour retracer le parcours du couple Leenhardt au sein d'une histoire de l'archéologie calédonienne, il nous faut donc commencer par examiner leur rencontre avec Marius Archambault, en la replaçant dans son contexte historique et intellectuel. Les sources archivistiques relatives à cette rencontre et à la relation qui se tissa entre les Leenhardt et Archambault dévoilent le rôle prépondérant de Jeanne, ce qui nous amènera à examiner le contexte familial et biographique lié. Nous suivrons alors, pour finir, le développement de l'intérêt cultivé par Maurice Leenhardt au sujet de l'archéologie calédonienne. Les actions et les idées qu'il déploya à la suite de cette première rencontre avec Marius Archambault, un jour de décembre 1902, eurent un impact fondamental sur la mise en place de l'archéologie professionnelle en Nouvelle-Calédonie et

---

[1] Voir James Clifford, *Maurice Leenhardt. Personne et Mythe en Nouvelle-Calédonie*, trad. Geneviève et Raymond Leenhardt, Paris, Éd. Jean-Michel Place, 1987 ; Michel Naepels et Christine Salomon, *Terrains et Destins de Maurice Leenhardt*, Paris, Editions de l'EHESS, 2007 ; A. Mary, « Maurice Leenhardt, un ethnologue en mission », in *Bérose-Encyclopédie internationale des histoires de l'anthropologie*, Paris, 2020. URL : http://www.berose.fr/article2045.html.

dans le Pacifique plusieurs décennies plus tard – avec, en filigrane, l'influence de Jeanne Leenhardt dont le rôle demeure flou, comme souvent lorsque l'on tente de restituer la place des femmes dans l'histoire des sciences[2].

Une rencontre : Marius Archambault, « l'ethnographe de la Calédonie »

À peine débarqués en Nouvelle-Calédonie, Maurice et Jeanne Leenhardt observent l'empreinte archéologique de l'histoire kanak sur le paysage de la Grande Terre et entendent parler d'Archambault. Dans une lettre à son père détaillant leur première visite dans la vallée de Do Neva, le pasteur écrit : « Il y a beaucoup de traces anciennes dans l'île. Un monsieur Archambaud [sic] s'est mis à fouiller et a trouvé des pierres gravées. Je tâcherai d'entrer en relation avec lui. J'ai vu, dans un champ près de la ferme Girard [Do Neva] à Houaïlou une grosse pierre équarrie à un bout et portant une spirale ; je compte la faire soigner à mon retour. »[3] Et de fait, quelques semaines plus tard, les Leenhardt rencontrent « l'ethnographe de la Calédonie Archambault, excellent homme », lors d'une escale à Maré sur leur voyage de retour entre Houaïlou et Nouméa[4].

Dès janvier 1903, Jeanne et Maurice Leenhardt font un tour des îles Loyautés, durant lequel Archambault (alors en poste en Lifou) accompagne le pasteur lors de visites autour de l'île et de

---

[2] Voir M. Rossiter « The Matthew Matilda Effect in Science », *European Journal of International Relations*, 23/2, 1993, p. 86-107; N. Oreskes, « Objectivity or Heroism? On the Invisibility of Women in Science », *Osiris*, n° 11, 1996, p. 87–116.
[3] Tapuscrit non daté citant une « vieille lettre à mon père », Journaux et Lettres de Maurice et Jeanne Leenhardt, Archives de la Nouvelle-Calédonie (Archives de la Nouvelle-Calédonie, désormais ANC : 12 J-22).
[4] Lettre manuscrite de Maurice Leenhardt à ses parents, datée du 17 décembre 1902, Fonds Leenhardt. Archives Nationales d'Outre-Mer (Archives Nationales de l'Outre-Mer, désormais ANOM : FP 54, APOM.1).

ce que Jeanne qualifie de « promenades géologiques »[5]. Inversement, lors de ses séjours sur Nouméa après l'installation à Do Neva, Maurice Leenhardt est souvent accueilli par Archambault qui s'y trouve rappelé courant 1903[6]. C'est sans doute par le biais du pasteur Delord, installé à Maré et guide des Leenhardt lors de leur arrivée en Nouvelle-Calédonie, que se fait la connexion. En effet, Archambault est un protestant pratiquant[7], il a donc dû faire rapidement partie du petit cercle d'Européens entourant les Leenhardt lors de leur installation.

En décembre 1902, Archambault a déjà publié deux communications au sujet de ses « découvertes » de « mégalithes néo-calédoniens » au sein du journal *L'Anthropologie*, qui rassemble alors les anthropologues et préhistoriens les plus influents de France[8]. Il est donc possible que Leenhardt ait eu connaissance de ces travaux avant même son départ pour la Nouvelle-Calédonie. Quoiqu'il en soit, l'intérêt est à double sens : pour Marius Archambault, le couple Leenhardt représente aussi un contact bénéfique. Ce fils de colon (arrivé en Nouvelle-Calédonie, à Moindou, avec ses parents à l'âge de 15 ans) devenu un employé du Service des Postes et Télégraphes, avait fait ses premières observations de pétroglyphes dès les années 1890, lors de ses déplacements sur la côte Est, notamment dans les vallées autour de Houaïlou[9]. Il commence alors rapidement à

---

[5] Tel que rapporté dans les lettres de M. et J. Leenhardt, Journaux et Lettres de Maurice et Jeanne Leenhardt, (ANC : 12 J-22) ; Fonds Leenhardt (ANOM : FP 54, APOM.1).

[6] M. Duband, *La mission archéologique et ethnographique en Nouvelle-Calédonie de Marius Archambault (1898–1920)*. Mémoire d'étude, École du Louvre, Paris, 2016.

[7] Pages du journal d'Archambault conservées dans le fonds des Pasteurs Maurice et Raymond Leenhardt (ANC : 12 J-58).

[8] Marius Archambault, « Les mégalithes néo-calédoniens », *L'Anthropologie*, 1901, n° 12, p. 257-268 ; « Nouvelles recherches sur les mégalithes néo-calédoniens », *L'Anthropologie*, 1902, n° 13, p. 689-712. *L'Anthropologie* est fondée en 1890 par Emile Carthailac, Ernest Hamy et Paul Topinard. Dans les premières années du XXe siècle, c'est le paléontologue et préhistorien Marcelin Boule qui dirige la revue (F. Defrance-Jublot, « Question laïque et légitimité scientifique en préhistoire. La revue L'Anthropologie (1890-1910) », *Vingtième Siècle. Revue d'histoire*, 87/3, 2005, p. 73-84).

[9] M. Duband, *La mission archéologique, op.cit.* ; J. Monnin et C. Sand, *Kibo, le serment gravé. Essai de synthèse sur les pétroglyphes calédoniens*,

rendre visite aux Leenhardt, qui lui fournissent une base pratique d'où continuer à explorer la région[10]. En 1907, un des manuscrits privés de Maurice Leenhardt révèle plusieurs éléments d'importance pour comprendre l'implication du pasteur dans l'histoire de l'archéologie locale :

> « J'ai été avec Archambault sur un flanc de colline près de [illisible]. Bossoou [Bwêêyöuu Ërijiyi] m'en avait apporté un jour, pour Archambault, un petit panier de fossiles ! J'étais bleu, en ayant tant cherché et réclamé toujours. J'ai donc remis honnêtement le panier à Archambault, qui n'y connaît pas absolument trop, et nous avons été voir. Nous en avons rapporté pas mal [...] Archambault veut envoyer à Piroutet, mais je réserve pour papa les principales pièces que j'ai trouvées [...]. Papa me dira ce qu'il pense et ce que je dois faire pour être un bon laïc de la géologie[11].

Ce passage mérite de s'y arrêter quelque peu pour examiner plusieurs détails importants. Il s'agit d'abord d'une des sources documentant la collaboration nouée entre le pasteur et l'archéologue amateur, illustrant l'une de leurs expéditions communes entre les années 1903 et 1908. D'ailleurs, une des pierres gravées recensées par Marius Archambault dans la zone de Do Neva, fut baptisée par celui-ci « roche Leenhardt » (figure 1)[12]. Archambault signa un recueil de « Contes et Légendes » kanak qu'il indique être « communiqué par Maurice Leenhardt », tandis que Leenhardt utilisa les travaux et collections d'Archambault dans ses propres recherches[13].

Nouméa, Département Archéologie, Service des Musées et du Patrimoine de Nouvelle-Calédonie, 2004 ; E. Dotte-Sarout, « How Dare Our 'Prehistoric' Have a Prehistory of Their Own ?! The Interplay of Historical and Biographical Contexts in Early French Archaeology of the Pacific », *Journal of Pacific Archaeology*, 8/1, 2017, p. 23-34.

[10] Ainsi que documenté dans les fonds Leenhardt des ANOM et ANC, voir références plus haut.

[11] Journal ou lettre manuscrite datée de 1907 ; Fonds Leenhardt (ANOM : FP 54, APOM.1)

[12] Marius Archambault, « Trace d'une ancienne civilisation en Nouvelle-Calédonie », *La Dépêche Coloniale*, 11, 1909, p. 151-162.

[13] Voir son article « Contes et légendes de la Nouvelle-Calédonie et des îles voisines », *Revue des traditions populaires*, 24 (4-5), 1909, p.117-137 ainsi que les objets collectés par Archambault autour de Houaïlou et illustrés dans

Figure 1 : « Pierres Stèles, falaises de Do-Néva, vallée de Houaïlou », photographie de Marius Archambault, 1909, montrant les pétroglyphes identifiés comme ceux de la « roche Leenhardt » d'après recoupements des informations entre les articles d'Archambault. Source : Musée du Quai Branly – Jacques Chirac (MQB-JC), PP0034543.

Ce texte enregistre aussi le rôle joué par Bwêêyöuu Ërijiyi, informateur principal de Leenhardt qui fut qualifié plus tard de « premier écrivain canaque »[14]. outre le fait que le « guide » kanak apparait en réalité comme celui décidant à qui sont délivrés les objets et informations liées, on observe sa position centrale à la fois entre les deux « chercheurs » européens et entre ceux-ci et l'accès au terrain kanak. Dans les publications et communications qu'il accumula en 1909, Archambault cite d'ailleurs à plusieurs reprises son « excellent guide », « Boasaou, de Nechacoya »[15], qu'il dit « dévoué » et surtout

---

Leenhardt 1930 (figure 4) ainsi que ses références aux « pétroglyphes d'Archambault » (voir section IV de cet article). La bibliothèque Maurice et Raymond Leenhardt conservée à l'Université de Nouvelle-Calédonie (UNC) comporte d'ailleurs un tiré à part du second article d'Archambault (1902)

[14] Jean Guiart, *Bwesou Eurijisi. Le premier écrivain canaque*, Nouméa, Le Rocher-à-la-Voile, 1998 ; Raymond Leenhardt, « Un sociologue canaque : le pasteur Boésoou Erijiyi 1866-1947 », *Cahiers d'histoire du Pacifique*, n°4, 1976.

[15] Nessa Kouya, haute vallée de la Houaïlou.

« presque aussi féru d'archéologie que nous-même »[16] (figure 2). Le rôle essentiel de Bwêêyöuu Ërijiyi (comme des autres guides Kanak d'Archambault ailleurs sur la Grande Terre), qui dévoile les pierres gravées et les traditions orales de son choix, transparaît dans ces publications, aux dépens même du « découvreur » dont les opinions racistes et colonialistes l'avaient convaincu dès le début que les pétroglyphes ne pouvaient être l'œuvre de « la peuplade canaque »[17].

Figure 2 : Guide identifié comme Bwêêyöuu Ërijiyi par recoupement et comparaison (M. Archambault, « Traces d'une ancienne civilisation », *op.cit.* et J. Guiart, *Bwesou Eurijisi, op.cit.*) et polissoir, photographie de Marius Archambault, 1909. Source : MQB-JC, PV0064168.

---

[16] Voir Marius Archambault, « Traces d'une ancienne civilisation », op.cit., p. 1515-152 ; « Les sculptures et les gravures sur roche de la Nouvelle-Calédonie », *Bulletins et Mémoires de la Société d'anthropologie de Paris*, V° série, n° 10, 1909, p. 519. Voir aussi Michel Naepels, « Colonisation, mission et production du savoir. Maurice Leenhardt de Houaïlou à Paris », in C. Laurière & A. Mary (dir.), *Ethnologues en situations coloniales*, Les Carnets de Bérose n° 11, 2019, p. 238-258. URL : http://www.berose.fr/article1675.html.

[17] Au sujet des interprétations racistes d'Archambault, de leur contexte historique et de l'héritage laissé à l'archéologie calédonienne, voir J. Monnin et C. Sand, *Kibo, op.cit.*, et E. Dotte-Sarout, « How Dare », *op.cit.*

Archambault baptise même un des blocs gravés de la région « pierre Boasaou » et certains des groupes de pétroglyphes qui sont les plus cités dans ses recherches sont celles qui lui furent montrées par l'érudit kanak (figure 3)[18]. Il est possible qu'Archambault soit entré en contact avec cet informateur précieux par l'intermédiaire de Leenhardt, puisqu'il n'est pas nommé dans les publications qui précèdent la rencontre entre l'archéologue amateur et le pasteur, fin 1902. Finalement, il est à noter qu'un certain nombre des objets de culture matérielle (hors pétroglyphes) collectés par Archambault proviennent de la zone de Houaïlou-Gondé, notamment une « pierre anthropomorphe » qui lui fut offerte par « un pasteur indigène » de la tribu de Gondé[19].

Figure 3 : Autoportrait de Marius Archambault sur un bloc à cupules (?), montrant dans l'angle gauche son guide kanak, non-nommé et flou – en allégorie de la place accordée aux experts autochtones dans les discours scientifiques de l'époque. Photographie de Marius Archambault, 1909, « Monolithe à cuvette du ravin Ciudicelli. Vallée de la Negropo ». Source : M<small>QB-JC</small>, PV0064154.

---

[18] Voir par exemple : Marius Archambault, « Sur une ancienne ornementation rupestre en Nouvelle-Calédonie », *L'Homme préhistorique*, 11 (10), 1908, p. 289-310.

[19] Marius Archambault, « Quelques sculptures sur pierre d'origine néo-calédonienne », *Bulletins et Mémoires de la Société d'anthropologie de Paris*, V° série, 10 : 258-260. Voir également M. Duband, *La mission archéologique, op.cit.*

Un autre aspect important illustré dans cet extrait, est l'influence du père de Maurice Leenhardt sur l'intérêt porté par le pasteur aux questions scientifiques, sans opposition aux conceptions religieuses de la famille. Cette influence – à la fois intellectuelle et affective – a déjà été largement analysée et commentée par divers travaux consacrés à Maurice Leenhardt[20]. Il suffit donc ici d'insister sur l'approche de type « évolutionnisme chrétien » et la curiosité pour les traces matérielles du passé que Franz Leenhardt avait pu léguer à son fils ; lui qui fut théologien et géologue tout à la fois, professeur titulaire de la chaire de Théologie et Sciences à la Faculté protestante de Montauban où son enseignement comprenait la préhistoire, auteur d'un volume sur *L'évolution, doctrine de liberté* (1910) et qui déclara dans un de ses discours de rentrée universitaire : « Dieu n'a pas été seul auteur dans l'œuvre de la création du monde organique » (1899)[21].

Ce genre de conception préparait donc tout à fait le pasteur Leenhardt à s'intéresser aux questions archéologiques soulevées par Archambault et à soutenir ses travaux, malgré les interprétations de ce dernier difficiles à concilier avec le respect développé par Maurice Leenhardt pour la culture Kanak. En effet, Archambault martelait depuis ses premiers écrits que les pétroglyphes étaient dus à une « race » ayant précédé sur l'île les Kanak, trop « archaïques » pour les avoir réalisés. Il finit par identifier cette population fabuleuse comme « la primitive civilisation antédiluvienne », liée aux « Asiates et

---

[20] James Clifford, *Maurice Leenhardt. Personne et Mythe, op.cit.* ; André Mary, « Maurice Leenhardt, un ethnologue en mission », *op.cit.* ; Roselène Dousset-Leenhardt, *La tête aux antipodes, récit autobiographique*, Paris, Éditions Galilée, 1980 ; Frédéric Rognon, *Maurice Leenhardt. Pour un « Destin commun » en Nouvelle-Calédonie*, Lyon, Olivetan, 2018.

[21] « L'évolution ». *Revue de théologie et des questions religieuses*, p. 589, cité dans P. Daulte, « Franz Leenhardt. 1846-1922 », *Revue de Théologie et de Philosophie*, Nouvelle série, 10 (44), 1922, p. 187-191 (ici p. 190). Il faut relever aussi la présence dans la bibliothèque Maurice et Raymond Leenhardt, déposée à l'UNC, de la copie de la thèse de Franz Leenhardt (1871) ayant appartenue à Maurice Leenhardt, et d'un tiré à part de son discours d'entrée de 1906 (*Le Chrétien et la Philosophie*) portant la dédicace : « Hommage Paternel ».

Méditerranéens »²². Si le manque de rigueur méthodologique et argumentaire d'Archambault finirent par lui apporter un certain discrédit dans les cercles scientifiques métropolitains vers la fin des années 1910, il faut rappeler que ses idées s'inscrivaient totalement dans le contexte intellectuel de son époque, typiquement ancré dans la vision évolutionniste racialiste héritée du XIXe siècle, mais déjà influencée par le paradigme diffusionniste dominant le champ de la préhistoire durant toute la première moitié du XXe siècle.

Cependant, la forme de soutien la plus directe émanant des Leenhardt envers Archambault se trouve documentée par une lettre d'appui jointe à sa demande de mission archéologique financée par le Ministère de l'Instruction Publique, datée du 23 mars 1909 et signée André Michel, conservateur et professeur d'histoire de l'art au Musée du Louvre : le père de Jeanne Leenhardt (figure 4). Cet indice du rôle joué par l'épouse du pasteur trouve écho dans les détails renseignés par les pages du journal d'Archambault que conserva la famille Leenhardt. Il ouvre aussi une porte vers un contexte biographique et familial liant fortement Jeanne Leenhardt au Pacifique et aux cercles intellectuels français en vue à cette époque.

---

[22] Lettre de Marius Archambault au Ministre de l'Instruction Publique et des Beaux-Arts, 26 juillet 1922, Dossier Mission Leenhardt (Archives Nationales ; F.17.17265)

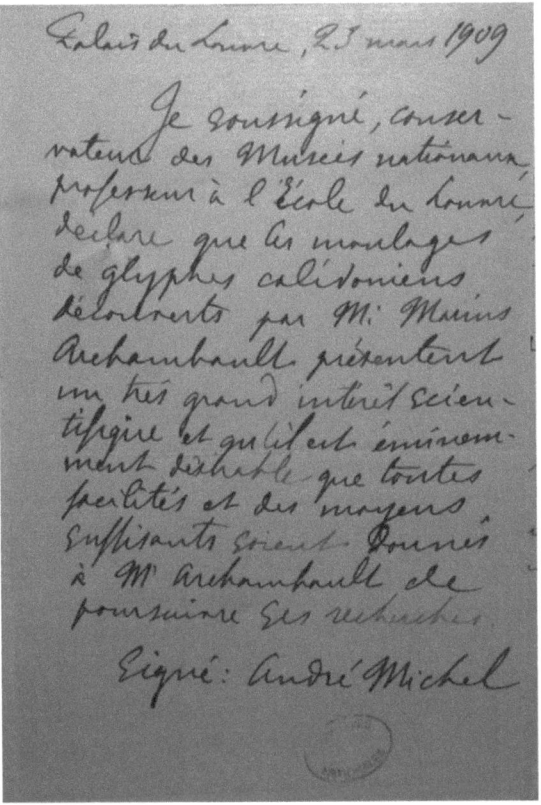

Figure 4 : Lettre de soutien pour la demande de mission soumise par Marius Archambault au Ministère de l'Instruction Publique et des Beaux-Arts, signée André Michel, insérée dans le dossier « Mission Archambault », (Archives Nationales, Fonds du Ministère de l'Instruction Publique et des Beaux-Arts, F.17.17265). Photographie E. Dotte-Sarout, 2016.

Jeanne (Michel) Leenhardt : connexions intellectuelles et océaniennes

En se basant sur les données biographiques de Marius Archambault et du couple Leenhardt, et sur les informations qui transparaissent dans leurs publications respectives, il est possible de poser l'hypothèse selon laquelle la principale période de collaboration active entre Archambault et les Leenhardt s'étala de 1903 à 1909. Elle se termina avec le départ de Marius Archambault pour un « congé » de plus d'un an à Paris, de mars 1908 à septembre 1909, dans le but de présenter ses travaux au sein des cercles académiques et de demander l'allocation d'une mission officielle pour mener ses recherches. Une partie de ce séjour parisien coïncida avec celui de Maurice Leenhardt entre 1909 et 1910, et les deux hommes semblent alors avoir visité ensemble les assemblées de la Société d'Anthropologie de Paris : en juin 1909, ils présentent en effet tour à tour leurs observations ethnographiques ou archéologiques aux savants parisiens[23]. Archambault réussit de plus à présenter ses travaux sur les pétroglyphes devant la très vénérable Académie des Inscriptions et Belles-Lettres (février) et la Société Asiatique (Mai)[24]. Entre-temps, il dépose son dossier de demande de mission au ministère avec la lettre de référence du conservateur et historien de l'art André Michel, alors « au premier plan de la vie intellectuelle parisienne »[25].

---

[23] Qui firent l'objet de plusieurs publications, comme : Marius Archambault, « Note sur la faculté de saisir des ressemblances fortuites montrées par les indigènes néo-calédoniens », *Revue de l'École d'Anthropologie de Paris*, 19, 1909, p. 91-92 ; Maurice Leenhardt, « Note sur la fabrication des marmites canaques en Nouvelle-Calédonie », *Bulletins et mémoires de la Société d'Anthropologie de Paris*, V° série, 10, 1909, p. 268-270 ; « Percuteurs et haches de Nouvelle-Calédonie », *Bulletins et mémoires de la Société d'Anthropologie de Paris*, V° série, 10, 1909, p. 270-272 ; « Note sur quelques pierres-figures rapportées de Nouvelle-Calédonie », *Revue de l'École d'anthropologie*, 19, 1909, p. 292-295. Il est particulièrement intéressant de noter aussi que la première communication de Maurice Leenhardt présente des observations sur les modes de fabrication de la poterie, c'est-à-dire, ainsi qu'il le dit lui-même, sur une activité typiquement féminine, donc où Jeanne a pu jouer un rôle important dans la collecte d'informations. On sait que le couple échangeait au sujet de leurs observations respectives « pour une vision complémentaire et sexuée du monde kanak » où Jeanne apportait sa connaissance des activités féminines, « même s'il faut souvent repérer entre les lignes les citations de ses observations » (A. Mary, « Maurice Leenhardt, un ethnologue en mission », *op.cit.* p.7).
[24] Marius Archambault, « Note sur l'épigraphie des monuments lithiques de la Nouvelle-Calédonie », *Comptes rendus des séances de l'Académie des Inscriptions et Belles-Lettres*, 53ᵉ année, 128/2, 1909, p. 134-144 ; « Les glyphes et épigraphes rupestres de la Nouvelle-Calédonie », *Journal asiatique*, 13, 1909, p. 578-580.
[25] Geneviève Bresc-Bautier, « Notice André Michel », dans Philippe Sénéchal et Claire Barbillon (dir.) *Dictionnaire critique des historiens de l'art actifs en France de la Révolution à la Première Guerre mondiale*, 2010,

Bien qu'Archambault avait pu rencontrer Ernest Théodore Hamy en 1908[26] et faire connaître ses travaux dès 1901 par les anthropologues, la principale source de connections permettant aux deux hommes de pénétrer ce milieu académique et intellectuel parisien plutôt élitiste apparaît bien comme Jeanne Michel Leenhardt et sa famille[27].

Jeanne Michel naquit en 1881 et grandit à Paris dans une famille d'intellectuels protestants qui avait hérité d'un lien bien particulier avec le Pacifique et de conceptions très progressistes au sujet des femmes. Son père, André Michel, devint un critique et historien de l'art réputé dès la fin des années 1880, membre de la Commission des monuments historiques dès 1890 et conservateur du département des sculptures du Musée du Louvre de 1896 à 1920. Jeanne était l'aînée de cinq enfants – quatre filles et un seul garçon – et elle reçut une éducation de qualité : parmi les rares jeunes filles à passer, brillamment, le baccalauréat au tournant du XXe siècle, elle collaborait avec son père dans ses travaux d'édition et menait des activités de charité fortement liées à ses convictions calvinistes[28]. Elle prenait part, avec ses sœurs, au « salon » tenu mensuellement par sa mère et où se retrouvait toute une partie de l'élite parisienne, tout en rêvant d'engagement missionnaire dans des terres lointaines – ce qui contribua fortement à son rapprochement avec Maurice Leenhardt (figure 5).

---

https://www.inha.fr/fr/ressources/publications.html. Il faut aussi noter qu'une deuxième lettre accompagne cette demande, signée par un éminent collègue de Michel, Salomon Reinach, « conservateur des musées nationaux et membre de l'Académie des Inscriptions et Belles Lettres », alors archéologue reconnu en poste au Louvre et au Musée des Antiquités Nationales.

[26] Comme indiqué par lui-même lors d'une communication à la Société d'Anthropologie de Paris ultérieure (rencontre ayant donc eu lieu peu avant la mort d'Hamy en novembre 1908), et qui montre par ailleurs son intégration réussie dans la société des anthropologues parisiens (Adrien de Mortillet et Marius Archambault, « Les inscriptions scripturaires des îles calédoniennes », *Bulletins et Mémoires de la Société d'Anthropologie de Paris*, VI° Série, 10, 1919, p. 2-3).

[27] Karen Corsano et Daniel Williman, *John Singer Sargent and His Muse: Painting Love and Loss*, New York, Rowman & Littlefield, 2014.

[28] *Idem*, p. 90-91.

Figure 5 : Jeanne Michel, 1900. Source : Association des amis de Henry et Stella Corbin.

Figure 6 : La famille de Varigny en France en 1884, avec à gauche : Hélène de Varigny, son père et sa mère Charles et Louise de Varigny, et à leurs pieds, André Michel portant sa fille Jeanne sur ses genoux. Source : K. Corsano et D. Williman, *John Singer, op.cit.*

Hélène Michel, la mère de Jeanne, joua un rôle prépondérant dans cette éducation encourageant l'indépendance et le goût du lointain, notamment du Pacifique. En effet, elle-même était née et avait grandi à Hawaï jusqu'à l'âge de dix ans. Son père Charles de Varigny y avait débuté une carrière au consulat de France en 1853, puis était devenu proche du roi Kamehameha V et avait fini Ministre des Affaires Etrangères au sein du gouvernement de celui-ci[29]. Sa propre mère, Louise de Varigny, accompagnait régulièrement son mari dans ses expéditions à travers les îles. Charles de Varigny lui-même était un ardent défenseur de l'éducation mixte et de ce qu'il qualifiait de « l'affranchissement des femmes ». Il se disait convaincu par ce qu'il avait observé aux États-Unis et qu'il attribuait à l'effet libérateur de l'expatriation coloniale soutenue par le protestantisme[30]. Il faut préciser que cet engouement pour un modèle de société plus égalitaire continuait de positionner la réalisation principale de « la femme » dans la maternité, l'éducation des enfants et le soutien de son époux, non plus « en esclave » mais en tant que « centre autour duquel tout gravite, indispensable à ceux qu'elle aime »[31].

Le grand-père de Jeanne Leenhardt s'intéressa aussi aux traditions et à la culture hawaïenne, y compris aux vestiges matériels du passé qu'il put observer dans les îles (1874). Après leur retour en France et leur installation à Paris, le couple de Varigny se fit construire une maison de famille dans le sud, proche de celle de la famille Leenhardt, où Jeanne passa de nombreux étés. L'ambiance y conjuguait l'héritage de leurs quatorze années de vie dans le Pacifique à celle des activités scientifiques, artistiques et littéraires de la famille[32] (figure 6).

---

[29] *Ibid.*, p. 6-10. Voir également le témoignage de Charles de Varigny, *Quatorze ans aux îles Sandwich*, Paris, Hachette et cie, 1874.
[30] Selon son témoignage, Charles de Varigny, *La femme aux États-Unis*, Paris, A. Colin, 1893.
[31] *Idem*, p. 17.
[32] Charles de Varigny reprit une carrière de journaliste et écrivain et publia notamment le récit de leur vie à Hawaii (1874) ; son fils aîné Henry, l'oncle de Jeanne, devint un biologiste darwiniste et traducteur de travaux évolutionnistes reconnu. Son ouvrage en anglais *Experimental Evolution* datant de 1892 fait d'ailleurs partie de la bibliothèque Leenhardt conservée à

C'est donc avec une solide éducation, la certitude de son indépendance d'esprit mais aussi de sa responsabilité envers sa famille et son époux, que Jeanne Leenhardt a pu se représenter son rôle auprès de son pasteur-ethnologue de mari. Sa propre inscription au sein d'un milieu déjà singulièrement actif au développement de l'intérêt socio-anthropologique occidental dans le Pacifique, et participant des réseaux intellectuels parisiens influents, apparaissent aussi comme des éléments essentiels pour comprendre l'accès relativement rapide à la fois de Maurice Leenhardt et de Marius Archambault aux cercles académiques métropolitains (figure 7).

Enfin, les pages déchirées du journal de Marius Archambault qui se retrouvent aujourd'hui conservées dans les archives personnelles du couple Leenhardt nous apprennent que l'archéologue, visiteur régulier du couple, échangeait autant avec le pasteur qu'avec « Mme Leenh. » qui revient souvent dans son récit[33] (figure 8). Ces notes nous apprennent aussi que Jeanne Leenhardt partageait certainement l'intérêt des deux hommes pour les vestiges calédoniens, malgré le sentiment mitigé que cela semble avoir pu provoquer chez le très réactionnaire Archambault. En effet, tout en jugeant que celle-ci « laisse trop voir une certaine tendance à imposer ses idées », il rapporte plusieurs discussions avec elle au sujet de ses « recherches archéologiques », comme par exemple au cours d'une soirée qu'il décrit ainsi: « Le soir après le diner la causerie était assez languissante [...] quand Mme Leenh. s'est avisée de me parler de mes pierres [...]. Leur ai parlé de mes projets, de mes idées, de mes voyages, et de fait elle m'admirait un peu [...] elle se mit à me parler d'elle-même, de ses idées, de ses impressions, de ses sentiments [...] ».

---

l'UNC (ayant appartenu à Francine Leenhardt – une des filles du couple). Karen Corsano et Daniel Williman, *John Singer Sargent..., op.cit.,* p.6-10.

[33] Il n'y a pas d'indication de l'année à laquelle ces pages se rapportent ; certaines étant clairement en séquence, d'autres isolées. Une page de ce dossier, portant signature d'Archambault, est datée de 1907, Dossier Marius Archambault, Fonds des Pasteurs Leenhardt, Archives de la Nouvelle-Calédonie (ANC, 12.J.22).

Figure 7 : Jeanne Leenhardt, avec probablement Francine, Renée, Stella et Raymond (Maurice Leenhardt en arrière-plan ?), dans « son boudoir à Do-Néva » où l'on distingue livres et pages de notes, avec de nombreuses photos de famille. Source : MQB-JC, PP0004431 (« Madame Maurice Leenhardt et ses enfants, dans son boudoir à Do Néva, en Nouvelle-Calédonie », c. 1915 malgré les notes du MH *datant le cliché du premier séjour, 1902-1909*)

Entre les jugements critiques portés par Archambault (aux yeux de qui peu de personnes trouvaient répit), il est donc possible de déceler la mise en place d'une relation, peut-être peu amicale mais tout au moins spirituelle, liant l'archéologue amateur, le pasteur ethnologue et l'intellectuelle parisienne bercée de récits hawaïens. Une relation qui, à la lumière des autres sources, apparaît comme fondamentale pour l'accès d'Archambault aux réseaux académiques qui lui permirent de diffuser ses travaux et de jouir – pour un temps – d'une certaine reconnaissance. L'héritage idéologique qui fut laissé à l'archéologie calédonienne par ces croisements de destins n'est pas des plus positifs, étant donnée la longue histoire d'interprétations racistes qui s'en suivirent. Dans le même temps, pourtant, la dynamique inaugurée par ce trio – avec en arrière-plan essentiel le contrôle des guides kanak – se révéla fondatrice pour la mise en place de l'archéologie professionnelle en Nouvelle-Calédonie, voire dans le Pacifique.

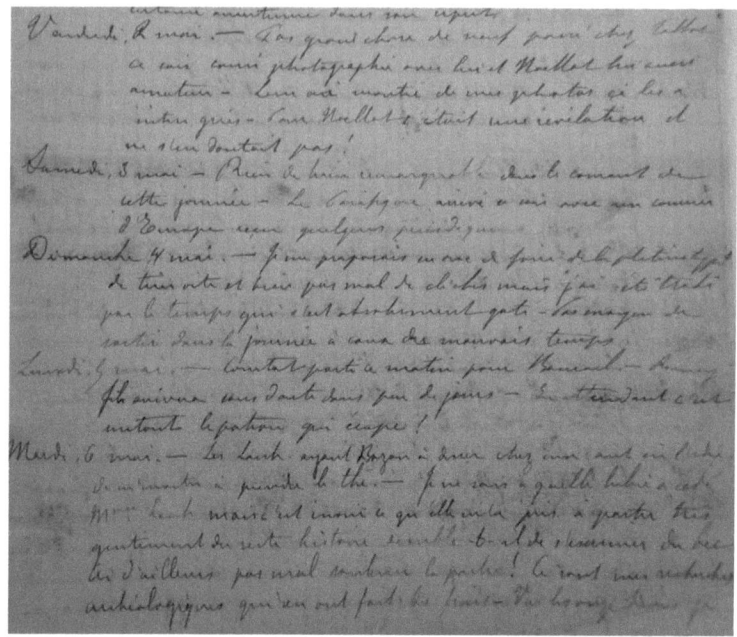

Figure 8 : Une des pages du journal de Marius Archambault conservée dans les archives personnelles Leenhardt (ANC : 12 J-22), discutant de ses travaux photographiques sur les pétroglyphes, et de ses discussions avec « Mme Leenh. » sur ses « recherches archéologiques » (année non renseignée). Photographie E. Dotte-Sarout, 2015.

Maurice Leenhardt et les « problèmes de préhistoire »

Alors que Marius Archambault mourut à Paris en 1922 sans voir publié son « ultime découverte capitale que l'Archéologie pouvait réserver »[34], Maurice Leenhardt travailla à constituer son étude ethnographique dans le but de faire publier ses observations par le nouvel Institut d'Ethnologie de Paris[35]. Il

---

[34] Voir E. Dotte-Sarout, « How Dare Our 'Prehistoric' Have a Prehistory of Their Own ?! », *op.cit.*

[35] Le couple Leenhardt rencontre par ailleurs au début des années 20, par le biais d'André Michel, le futur directeur du Musée du Trocadéro et créateur du Musée de l'Homme (1937), Paul Rivet. Celui-ci joua un rôle fondamental dans le positionnement de l'anthropologie et de l'archéologie francophone dans le Pacifique. Les missions et publications de Leenhardt portant sur la

conserva puis déposa au Musée d'Ethnographie du Trocadéro (MET) des objets collectés par Archambault, dont une hache de type unique, entièrement faite de serpentine sculptée d'un bloc et polie, qui fut découverte en terre, lors de travaux menés à Poya en 1913, puis donnée a Archambault (figure 9)[36]. Ces objets servent à illustrer le propos ethnographique de Leenhardt dans ses *Notes d'ethnologie néo-calédonienne* (1930), ouvrage dans lequel il évoque aussi l'existence d'une « Calédonie préhistorique à explorer » (p. 28-30). Il écrit en effet que « la plus ancienne trace d'effort artistique apparait [...] dans les pétroglyphes innombrables » et pose la question de savoir si ceux-ci sont le fait d'une « humanité antérieure aux Canaques » ou des « gens actuels de la Grande Terre ». Sans apporter de réponse franche à cette question, Leenhardt note aussi que « les pétroglyphes d'Archambault, dont nulle explication n'existe » se trouvent « le plus souvent en dehors des habitats actuels » mais que « la cupule est connue des canaques », relevant à ce moment le nom de « *kibo* » ou « serment gravé », utilisé pour les pétroglyphes dans l'aire ajië-arhö.

Nouvelle-Calédonie durant les années 1930 sont largement rendues possibles par l'action de Rivet (selon Christine Laurière, *Paul Rivet, le savant et le politique*, Paris, Publications scientifiques du Muséum national d'histoire naturelle, 2008 ; M. Naepels, « Colonisation, mission et production du savoir », *op.cit.* ; A. Mary, « Maurice Leenhardt, un ethnologue en mission », *op.cit.*) – et participent de son plan de déploiement de chercheurs francophones dans le Pacifique (*i.e.* missions Metraux-Lavachery et O'Reilly en 1934). Selon Emilie Dotte-Sarout, Hilary Howes, " Lapita before Lapita " : the early story of the Meyer/ O'Reilly Watom Island collection", *The Journal of Pacific History*, 54 (3), 2019, p. 354-378 ; Eve Haddow, Emilie Dotte-Sarout, Jim Specht, " Reverend Voyce and Pere O'Reilly's excavated collection from Bougainville : a case study in transnational histories of archaeology in the Pacific", *Historical Records of Australian Science,* 2020, online early, https://doi.org/10.1071/HR20007

[36] Passée du MET au Musée de l'Homme, elle est aujourd'hui conservée au Musée du Quai Branly – Jacques-Chirac sous le numéro d'inventaire 71.1922.16.1 (voir M. Duband, *La mission archéologique et ethnographique, op.cit.*).

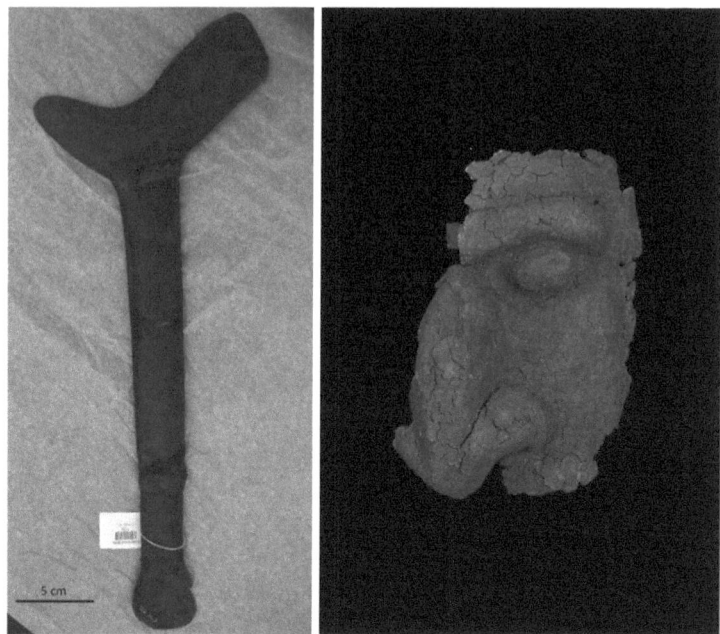

Figure 9 : Hache entièrement faite en serpentine sculptée d'une pièce et polie, passée d'Archambault à Leenhardt qui la déposa au Musée du Trocadéro (futur Musée de l'Homme) en 1922. On remarque la réparation à l'endroit où la hache fut brisée lors de sa découverte (M. Leenhardt, Notes d'ethnologie néo-calédonienne, *op.cit.*, p. 28-29 ; voir aussi M. Duband, *op.cit.*). Source : MQB-JC, 71.1922.16.11, photographie E. Dotte-Sarout, 2016.

Figure 10 : Fragment de masque Mawaraba Mapi trouvé par le couple Leenhardt en 1938 à Yenghebane (Poum) et illustré par Maurice Leenhardt dans son article (1945). Source : MQB-JC, 71.1983.14.1 D.

Entretemps, les travaux de Luquet sur l'art graphique de Nouvelle-Calédonie, et ceux de Sarasin sur l'anthropologie de l'archipel concluaient, selon une perspective scientifique européenne encore très teintée d'évolutionnisme, que les pétroglyphes étaient bien l'œuvre des ancêtres directs des Kanak, mais que ces derniers étaient des représentants d'une humanité primitive et primordiale[37]. Après leur retour en France

---

[37] G.H. Luquet, *L'Art néo-calédonien*, documents recueillis par M. Archambault, Paris, Institut d'Ethnologie, 1926 ; Fritz Sarasin, *Ethnologie der Neu-Caledonier und Loyalty-Insulaner* (*Ethnographie des Kanak de N u elle-*

(en 1920), le couple Leenhardt continua bien sûr de s'intéresser à la culture mais aussi au passé du peuple kanak. Maurice Leenhardt se passionna pour le sens du « Masque Calédonien » et examina les collections du MET à ce sujet en 1933, avant de profiter de sa mission ethnographique en Nouvelle-Calédonie de 1938-1939, au cours de laquelle il travailla avec Jeanne pour étendre son enquête et collecter un ancien fragment de masque découvert dans le Nord de la Grande Terre[38] (figure 10). Lors de ce même voyage, Leenhardt fut informé de la découverte de poteries à anses enfouies, à Boulouparis, dans le sud de la Grande Terre, tessons qu'il ramena *a priori* avec lui à Paris pour les comparer aux collections anciennes détenues par le Musée de l'Homme (MH)[39].

Il utilisa alors la distinction qu'il pensait observer entre le Nord et le Sud de la Grande Terre au sujet des masques (objets et mythes) et l'existence de poteries à anses, « primitives » et différentes (en forme et technique) des poteries « canaques », pour commencer d'ébaucher un raisonnement sur le peuplement ancien de la Nouvelle-Calédonie. En 1945, il écrit ainsi dans son article sur le « Masque Calédonien » que « les gens qui possédaient le masque étaient les initiateurs d'une culture — grandes allées, disposition esthétique du sol », arrivés par le nord de la Grande Terre et probablement originaires de Papouasie-Nouvelle-Guinée : « le morceau qui nous reste du masque Mapi est un nez si nettement papou, et d'un modelé si remarquable, que l'on est contraint d'induire à la venue dans le nord de l'île d'immigrants porteurs d'une culture avec masque ronde-bosse, aménagement esthétique du sol, ordonnance du travail, etc. » (figure 10)[40].

Calédonie et des îles Loyauté, 1911-1912; traduction 2009), Munich, C.W. Kreidel, 1929.

[38] Maurice Leenhardt, « Mawaraba mapi. La signification du masque en Nouvelle-Calédonie », *Journal de la Société des Océanistes*, 1945, n° 1, p. 29-35.

[39] Maurice Leenhardt, « Conique et marmites en Nouvelle-Calédonie. Problème de préhistoire », *Comptes rendus des séances de l'Institut français d'Anthropologie*, 1941, n° 7, p. 13 ; « Problèmes de préhistoire en Nouvelle-Calédonie », *Bulletin du Commerce de Nouvelle-Calédonie*, édition du 3 Janvier 1948.

[40] Maurice Leenhardt, « Mawaraba mapi », *op.cit.*, p. 33-34.

A cette période, le paradigme diffusionniste et la « méthode historique », défendue notamment par Paul Rivet, conditionnaient très fortement les interprétations de type archéologique. On y utilisait la culture matérielle comme marqueur d'anciennes migrations, systématiquement associées à des « couches » successives de peuplements ethniques différents[41]. Leenhardt était alors foncièrement inscrit dans l'école ethnologique française : membre du département d'Océanie créé par Paul Rivet au sein du nouveau MH, il avait établi la Société des Études Mélanésiennes lors de sa mission de 1938 en Nouvelle-Calédonie et participé comme membre fondateur aux réunions parisiennes du Centre d'Étude sur l'Océanie pendant l'Occupation, avant d'être nommé président de la Société des Océanistes lors de sa création à la fin de la guerre (dès décembre 1944). D'abord élève puis assistant de Mauss à l'École Pratique des Hautes Études, il lui avait succédé en 1942 comme « directeur d'études des religions des peuples non civilisés ». Leenhardt était donc au fait des découvertes – telles que la présence d'un ancien type de poterie « non mélanésienne » dans les Îles Bismarck, puis à l'Île des Pins (ce qui sera plus tard identifié comme la poterie Lapita) – et des nouvelles études et théories au sujet du passé de l'Océanie[42].

En 1947, dans *Do Kamo*, il proposa ainsi une première synthèse de ses idées sur le passé préhistorique de la Nouvelle-

---

[41] On remarque d'ailleurs que la distinction Nord/Sud liée à des chronologies et populations différentes est aussi appliquée par O'Reilly au sujet des Îles Salomon. Voir C. Laurière, *Paul Rivet, op.cit.* ; E. Dotte-Sarout, H. Howes, " Lapita before Lapita", *op.cit.* ; E. Haddow *et al.*, " Reverend Voyce and Père O'Reilly's", *op.cit.*

[42] Comme celles de Margarete Schurig, qui suggère l'idée d'influences binaires papoues ou asiatiques dans les poteries océaniennes (*Die Südseetöpferei* (Pacific Pottery), Leipzig, Druckerei der Werkgemeinschaft, 1930) ; de F. Speiser qui définit des couches ethno-culturelles en Nouvelle-Calédonie (« Kultur-Komplexe in der Neuen-Hebriden, Neu-Caledonien und Santa-Cruz Inseln », *Archives Suisses d'Anthropologie Générale*, n°3-4, 1919-1920, p. 207-232 et « Observations on the Cultural History of New Caledonia and the New Hebrides », *Man* 1934, p. 74) ou de Paul Rivet et ses migrations successives depuis l'Océanie vers le reste du monde (« Le rôle des Océaniens dans l'histoire du peuplement du monde et de la civilisation », *Annales de géographie*, 1926, n° 35, p. 385-390 et « Les Océaniens », *Société de biogéographie*, 1934, n° 4, p. 226-248).

Calédonie : le Sud de la Grande Terre ayant recueilli les descendants de la couche de peuplement la plus ancienne, de type « Australo-Tasmanien » et perçu comme « pré-Neandertal » selon les termes employés à l'époque, le Nord ayant vu l'entrée de peuplements « Mélanésiens » (c'est-à-dire, dans un flou caractéristique de la période, aux éléments papous et polynésiens) qui introduisirent la poterie à anses et le masque, avant que d'autres migrations, d'origine « imprécise » mais peut-être indonésienne, ne ramènent avec elles la fameuse poterie « non mélanésienne » qui commençait à apparaître dans les quelques fouilles réalisées dans le Pacifique occidental. Ce modèle de peuplement par migrations est finalisé dans le papier qu'il publie en 1951 à ce sujet, intégrant ses longues années de travail et d'observations sur le terrain – avec Jeanne Leenhardt et les autres collaborateurs évoqués plus haut – sur « le matériel lithique, esthétique, linguistique et mythologique » de la Grande Terre (p. 316) :

1. Présence d'autochtones [...]
2. La venue d'un peuple clair [...], poteries à anses et pieds, et sans doute pétroglyphes.
3. Période d'absorption de ce peuple [...], métissage [...].
4. Venue des immigrants foncés, les Mélanésiens ? Avec la culture en terrasses, [...] la case ronde [...].
5. [...] métissage [...] formant l'austro-mélanésien.
6. D'autres migrations [...], celle dont la culture parait rappeler la Nouvelle-Guinée avec les masques [...], les Polynésiens.

On reconnait dans ces idées la résurgence des premières interprétations d'Archambault au sujet des pétroglyphes et de leur association avec une ancienne population civilisée et blanche, mais aussi celles développées à travers le travail ethnographique du couple Leenhardt sur le masque, la poterie, les formes de l'occupation spatiale kanak.

Toutefois, les théories de type archéologique de Maurice Leenhardt ne sont pas restées dans les annales, et pour cause : elles ne purent pas survivre aux premiers travaux d'archéologie professionnelle qui furent entrepris en Nouvelle-Calédonie à peine quelques années plus tard et de sa propre initiative. C'est en effet à travers son action institutionnelle et interpersonnelle que le pasteur influença alors fortement la trajectoire historique de l'archéologie calédonienne. En 1948, il se rendit en Nouvelle-Calédonie pour y établir l'Institut Français d'Océanie (IFO), souhaité par les océanistes métropolitains[43]. Il publia alors une note dans le *Bulletin du Commerce de Nouvelle-Calédonie*, dans laquelle s'exprime toute l'importance qu'il accordait alors « aux problèmes de préhistoire ». Renforçant encore l'héritage d'Archambault, il y expose « le problème posé par ces débris, vases ou pierres ouvragées [qui] ne sont pas davantage l'œuvre des canaques, que les nombreux pétroglyphes d'Archambault », autant de témoins de mystérieux « peuples disparus » et de « voyageurs fort anciens et civilisés ». Il y appelle toutes les personnes faisant des découvertes de type archéologique sur l'île à venir l'indiquer à l'IFO, avec une liste d'informations à fournir pour que l'Institut puisse commencer à étudier ce passé de manière systématique ; pour « peut-être apprendre quelque chose de cette curieuse préhistoire de la Grande Terre, et éclairer par-là, un peu du passé des peuples dans notre Pacifique »[44].

Trois jours après sa publication, cette note se retrouva glissée dans une lettre adressée par le commerçant calédonien Jean Hagen, dont le père Tiby fréquenta les Leenhardt et Archambault, à l'archéologue californien Edward Gifford. Hagen avait rencontré Gifford lors de la mission

---

[43] Maurice Leenhardt, « La Société des Océanistes. Allocution prononcée lors de la reprise des travaux de la société », *Journal de la Société des océanistes*, 1945, n° 1, p. 13-18.

[44] « Problèmes de préhistoire en Nouvelle-Calédonie ». *Bulletin du Commerce de Nouvelle-Calédonie*, 03/01/1948, signée M. Leenhardt, IFO – coupure de presse insérée dans une lettre de Jean Hagen à Edward Gifford, datée du 6 Janvier 1948 ; Archives Gifford, CU-23. 187, University of California Bancroft Library. Je remercie Matthew Spriggs de m'avoir alertée au sujet de ces archives et de m'en avoir fourni les copies. Les lettres citées à la suite proviennent toutes du fonds UC Bancroft Library, Records of the Department of Anthropology, 1901-[ongoing], Collection CU-23, Series 4, Correspondence, 1901-57. Traductions de l'anglais par moi-même.

archéologique menée par celui-ci à Fiji, en 1947[45], et se rappela sa demande concernant « *any old stones and poteries* » qui auraient été trouvées en Nouvelle-Calédonie[46]. Dans le mois, Gifford contacta directement Leenhardt pour lui exposer ses découvertes fidjiennes qui montraient la succession de poteries de style différents, et lui demander son avis au sujet des « possibilités de mener des fouilles archéologiques dans des sites anciens de Nouvelle-Calédonie » (lettre du 18 Février 1948). Trois mois plus tard, Leenhardt répondit : « Je ne suis absolument pas surpris que vous ayez découvert deux niveaux culturels différents dans ces îles ». Il exposa ensuite dans sa lettre ses activités à ce sujet, précisant qu'il disposait « de preuves d'une culture qui n'appartient pas [aux Kanak] » et qu'il avait « dirigé plusieurs jeunes hommes sur des recherches archéologiques au sujet de poteries pour confirmer ses observations », mais que le manque de personnel et de moyens limitait les opportunités de mener des travaux plus aboutis. Il encourageait donc Gifford à venir et les deux hommes s'organisèrent pour pouvoir se rencontrer lors d'une escale en Californie faite par le couple Leenhardt sur leur trajet de retour vers la France, en août 1948. C'est sur cette base, et avec le support logistique continuel de Hagen, que se mit alors en place la venue en 1952 du groupe d'archéologues américains de l'Université de Berkeley : Edward Gifford et le jeune couple Richard et Mary-Elizabeth Shutler. Une expédition qui marqua un tournant décisif dans l'archéologie calédonienne et océanienne – de par la découverte du site « *Xapeta'a* » de Koné, puis l'identification et la datation de ce qui fut bientôt considéré comme le premier complexe culturel et humain en Océanie lointaine : la culture matérielle

---

[45] Selon Matthew Spriggs, « Covert Control ? Indigenous Agency in Edward Winslow Gifford's Fijian Archaeological Expedition of 1947 », *The Journal of Pacific History,* 54/3, 2019, p. 397-416.

[46] "Last September in Suva where I had the pleasure of making your acquaintance, you asked me if any old stones and poteries had been found in New Caledonia" (« En septembre dernier, à Suva, quand j'ai eu le plaisir de faire votre connaissance, vous m'aviez demandé si l'on n'avait pas trouvé de vieilles pierres ou poteries en Nouvelle-Calédonie »), lettre de Jean Hagen à Edward Gifford, datée du 6 Janvier 1948 ; Archives Gifford, CU-23, 187, University of California Bancroft Library.

« Lapita ». La « Calédonie préhistorique » de Leenhardt venait de prendre une place centrale dans l'archéologie du Pacifique.

Conclusion

En soulevant une à une les pages déchirées d'un journal intime insérées dans des archives personnelles, et en suivant les indices qui nous mènent de Do Neva à Paris, Hawaï et Berkeley, il est possible d'éclairer l'importance des contingences biographiques et historiques dans l'histoire des sciences. Le croisement de plusieurs destins scientifiques et « océanistes » – y compris ceux de figures autochtones et féminines largement invisibilisées dans les discours historiographiques traditionnels – montre à quel point la science, et ici l'archéologie océaniste, est avant tout une production humaine, historiquement ancrée. Cette analyse démontre l'importance fondamentale des réseaux d'influences intellectuels et institutionnels dans la diffusion et la pérennité de certaines théories et du nom de leurs auteurs. L'histoire révélée permet aussi de réaliser que l'intérêt de Maurice Leenhardt pour la préhistoire calédonienne était loin d'être anecdotique. Il apparait évident que le sujet fut un de ses thèmes de réflexion favoris, que lui-même joua un rôle clef dans le positionnement et la structuration de la démarche archéologique en Nouvelle-Calédonie et de la relation nouée entre recherche anglophone et francophone dans l'archéologie du Pacifique – avec, en filigrane, l'influence et la contribution de Jeanne Michel Leenhardt dont il sera probablement pour longtemps encore difficile de dessiner les contours exacts[47].

---

[47] Cette recherche a pu être menée dans un premier temps au sein du projet financé par *l'Australian Research Council* 'The Collective Biography of Archaeology in the Pacific' mené par Matthew Spriggs a l'Australian National University (L140100218), puis avec le soutien d'un ARC *Discovery Early Career Researcher Award* entrepris à l'University of Western Australia (DE200100597). Je suis reconnaissante aux personnes et institutions qui m'ont permis de travailler sur leurs archives et d'en publier les images : le Musée du Quai Branly – Jacques Chirac et les équipes en charge des

Collections Océaniennes ainsi que de la Documentation et des Archives ; Margot Duband pour avoir partagé son excellent mémoire avec moi ; Marguerite Baret à la bibliothèque universitaire de la Nouvelle Calédonie ; les Archives Nationales de France ; Archives Nationales d'Outre-Mer et Archives de la Nouvelle-Calédonie, notamment Ismet Kurtovitch pour ses conseils avisés. Je tiens aussi à remercier les organisateurs du Colloque « Maurice Leenhardt – Contextes et héritages » pour leur généreuse invitation à participer en 2019 et à contribuer à ce volume.

Sur le rôle respectif de Maurice Leenhardt et de ses collaborateurs kanak dans l'élaboration de *Langues et dialectes de l'Austro-Mélanésie* (1946)

Bernard GASSER

Maurice Leenhardt[1] disait à ses étudiants parisiens : « Je ne suis pas linguiste ». Moi non plus. Aurélien Sauvageot, qui l'était, reprochait en 1946 dans son compte rendu de *Langues et dialectes*, terminé en 1942, publié en 1946, une « Introduction » trop courte : il aurait aimé voir dans ses 41 pages « les caractères originaux de la mentalité indigène ». Dans le « Relevé succinct des langues » (242 p.), il aurait aimé « un exposé phonétique et phonologique plus ample et surtout plus systématique. » Dans le « Tableau comparatif des langues », l'essentiel du livre (380 p. et 17 p. d'*Errata* !), il regrette « l'emploi d'une transcription [qui] déconcerte le linguiste habitué à travailler sur des notations conçues avec plus de rigueur scientifique », mais selon lui, « il faut admirer le labeur qui a rassemblé tous ces documents précieux », une « prouesse ».

Le support, le moteur de l'enquête de 1938-1939 qui en est la suite logique, est le dictionnaire de 1935, qui « donne accès à la connaissance qu'avait Leenhardt d'une langue mélanésienne »[2]. En 1954, dans une sorte de panégyrique, Sauvageot écrit à son sujet : « Mais si le linguiste est celui qui

---

[1] On prononce /lenar/.
[2] James Clifford, *Maurice Leenhardt. Personne et mythe en Nouvelle-Calédonie*, traduction Geneviève & Raymond Leenhardt, Paris, J.M. Place, 1987, p. 144.

pénètre les derniers secrets d'un idiome et sait le démonter pièce par pièce pour expliquer le sens des phrases, alors, indubitablement, Leenhardt était un grand linguiste, l'un des plus grands que nous ayons connus ! ». Pour lui, « il a simplement expliqué ce qu'il trouvait », et « voulait préserver ce qui pouvait l'être »[3].

Leenhardt et les langues du pays

Arrivé fin 1902 à DöNévâ, Leenhardt s'intéresse vite par nécessité aux langues, en particulier le a'jië de la région de Waawiluu[4]. L'évangile de Matthieu est déjà traduit par les pasteurs de Iaai, Mathaia Draume et Iooane Hnyigootr, et révisé à Nengone par des étudiants pasteurs, que Leenhardt nomme : Luka Kaɍê, Moïse de Néawawa, Daniéla Niɍikani et Baptiste Fuuang. Leenhardt le publie en septembre 1903 et l'utilise à DöNévâ pour communiquer avec ses étudiants pasteurs : chacun enseigne à l'autre.

En 1914, il envoie à Fritz Sarasin au Musée de Bâle la carte linguistique que celui-ci lui a demandée en 1912, année où commence la publication du journal [a]*Virhèrhî*[5] en plusieurs langues, surtout a'jië et paicî. Très vite ne reste que le a'jië car Leenhardt voit comme langues de communication le drehu aux îles Loyauté et le a'jië sur la Grande Terre : « L'expérience a été faite avec le houaïlou, de structure simple, et commune à toutes les langues de l'île. Il s'est répandu avec facilité. Cette langue véhiculaire n'empêcherait pas l'extension du français

---

[3] Aurélien Sauvageot, « Maurice Leenhardt linguiste », Paris, *Monde non chrétien*, n° 33, p. 109-112 (première citation, p. 110) ; « Maurice Leenhardt linguiste », *Journal de la Société des Océanistes*, n° 10, 1955, p. 28-33 (seconde et troisième citations, p. 29 et 32).
[4] J'écris les mots des langues kanak, y compris les noms propres, dans la graphie qui me semble la plus adéquate, même dans les citations et la bibliographie, en suivant les dictionnaires récents et les recommandations de l'Académie des langues kanak. Les traductions des lettres de pasteurs, toutes en a'jië, sont de Assia Boaî ou de moi-même, hormis celles de Apu, traduites par Raymond Leenhardt.
[5] Que l'on traduit par : « nouvelle, proclamation ». J'indique les mots ou passages en a'jië par [a], en paicî par [p].

mais, mieux fixée, ayant plus de littérature[6] que les autres langues, elle permet à l'indigène de mieux repenser dans sa langue particulière, et donc de se cultiver dans sa propre ligne »[7]. Ce sont des jalons, en attendant la généralisation du français : « Bien sûr, le jour viendra où le français devra être parlé par tous »[8].

L'édition du Nouveau Testament en a'jië, le *Pèci añi* (novembre 1922), révolutionne pour longtemps l'écriture du a'jië ; sa graphie est très vite suivie par les lettrés protestants. Leenhardt peut s'attribuer la traduction[9], il y précise ailleurs qu'elle est faite « avec le concours des indigènes Iooane Hnyigootr, Bwêêyöuu Ëñijiyi, Töua MwêrêöYéé », tous pasteurs. Philippe Görödé[10] le loue le 12 avril 1922, sans lui attribuer tout le travail : « Nous sommes dans la joie, et nous remercions missi Leenhardt pour le Nouveau Testament qu'il a fini de traduire. »

Il abandonne assez vite dans *Virhèrhî* les autres langues. Le paradoxe de 1938-1942 est que, même s'il répète encore en 1939 aux pasteurs de prêcher dans la langue régionale[11], il ne croit pas à la survie des langues kanak ; peut-être pense-t-il, comme d'autres plus tard pour le français : « le a'jië à l'école ; la langue à la maison ».

---

[6] La littérature écrite, sans doute, en 1947, étant donné le nombre de textes recueillis par Leenhardt.

[7] Maurice Leenhardt, « Éducation et progrès social » [1947], dans Dominique Bourret (éd.), *Centenaire Leenhardt – 1878-1954*, Nouméa, comité Maurice Leenhardt, 1978, p. 99-104.

[8] Maurice Leenhardt, « Vocabulaire et grammaire de la langue houaïlou. Notes complémentaires & corrections apportées par Maurice Leenhardt sur son exemplaire au cours de son voyage 1938-1939 », 14 p. dactylographiées par Raymond Leenhardt (ANC, 12 J-75), ici p. 9.

[9] Maurice Leenhardt, *Langues et dialectes de l'Austro-Mélanésie* (1942), Paris, Institut d'ethnologie, XLVIII-676 p., ici p. 652.

[10] Philippe Görödé, de langue paicî, « pasteur Leenhardt » à Wêênââ-Kawipaa (v.1936-1946), père de Waya Görödé, lui-même père de Déwé Görödé.

[11] Maurice Leenhardt, « Lettre aux pasteurs de Nouvelle-Calédonie écrite en houaïlou le 10 octobre 1939 » (en mer de Chine), Paris, *Monde non chrétien*, n° 68, 1963, p. 253-273. Réédition 1964, fascicule 36 p. (a'jië p. 22-36, traduction Raymond Leenhardt p. 4-21, ici p. 7).

Il ne semble pas s'intéresser[12] à la traduction à Pwêêdi Wiimîâ du Nouveau Testament en paicî effectuée du 20 avril 1936 au 4 mai 1938 à partir du a'jië, menée à bien en période d'incurie des missionnaires de DöNévâ, sans leur aval. Une part importante de cette œuvre collective existe encore : les noms des participants sont donnés par Tehie Jemes[13] (1936), et par la liste (après 1980) de John Boyd, linguiste de la Société internationale de linguistique (SIL). Retraité à Nâpwéwiimîâ, Élaisha Nâbai[14] écrit le 11 mars 1948 dans sa dernière lettre à Leenhardt, alors à Nouméa : « Aujourd'hui, j'arrive ici à DöNévâ, j'apporte le Nouveau Testament que j'ai fini de traduire en paicî en 1938. Missi Charlemagne[15] veut le voir. Il me dit que des Australiens[16] veulent publier le Nouveau Testament en plusieurs langues. » Simplement abordée, la révision pour publication de 1948 (31 mars-1er juillet) reste sans effet.

Sur l'Austro-Mélanésie

On trouve sur Internet une curieuse définition de l'Austro-Mélanésien : celui qui a « des ascendants autrichiens et mélanésiens ». L'Austro-Mélanésie de Leenhardt est bien la Mélanésie du Sud du questionnaire imprimé en français-anglais, c'est-à-dire, semble-t-il, la Calédonie[17] et les Loyauté, plus les Hébrides et Fidji. Il est vague : « Nous avions envoyé ce

---

[12] Il est vrai que Leenhardt avait dû retirer la traduction (1910) de l'évangile de Marc en paicî par Waiboo Draume de Hnyehiök-Fajawe, en poste à Maû-Pwârâiriwâ (1898-1909), très imparfaite. Il le redit en 1942, mais c'était l'œuvre d'un pasteur de langue iaai.
[13] Tehie Jemes de Mebuet-Nengone, fils du nata Eleisha Jemes, « pasteur Leenhardt » à Tipwaramwâ (1929-1937).
[14] Élaisha Nâbai, de langue paicî, « pasteur Leenhardt » à Xwiinê-Kanala (1915-1930), Pwöbèi-Tuo (1931-1940), père de l'infirmier Dui Raymond Nâbai et grand-père maternel de Déwé Görödé.
[15] Missionnaire en poste à DöNévâ depuis 1947, le pasteur Raymond Charlemagne ne semble pas s'être investi dans le projet.
[16] La *British & Foreign Bible Society* réédite en 1949 le *Pèci aȓii* à Sydney.
[17] Suivant l'habitude du pays, nous disons *Calédonie*, *Hébrides* pour la Nouvelle-Calédonie et les Nouvelles-Hébrides (Vanuatu depuis 1980).

questionnaire à nombre de missionnaires et notables dans divers archipels. Seul a pu nous répondre avant la déclaration de guerre un colon [australien] énergique, M. Corlette » qui renseigne le « mallicolo »[18]. Un questionnaire conservé est revenu de Fidji en 1948, avec le nom de Naishri Kadam et les vœux du P. Jean-Baptiste Neyret. Dans *Langues et dialectes*, comme pour Jean Guiart dans *La chefferie en Mélanésie du Sud*, la Mélanésie du Sud désigne uniquement la Calédonie et Dépendances, comme on disait[19] ; la Mélanésie du Nord semble composée des Hébrides et des Salomon[20]. Ce serait alors un nom scientifique de la Calédonie. Mais Leenhardt est peu clair : « Dans la grande race mélanésienne, le Canaque forme le groupe austro ou paléo-mélanésien »[21]. Le groupe mélanésien, ancien, « vers le Sud, en Nouvelle-Calédonie, [...] s'est croisé avec un groupe plus ancien encore, qu'on a appelé l'Austro-Mélanésien »[22]. Le chapitre « Langues mélanésiennes et austro-mélanésiennes » est de même peu explicite[23].

Les collaborateurs de Leenhardt

Dès la séance inaugurale (8 juillet 1937) de la commission Guernut[24], dont font partie Lévy-Bruhl, Rivet, Gide, et

---

[18] E.A.C. Corlette, « Langue des Big Nambas – Le malekula (Nouvelles-Hébrides) » (1939), traduction & présentation Leenhardt, Paris, *Journal de la Société des océanistes*, n° 3, 1947, p. 57-91.
[19] Jean Guiart, *Structure de la chefferie en Mélanésie du Sud*, 2e édition « remaniée et augmentée », Paris, Institut d'ethnologie, éd. 1992.
[20] Maurice Leenhardt, *Langues et dialectes de l'Austro-Mélanésie, op.cit.*, p. XXX.
[21] Maurice Leenhardt, *Gens de la Grande Terre*, Paris, Gallimard, 1937, p. 12-13.
[22] Maurice Leenhardt, *Do Kamo – La personne et le mythe dans le monde mélanésien*, Paris, Gallimard, 1947, p. 45 et 121.
[23] Maurice Leenhardt, *Langues et dialectes de l'Austro-Mélanésie, op.cit.*, p. XLVI.
[24] La « commission d'enquête parlementaire sur les besoins et les aspirations légitimes des populations habitant les colonies, les pays de protectorat et sous mandat », dite commission Guernut, est créée le 30 janvier 1937 par le gouvernement du Front populaire, dissoute le 7 juillet 1938. C'est dans son

Leenhardt, du moins au début, on sait que celui-ci reviendra en Calédonie en mission officielle ethnographique et linguistique[25], pris en charge par la CNRS (Caisse nationale de la recherche scientifique). En 1942, jamais Leenhardt ne cite la commission qui l'a envoyé ; il remercie Paul Rivet mais pas Lucien Lévy-Bruhl, décédé en 1939 : l'occupation allemande impose la prudence[26].

Élaisha lui pose la question dans la lettre collective de la yunian[27] de Koumac (8 novembre 1937) : « Missi, nous avons appris ici par le journal et les dires de quelques Blancs que tu vas revenir en Calédonie. Alors, est-il vrai que tu arrives ? » Leenhardt écrit à Apu Pwacili Hmwae[28] en a'jië, le 10 décembre 1937 ce qui n'est plus un secret : « Des hommes du gouvernement ont eu l'idée de m'envoyer pour continuer des recherches sur les anciens et les langues. »[29]. Avant même d'arriver, il l'embauche : « Tu peux commencer. Tu as la grammaire houaïlou et le dictionnaire. »[30]. C'est Apu qui organise les rencontres, le travail, dans un contexte difficile de tensions entre missionnaires et entre pasteurs.

Waya Görödé affirme la qualité des « pasteurs Leenhardt »[31] (quinze au départ de Leenhardt en 1925 ; certains

---

sillage et celui de l'Exposition universelle (mai-novembre 1937) que Leenhardt publie *Gens de la Grande Terre* (novembre 1937).

[25] Bernard Brou, *Espoirs et réalités – La Nouvelle-Calédonie de 1925 à 1945*, Nouméa, Société d'études historiques de la Nouvelle-Calédonie, 1975, p. 115 et 122.

[26] Maurice Leenhardt, *Langues et dialectes de l'Austro-Mélanésie, op.cit.*, p. XLVIII.

[27] D'abord conférence annuelle des pasteurs, puis assemblée générale de l'Église protestante.

[28] Apu Pwacili Hmwae, de langue hmwaeke, « pasteur Leenhardt » à Pwaadë-Koohnê (1933-1958), président des pasteurs de la Grande Terre (1930-1932 et 1938-1947).

[29] Jacques Vasseur, « Apu Pwacili Hmwae, pasteur mélanésien », Paris, *Journal de la Société des océanistes*, 1984, n° 79, p. 235-255.

[30] *Idem*, p. 250. Egalement dans Maurice Leenhardt, *Vocabulaire et grammaire de la langue houaïlou*, Paris, Institut d'ethnologie, 1935.

[31] Waya Görödé, *Les souvenirs d'un Néo-Calédonien ami de Maurice Leenhardt* (1976), écrit en partie en a'jië, traduction Raymond Leenhardt, Paris, Raymond Leenhardt, 1977, p. 30-32.

démissionnent peu après[32]), dont son père Philippe et son beau-père Élaisha, qualité pourtant contestée par Bergeret[33] et les pasteurs de Drehu. Les pasteurs de la seconde promotion (1908-1910) étaient en partie formés par Bergeret. Leenhardt avouait le 24 avril 1908 : « L'activité de monsieur Bergeret a donné à notre école et à notre petit internat une stabilité et une régularité que nous n'obtenions qu'avec peine autrefois. [...] C'est le premier essai de pastorat calédonien régulièremant instruit »[34]. Depuis la troisième promotion (1912-1914), aucun pasteur n'est sorti de DöNévâ où la formation a été assez irrégulière, au contraire de Bethania (Drehu) où les étudiants de la Grande Terre sont formés dès 1923 par Bergeret.

Très attachés à leur ancien maître, les « pasteurs Leenhardt » ont sa grande liberté d'esprit ; ils lui ont fourni et fournissent encore le matériau ethnographique et travaillent maintenant avec lui sur les langues : « C'est le même fond » écrit Leenhardt à Apu le 10 décembre 1937[35]. Mais lesquels exactement ? Aucun des vingt-neuf questionnaires définitifs conservés[36] n'est signé ; Leenhardt ne nomme que Apu[37]. Philippe et Élaisha se reconnaissent à leur écriture ; il faudrait se plonger dans la correspondance des pasteurs pour repérer celle des autres.

---

[32] Frédéric Rognon, *Christianisation et culte des morts en Nouvelle-Calédonie : analyse de quelques pratiques d'évangélisation en Mélanésie*, mémoire de maîtrise d'ethnologie, Université de Paris X-Nanterre, 1983, p. 103.
[33] Étienne Bergeret, pasteur, missionnaire à DöNévâ (1908-1910 et 1933-1937), Xepenehe (1922-1932 et 1937-1938).
[34] Luc Legeard, « Maurice Leenhardt, pêcheur d'âmes – Origines, influences, débuts à DöNévâ (1902-1909) », Nouméa, *Bulletin de la Société d'études historiques de la Nouvelle-Calédonie*, n° 182, 2015, p. 2-23.
[35] Jacques Vasseur, « Apu Pwacili Hmwae », *art.cit.*, p. 250.
[36] 7 manquent : iaai, drehu, « merea 'Anesu' » (xârâcùù), « 'Jawach' Poebo » (caac), kapone (nââ kwényï), fwâi 1 et cèmuhî. Nous laissons de côté 5 cahiers : « Goro 2 » (numèè), « Gomen nyua » (yuaga), « Nénéma + Koumac » (nélémwa & nixumwak), « Yalasu = Arama + Belep » (nyelâyu & belep), « Maré » (nengone).
[37] Il ajoute Pebo Whaap de Kumak, formé à Bethania-Drehu, pasteur à Hwadeguc en 1937, et Théodore Barainô Kahwa, moniteur officiel, chef de Kwiri en 1929, grand chef en 1944 après Auguste Tâdii, et bien connu de Jean Mariotti, Pierre Métais et Jean Guiart.

Et le 3 juillet 1938, Leenhardt revient, à 60 ans, avec son épouse Jeanne, absente de Calédonie depuis dix-huit ans. Sans lui, selon Apu, le travail n'aurait pu se faire. Voyant le couple à Drehu, lyrique, Waya Görödé écrit, en a'jië : « Il est revenu en l'an 1938 ici en Calédonie et aux Îles faire un énorme travail, essentiel à la vie de l'homme. Il est revenu avec Madame, comme un patriarche encore jeune. Il était encore vert, comme l'arbre de forêt où poussent les fougères ᵃ*axèrè*, et les bulimes qui brillent dans la brume quand le soleil se lève et que les gouttes d'eau glissent, aussi froides que la neige... Madame Jeanne Leenhardt est encore solide, comme une femme qui n'a pas eu beaucoup d'enfants. Elle est comme une jeune fille de chef des Paicî... ». Plus loin, elle devient (en français) une « biche calédonienne »[38].

Le questionnaire de 1918

Le *Ërëwaa cèki mâ a'pâgüȓü mwââȓö* (« Questionnaire pour la connaissance des clans », 1918), en grande partie inspiré par Bwêêyöuu[39], composé et publié en a'jië par Leenhardt, « à l'origine de nombreuses vocations d'écrivains mélanésiens méconnus »[40], dont les écrits fournis en réponse, en 1919 et 1924-1925, ou encore en 1938-1939, ont servi aux *Notes d'ethnologie néo-calédonienne* de 1930, qui ne nomment que Bwêêyöuu et Apu. Certains, uniquement écrits en a'jië, ont été publiés en 1932 dans les *Documents néo-calédoniens*, dont les auteurs, dits ici « transcripteurs », sont nommés à la fin du livre ; nombre d'autres restent à traduire et à publier.

On écrit pour « récompenser » de son enseignement Missi[41], qui va montrer aux Blancs, dans son pays, ce que sont les

---

[38] Waya Görödé, *Les souvenirs d'un Néo-Calédonien, op.cit.*, p. 57.
[39] Bwêêyöuu Ëȓijiyi, de langue a'jië, premier « pasteur Leenhardt », l'inspirateur, n'est plus en fonction depuis 1926, semble-t-il. Le questionnaire intitulé *Ërëwaa cèki mâ a'pâgüȓü mwââȓö*, en a'jië, réalisé à DöNévâ le 21 mars 1918, d'un volume de trois pages, est consultable aux ANC (12 J-36).
[40] Jean Guiart, *Objets et mondes*, Paris, Muséum national d'histoire naturelle, 17/2, 1977, p. 67-108 (ici p. 89).
[41] Maurice Leenhardt, *Notes d'ethnologie néo-calédonienne, op.cit.*, p. VIII.

Kanak, mais aussi par jeu – « ᵃgèré waa wiri – ᵖjè pwa cai – essayons voir » (Déwé Görödé) –, pour lui faire plaisir : « Le pasteur Leenhardt était l'ethnologue des Kanak, il était le porte-parole d'une partie de la population kanak auprès de la population dominante blanche ; c'est par lui que toute une population opprimée pouvait communiquer, elle se devait alors de l'imiter, elle se devait même de lui faire plaisir »[42].

Pour le séjour de 1924-1925, encore missionnaire, Leenhardt bénéficie déjà par l'entremise de Lévy-Bruhl d'une subvention du gouvernement français pour ses travaux ethnographiques[43] ; il annote et souvent traduit devant ses informateurs, avec eux, des passages des textes qu'ils écrivent pour lui ; son travail n'est jamais de lui seul, mais d'eux et lui ; Alban Bensa voit là « le meilleur » de son œuvre[44].

Les questionnaires de 1938

Le travail de 1938-1939 est ponctuel. Désormais linguiste, Leenhardt affirme qu'il a préparé son questionnaire en « langue canaque »[45]. Pourquoi, parmi les vingt-huit langues, ne pas dire que c'est en a'jië, la langue de DöNévâ ? Cela l'obligerait à dire qu'il passe par son propre dictionnaire, donc par le truchement des pasteurs qu'il a formés autrefois, qui le « récompensent » une fois de plus, et que le système fonctionne un peu en cercle fermé. Pourquoi dire que le « questionnaire initial » est imprimé grâce au gouverneur Jore[46], à Nouméa, alors qu'il s'agit visiblement du questionnaire définitif en anglais et français ? Le flou fait partie du style de Leenhardt.

---

[42] G. Pwêêdi, « Kömö », dans Frédéric Angleviel (dir.), *L'histoire de la Nouvelle-Calédonie*, Nouméa, GRHOC/ Île de lumière, 101 mots pour comprendre, n° 1, 1997, p. 119-120.
[43] James Clifford, *Maurice Leenhardt, op.cit.*, p. 120.
[44] Alban Bensa, Kacué Yvon Görömwêêdö, Adrian Muckle, *Les sanglots de l'aigle pêcheur – Nouvelle-Calédonie : la guerre kanak de 1917*, Toulouse, Anacharsis, 2015, p. 436.
[45] Maurice Leenhardt, *Langues et dialectes de l'Austro-Mélanésie, op.cit.*, p. X.
[46] Léonce Jore, gouverneur intérimaire (1938-1939), venu sur le même bateau que Leenhardt, favorable à son travail, avait ordonné de le lui faciliter.

Dactylographié et polycopié, le vrai questionnaire initial, brouillon du définitif, a été préparé par le couple avant le départ de France, à partir du dictionnaire a'jië de 1935, fondé en grande partie sur les *Documents néo-calédoniens* de 1932. Il n'en reste semble-t-il qu'une page[47], conservée par hasard[48] : le verso a servi de brouillon à Raymond Leenhardt, le fils de Maurice et Jeanne, lui aussi pasteur. On voit qu'il est préparé en français et a'jië. Leenhardt ne l'utilise pas.

Mais qui a travaillé sur ce préquestionnaire ? Sans doute à peu près les mêmes que ceux qui remplissent les questionnaires définitifs. Les deux cahiers de lexiques français-a'jië-paicî (1 171 entrées) de Raymond Nâbai et Philippe Görödé (qui intitule le sien « Traduction Langue Pointie »), datant de septembre-octobre 1938, non utilisés dans *Langues et dialectes*, le suivent visiblement. De son encre violette, Philippe ajoute parfois des mots sur celui de Raymond. Ils ne comprennent pas toujours, même le a'jië de Leenhardt, qu'il faudrait parfois corriger[49], selon Assia Boaï, et écrivent souvent les mêmes mots, se trompant parfois : sans vérifier en a'jië, Philippe comprend et traduit par exemple *nasse* comme *nage, nager*. Également moniteur, comme nombre de pasteurs, Philippe écrit quelques notes en français ; pour expliquer que *son enfant* se dit en a'jië *osari xiē (oyarî xi-e)* et non *ole-e* comme écrit Raymond, il dit que *oyarî xi-e* est « réservé aujourd'hui aux petits d'enfannaux », mot formé sur *petits d'animaux* : Leenhardt explique déjà que le langage s'étant adapté à l'introduction du bétail[50], *olè* ne se dit plus que pour les *petits d'animaux*, ce qui réserve *oyarî* aux *petits enfants*. Des

---

[47] La page « III - la terre - suite » de *serpentine* à *tranchée naturelle sur crête forestière*, aux entrées préenseignées en français et a'jië à partir de Leenhardt (1935), renseignée à l'encre en cèmuhî, d'une très belle écriture de pasteur loyaltien, semble-t-il.

[48] ANC, 12 J-24. Fonds des pasteurs Maurice Leenhardt, Raymond Leenhardt et Philippe Rey-Lescure.

[49] Par exemple, *vessie* ne se dit pas *pwari* : erreur copiée sur Maurice Leenhardt, *Vocabulaire et grammaire de la langue houaïlou*, Paris, Institut d'ethnologie, 1935, p. 409 ; maintenue ensuite (*Langues et dialectes, op.cit.,* p. 273) ; ᵃ*pwari* ne désigne que l'estomac, comme l'indique Leenhardt (*Vocabulaire et grammaire, op.cit.,* 237).

[50] Maurice Leenhardt, *Vocabulaire et grammaire, op.cit.,* p. 213.

glissements de sens sont visibles : certains mots sont calqués d'une lang ue à l'autre, le paicî est lui-même influencé par le a'jië de Leenhardt.

Par facilité et par méthode, Leenhardt impose donc ses choix. Comme en 1918, il impose le totem opposé au dieu, par des listes de dieux et de totems, qui d'ailleurs se recoupent, ou dans les phrases à traduire : « "Le dieu le frappe. Le totem le possède." Seul le dieu, formé à l'image de l'homme, use de sagaies, et d'artifices pareils à ceux des hommes. Le totem, au contraire, procède du mythe »[51]. Leenhardt traduit déjà ᵃ*na oè kâmö na rhee* : « le totem envahit l'être humain »[52]. Mais « le totem le possède/est en lui » *(na oè-è na rhee)*, qui ne se dit que pour la maladie totémique – après la transgression, « le totem rentre en toi pour marquer son mécontentement, il va te faire souffrir » (Assia Boaï) – s'interprète de diverses manières en paicî : *tö goo-é tee-é* (son totem entre en lui), *é coogoo-é êâ tee-é* (son totem est sur lui/après lui), *é cuuri-é i tee* (le totem est sur lui)[53].

Remanié, le préquestionnaire devient le « raffiné » (expression de Guiart) questionnaire officiel (1 283 entrées) imprimé en français et anglais – il est aussi destiné aux Hébrides et à Fidji –, qu'on remplit en plus du premier, sur sa base. On lit dans le premier le a'jië, et on remplit le deuxième : pour l'essentiel, ils correspondent. Des mots disparaissent, d'autres apparaissent : ainsi, « fer et chrome » et « pierre sonore » sont remplacés par « argile, terre à poterie » et par « soufre ». Si on fait abstraction du premier, on voit mal comment les pasteurs, qui ne comprennent pas nécessairement bien le français, arrivent à traduire *aparagé*, *creux poplité*, etc. Les « aides » sont invités à le remplir, le modifier « et le compléter là où il est nécessaire, pour rendre un visage plus fidèle de la langue »[54]. Leenhardt affirme que « les associations

---

[51] Maurice Leenhardt, *Langues et dialectes, op.cit.*, p. 12.
[52] Maurice Leenhardt, *Notes d'ethnologie néo-calédonienne, op.cit.*, p. 210.
[53] Pour ces deux dernières traductions, voir Jean-Claude Rivierre, *Dictionnaire paicî-français (Nouvelle-Calédonie)*, Paris, Sélaf, p. 74 (b) et 79 (b).
[54] Maurice Leenhardt, *Questionnaire linguistique destiné à l'étude des langues de la Mélanésie du Sud*, Nouméa, Imprimeries réunies, 1938, p. 5.

d'idées [y] sont canaques, leur cohérence est canaque »⁵⁵. Il défend ainsi l'illogisme apparent de l'ordre de certaines entrées : « *mouillé* et *salaire* se suivent. […] le Canaque altéré ou affamé […] se sent roboré et comme lubréfié lorsqu'il mange en abondance la graisse du poisson ou celle de l'homme. Quand il veut remercier un ami ou un frère qui lui a apporté son travail ou son aide, il offre en dédommagement l'abondance et la qualité des vivres. […] Mouillé, lubréfaction, salaire, sont, en [son] esprit, des idées corrélatives. » « Ainsi la connaissance de la psychologie et du système de valeurs du groupe social qu'on veut étudier *précède* la construction du questionnaire »⁵⁶. Adapté à la Calédonie, le questionnaire ne l'est peut-être pas aux Hébrides et à Fidji.

Aperçus du travail – Celui de Élaisha Nâbai

Apu Hmwae organise la collecte des mots. Vasseur est lyrique : « La recherche devient l'occasion d'un retour spontané à l'âge d'or de la Mission, et c'est dans l'allégresse et l'union retrouvées que Apu est porté [1938] à la présidence des pasteurs de l'île. »⁵⁷.

« Leenhardt et sa femme chevauchaient sur des pistes difficiles. Jeanne distribuait les questionnaires. Maurice était libre pour poursuivre les enquêtes au-delà du travail routinier de la compilation linguistique »⁵⁸. Jeanne distribue sans doute les cahiers à la yunian de Xuujo en novembre 1938 et à la réunion de travail qui suit en novembre-décembre à Thagala-Vook, où commence le travail effectif sur le questionnaire définitif⁵⁹. Travail à « marche forcée », selon Jeanne, qui note les mots, sur

---

⁵⁵ Maurice Leenhardt, *Langues et dialectes, op.cit.*, p. X.
⁵⁶ Maria Isaura Pereira de Queiroz, « Préface », *Do Kamo, op.cit.*, édition de 1970, p. 7-44 (ici p. 32).
⁵⁷ Jacques Vasseur, « Apu Pwacili Hmwae », *art.cit.*, p. 235 (b).
⁵⁸ James Clifford, *Maurice Leenhardt, op.cit*, p. 166, qui donne l'impression qu'ils travaillent seuls.
⁵⁹ Jacques Vasseur, « Apu Pwacili Hmwae », *art.cit.*, p. 251 (a).

sept langues de Vook à la fois. Il en sort cinq cahiers, en partie renseignés par Apu[60].

Depuis 1931, Élaisha est pasteur à Pwöbèi-Tuo. Que fait-il après la traduction du Nouveau Testament en paicî, terminée en mai 1938 ? Poussé par un fort besoin de reconnaissance, il s'implique sans doute dans les travaux linguistiques, mais c'est son fils Raymond qui remplit le préquestionnaire paicî de septembre. Lui-même ne semble travailler directement avec Leenhardt qu'à partir de novembre. En janvier 1939, il travaille avec d'autres sur le jawe à Hwadeguc-Hyehen où Leenhardt baptise le voyant et guérisseur Pwagac Diyô Janu de Waën, le « super-sorcier » du Père Marie-Joseph Dubois exilé en 1940-1945 aux Hébrides[61].

Après un séjour de travail à Tipwaramwâ (17-24 février), les Leenhardt suivent Élaisha à cheval dans sa paroisse : « À Pwöbèi nous avions une faim terrible et nous avons fait honneur au déjeuner […] ! Culte, tour dans la tribu pour voir quelques sculptures, parole avec l'un et l'autre »[62]. Élaisha va ensuite travailler seul, ce qui correspond aux nécessités et à son tempérament. Comme son ancien maître, il semble toujours « sûr d'avoir raison ».

Le 14 mars, les Leenhardt partent à Drehu ; Élaisha est les 14-16 mars à Nékiñiai-Pöia, où il renseigne les cahiers « merea Aro » (arhö ; une écriture p. 8-21, peut-être du chef Ménô Boniface Nékiñiai, fin par Élaisha p. 22-82) et « merea Arâ » (a'rhââ) qui porte « Nekiriai le 14-16 mars 1939 ». Le 20 mars, les Leenhardt sont à Goro. Le 9 avril, ils se réunissent avec Élaisha (et d'autres sans doute) à Kwiri où Maurice vérifie son

---

[60] « Voh : hmoaveke Tieta + wamoang Voh + haveke Gatope », « Poapoâa Pouantloch » (une écriture), « Pamalé Hmoaekè = 1 langue » (une écriture), « Poamei Pakep Témala Fatenaoué » « écrit par Pebo et Apu » (Leenhardt), « Haekè Koné » (écriture Leenhardt et une autre).

[61] Travail sur les langues de Hyehen : fwâi (cahiers « Poâi 2e », « Poai 3e » rempli p. 56-82 par un pasteur ; il manque le 1er), nemi (cahier « Nèmi : Ouango Tendo Coulna » ; 2 écritures), en particulier le jawe (cahier « Jawe Ouébias », une écriture) évoqué par Élaisha. Voir également Marie-Joseph Dubois, *Aventurier de Dieu*, Paris, Anthopos, éd. 1985, p. 48-49.

[62] Jeanne Leenhardt, 27 février 1939 (ANC 12 J-76. Recueil de lettres à ses enfants).

travail : les « aides » savent « la valeur de la minutie dans le détail »[63].

En avril, Élaisha s'arrête à Saint-Laurent de Pöita où il écrit une petite note sur des termes de parenté en drubea et commence à renseigner le cahier « na Dubéa » (naa drubea), puis il passe quatre jours à La Conception où, aidé par le vieux Simon, originaire de Pweevo, il renseigne le caac de La Conception ; il se demande si c'est la même langue que le jawe noté à Hwadeguc et, si c'est le cas, il insiste pour aller enquêter à Pweevo. Dans sa présentation du caac, Leenhardt précise : « Les notes ci-dessous recueillies par un de nos aides indigènes[64], et non révisées, proviennent de La Conception. De nombreux indices montrent que la langue de ces immigrés a été contaminée. Trop de caractéristiques des langues du groupe sud apparaissent pour ne pas avertir que le vrai *mwalebeng* reste encore à noter tout entier. »[65]. Toujours en avril, Élaisha écrit : « J'ai fini le cahier du drubea chez le vieux Emmanuel à Saint-Louis où je suis resté trois jours. »

Après le synode de Nii, les Leenhardt sont fin avril-début mai aux Loyauté. Élaisha est du 29 avril au 3 mai à Cöö, où il renseigne le cahier « merea Ârâguré Tiho Baradi » (xârâgurè, Cöö-Bwérédii). « J'ai passé cinq jours ici à Cöö. J'ai donc fini de noter la langue xârâgurè chez le chef Casimir à la Mission, avec l'aide d'un vieux venu de Bwérédii, Auguste. » Il se plaint de ces catholiques, qui « pensent toujours qu'il faut les payer pour le temps qu'ils perdent au local à traduire les langues » (Cöö, 3 mai 1939)[66]. Il demande donc « 25 F pour le chef de

---

[63] Jean Guiart, *Structures de la chefferie, op.cit.*, p. 50.

[64] Non nommé ici, Élaisha l'est uniquement en note pour la « conversation en xârâcùù entre Élaisha de Bai et Joséphine Sapin de Nèkètè » conservée sur le disque n° 12 de Leenhardt (*Langues et dialectes, op.cit.*, p. 58), qui enregistre au moins quatorze disques à enregistrement direct pyral de conversations, chants et textes courts divers ; un bon nombre est donné dans le « Relevé succinct des langues » (p. 1-244). Déposés au Musée de l'Homme (*Langues et dialectes, op.cit.*, p. 2), ils seraient pour la plupart en très mauvais état.

[65] Maurice Leenhardt, *Langues et dialectes, op.cit.*, p. 122.

[66] Leenhardt paye ses informateurs de Goro, où il est le 20 mars : « Le passage du gendarme et du docteur qui ont pu dire que le Gouverneur avait ordonné qu'on nous aide a aussi bien aidé. » (Jeanne Leenhardt, 25 mars 1939, ANC, 12 J-76. Recueil de lettres à ses enfants).

Cöö-Mission, le chef Casimir, malade d'avoir perdu du temps dans son travail, pour ce travail que je suis venu faire chez lui. C'est bon si le gouverneur lui donne quelque chose, puisque c'est un travail commandé par l'Administration. [...] Je te prie de raconter cela au capitaine[67], ou au gouverneur » (Nouméa, 5 mai).

Le 5 mai, il laisse à Nouméa chez le pasteur Serge Lehnebach les cahiers naa drubea, xârâgurè, « merea 'Anesu' » (xârâcùù) et « 'Jawach' Poebo » (caac), tous deux disparus.

À Burhai, entre le 6 et le 15 mai, il renseigne le cahier « merea Boèwé Korowê » ('ôrôê, Nii-Bwiiru). Du 16 au 21 mai à Göarö, il renseigne le cahier sîshëë[68]. « Je vous écris aujourd'hui d'ici à Göarö. J'ai fini de noter la langue du bord de mer hier samedi. La langue de Nii et Bwiiru, j'ai fini de la noter lundi 15 mai » (Göarö, 21 mai 1939). Élaisha est ensuite à Nouméa, où il retrouve les Leenhardt.

Du 6 juin au 17 juillet, le couple est à Futuna, Wallis, et aux Hébrides. Arrêté par le docteur le 6 juin, Élaisha reste à Nouméa jusqu'au 18. Toujours malade, il est du 19 au 22 juin à Mwâmèa où il renseigne le cahier « merea xe néku » (nèku), portant « Moamea le 20 juin 1939 *go su merea 'Néku' merea i Borail* – ᵃ*gö yu mêrêa' nèku, mêrêa' i Burhai* – je note le nèku, langue de Burhai ». « Je suis revenu le 19 juin, restant trois jours à Mwâmèa pour noter le nèku, langue de Göarö. Il est proche du 'ôrôê, le nom de beaucoup de choses est semblable » (Pwârâiriwâ, 28 juin). Il tousse, et incrimine le sel, car les catholiques (encore eux) de Mwâmèa lui donnent de la nourriture trop salée, ce que le docteur de Nouméa lui a interdit. Du 24 au 28 juin, il est à Mwêrêö : « j'ai rencontré pasteur Upinu[69] à Mwêrêö. Nous avons noté le iaai pendant quatre jours. Je le laisse ce matin, et laisse aussi le iaai avec lui, pour qu'il y note aussi la langue de Wallis [fagauvea] » (Pwârâiriwâ,

---

[67] Jean Lotte, capitaine de gendarmerie, chef du service des Affaires indigènes (1934-1940), dernier responsable de la NPI (nouvelle politique indigène).
[68] « *Gu xa xe sîrhëë* [« Parler le ᵃ*nérhëë* », Leenhardt] *merea xe nérhë Nésajou* – ᵃ*mêrêa' xè nérhëë Nésaju* – langue de la mer à Nésaju », portant « Gouaro le 16/5/39 » et « *Geve pe cowa merea a rei le 20/5/39* – ᵃ*Gèvè pècowa mêrêa'-a rèi 20/5/39* – Nous terminons cette langue le 20/5/39 ».
[69] Upinu Xubwi de Hnyimëhë-Fajawe, pasteur (1931-1940) à Mwêrêö.

28 juin). Le cahier iaai est perdu, et le fagauvea ne semble pas noté : il est absent de *Langues et dialectes*. À Bai le 29, Élaisha se repose ensuite à Pwöbèi ; il renonce à aller à Pweevo. Il a travaillé « à marche forcée » sur onze cahiers, reconnaissables à son encre bleu roi, dont neuf tout seul : toutes les langues entre Saint-Louis et Pöia-PwêêdiWiimîâ, sauf le tîrî (2 cahiers, dont un renseigné par Théodore Barainô Kahwa), le a'jië et le tayo, absent de *Langues et dialectes*, qui n'est pas considéré en 1939 comme une langue.

En août, Leenhardt fait travailler ses collaborateurs sur la grammaire. « C'est un effort que ses aides comprennent moins bien, et il faut Apu pour tenir bon » (Jeanne Leenhardt, 19 août)[70]. À DöNévâ le 21 août, le couple est le 24 août à Tipwaramwâ. Du 24 au 26 août, Maurice chevauche avec Élaisha et Apu vers Tuo et Hyehen. Du 1er au 3 septembre, Élaisha est au Mey[71] de Tuo à Pwöbèi, tandis que les Leenhardt se reposent à DöNévâ (28 août-2 septembre).

Le 3 septembre, c'est en France la déclaration de guerre. Le couple est le 4 à Nouméa, tandis que Apu monte le 5 à Thagala noter quelques mots. Apu et Élaisha arrivent le 20 à Nouméa pour assister le 21 septembre au départ des Leenhardt. Dans un *post scriptum* au très nostalgique dernier carnet[72] en a'jië donné à Maurice, il écrit (Nouméa, 20 septembre 1939) : « Je pense à vous, père et mère, car voici la fin de nos jours ensemble ici au pays de Calédonie, depuis novembre 1938 [...]. Aujourd'hui, vous nous quittez dans notre vrai pays, le pays de nos pères et grands-pères depuis toujours, car nos ancêtres ont été créés jadis dans ce pays ».

---

[70] Citée par Jacques Vasseur, « Apu Pwacili Hmwae », *art.cit.*, p. 252 (a).
[71] Une « fête annuelle regroupant les églises pour trois journées d'exhortation et grande collecte pour l'évangélisation ».
[72] « *Peci ne bori vinimo Calédonie – Pèci né böfi vinimö Kalédöni* – Cahier d'histoires de Calédonie » (carnet, 47 p.)

Les cahiers « Paicî » et « Paicî 2 » des questionnaires définitifs

L'écriture de Leenhardt apparaît sur une douzaine des vingt-neuf questionnaires renseignés conservés en Calédonie : il renseigne « Ajiē Houaïlou » (a'jië, très incomplet, mais utile pour les corrections de l'ouvrage de 1939), kapone (nââ kwényï), « Goro 1 », langues de Vook et haeke (peut-être recopié) : il corrige, ajoute des mots sous dictée, ou des remarques qui alimentent les notes de 1942, parfois des croquis[73], ou des signes musicaux pour noter les tons des langues tonales ; il les recommande dans le questionnaire définitif, et les utilise largement lui-même[74].

On distingue dans le cahier « Paicî », renseigné par Philippe Görödé, au moins trois autres écritures, dont celles de Élaisha et Leenhardt, qui se raturent et souvent se complètent entre elles, ce qui pousse Philippe à écrire le cahier « Paicî 2 », plus clair mais moins complet. Ainsi, le sachet de monnaie est en paicî *wara adi (wârââdi)* pour Philippe, *wétùtù (wétùtù)* pour Élaisha, *wara tene (wârâtêrê)* pour Leenhardt.

Élaisha annote, écrit anecdotes et explications, que Leenhardt (1946) ne reprend pas toujours : ni « la vraie poule calédonienne ᵖ*âji ja* ; il y en a encore à Wëté », ni le bulime dont les femmes utilisent la coquille pour tresser les nattes, ni la plaisanterie du taro noir et d'un chef de Iaai sur l'entrée *nom donné aux femmes comparées au taro* : Élaisha donne ᵖ*jari* ; un peu gêné, Leenhardt ne reprend pas l'entrée. Il reprend *kwéaa*, désignant « l'autel pour maturation des récoltes, de la gestation » en a'jië[75], mais pas en paicî ; il omet sa propre remarque « marque l'arrêt à Mwêrêö », Kwéaa est pourtant le nom de Mwêrêö.

Leenhardt ne demande pas de graphie particulière à ses « aides », qui écrivent leur langue à partir de la graphie du a'jië du *Pèci aŕii*. En 1939 Élaisha se met parfois à écrire, comme le

---

[73] À l'inverse, la note de Leenhardt (*Langues et dialectes, op.cit.*, p. 382) sur le balancier de la pirogue (« les barres de soutien de balancier : ᵖ*kiatö* ; les fourches : ᵖ*nâmwâgéa* ») vient d'un croquis de Élaisha.
[74] Maurice Leenhardt, *Langues et dialectes, op.cit.*, p. 76-77.
[75] Maurice Leenhardt, *Langues et dialectes, op.cit.*, p. 358.

fera Guiart plus tard, le *ö* drehu pour /Ø/ a'jië ou paicî, écrit *ē* par Leenhardt, aujourd'hui *e* : *bwö duru* pour ᴾ*bwe duru* (turban de deuil) ; il corrige même Philippe, surchargeant par exemple *kērē* en *körö* dans ᴾ*wâ kârâ kere* (toile d'araignée).

Et *Langues et dialectes* ?

Il faudrait réévaluer l'énorme travail de ce premier lexique thématique systématique des langues kanak, prenant en compte, pour J. Guiart, l'ensemble des lexiques qui traduisent la vision kanak du corps, de l'environnement insulaire et de la société, dont tous les systèmes symboliques gouvernent la pensée kanak, en tant que recherche « des représentations qui révèlent et caractérisent au mieux une mentalité indigène donnée »[76]. Leenhardt ne retient en 1942 que 1 165 des 1 283 entrées du questionnaire définitif : c'est l'ensemble des réponses aux deux questionnaires qu'il faudrait réévaluer, ainsi que la portée de l'apport linguistique de Leenhardt.

Il ne fait pas de réelle distinction entre langue et dialecte[77]. Il se contente de séparer des trente-quatre langues kanak parlées qu'il décrit, « les langues truquées, langues cérémonielles ou nobles, langage secret »[78] : le miny de Drehu (cahier « Lifou miny »), le iwatenu de Nengone (cahier « Maré noble Iwatenu », incomplet), langages cérémoniels ; les « langages secrets » sont à Nengone la « langue de Cara »[79] aux « mots diversement inversés » (verlan), et à Drehu la « langue de 'Umeng »[80]. Chaque langue peut avoir été à l'origine une langue « truquée ».

---

[76] *Idem*, p. X.
[77] « (…) un petit nègre français [que R. Charlemagne reprochait à Leenhardt de parler aux Kanak, encore en 1948] devient la langue de tous ; les dialectes disparaissent. Seules survivent les grandes langues, celles surtout que les Missions ont adoptées, et que la littérature religieuse répand. Nous ne savons quelles langues les Canaques parleront demain » (*ibid.*, p. xx).
[78] *Ibid.*, p. XIX.
[79] *Ibid.*, p. 198-199.
[80] *Ibid.*, p. 224-225.

Conclusion

Leenhardt peut sembler désinvolte à l'égard de ses « aides » ; il est en 1939 l'ancien missionnaire prévisible et imprévisible qui a aidé et aide encore dans les travaux importants. De nos jours, nous souhaiterions savoir à qui on est redevable, et de quoi. À part son ami le chef Dui Mârîki Wakë Piibèè de Tipwaramwâ[81], il ne cite en 1942 aucun de ceux dont il a enregistré des textes en 1938-1939. Pour eux comme pour les collaborateurs, peu importe que leur nom personnel soit noté. Surtout à Paris. Comme en 1930, c'est Leenhardt qui doit être connu et respecté pour faire connaître et respecter au monde leurs langues et leur culture. Il avait pour eux le respect de conserver leurs lettres et les écrits qu'il leur avait demandés ; à nous maintenant de continuer à les faire connaître.

Inséparable de sa démarche en ethnographie (1918-1939), la démarche de Leenhardt en linguistique (1938-1946) peut sembler brouillée, elliptique, entachée d'imprécision structurelle. Mais s'il dit en 1940 « j'ai pendant ce séjour vérifié l'ensemble de mes études, et je n'y ai pas trouvé d'erreurs fondamentales »[82], s'il est « toujours très sûr d'avoir raison »[83], il est capable « aussi bien d'empathie que d'esprit critique » et « de se remettre en question »[84]. Et il enseigne dès 1944 le a'jië à Paris, à l'École pratique des hautes études.

Pour Alban Bensa, il « inscrit ses observations ethnologiques, ses recueils de tradition orale [passant par l'écrit], et même ses notations linguistiques, bref son important travail d'ethnologie, dans les cadres d'une conceptualisation très marquée par l'influence de Lucien Lévy-Bruhl : pensée mystique, mythique, confusion de l'affectif et de l'intellectuel, du dedans et du dehors, du présent et du passé, autant de clichés

---

[81] *Ibid.*, p. 84.
[82] Marie-Christine Laroche, « L'enseignement de Maurice Leenhardt », Paris, *Journal de la Société des Océanistes*, n° 58-59, 1978, p. 45-48.
[83] M. Splinder, « L'ecclésiologie de Maurice Leenhardt », *Journal de la Société des Océanistes*, tome XXXVI, n°69, 1980, p. 279-291 (ici p. 282).
[84] Jean Guiart, *Agir à contre-emploi – Chronique d'une vie en zigzags*, Pape'ete, Te pito o te fenua, 2013, p. 225.

plus ou moins nostalgiques qui dessinent le portrait-robot d'une société d'avant le péché originel, édénique »[85].

Sans doute, mais sa force intérieure, sa force de conviction est tournée vers l'avenir. Un de ses mots favoris était « ᵃ*Mörö na gëve !* – Soyez forts, tenez bon ! »[86]. Son œuvre n'est pas un aboutissement, mais une ouverture sur l'avenir. Il reste peut-être, selon le mot ancien de Raoul Allier, « ce témoin que nous ne cessons de citer quand il s'agit de saisir ce qui paraît le plus insaisissable »[87]. Que ses « aides » en soient ici remerciés.

---

[85] Alban Bensa, « Culture et politique : la société canaque face à l'indépendance », dans Collectif, « Nouvelle-Calédonie : pour l'indépendance », Paris, *Les Temps modernes*, 41:464, mars 1985, p. 1726-1736 (ici p. 1727).
[86] Waya Görödé, *Les souvenirs d'un Néo-Calédonien, op.cit.*, p. 55.
[87] Cité par M. Splinder, « L'ecclésiologie de Maurice Leenhardt », *op.cit.*, p. 252., d'après Raoul Allier, *La psychologie de la conversion chez les peuples non-civilisés*, t. 1, « Les prodromes de la crise », Paris, Payot, 1925, p. 320.

MAURICE LEENHARDT ET LE COLONIALISME. TEXTES ET CONFÉRENCES SUR LA LÉGITIMATION COLONIALE (1913-1948)

Gwénael MURPHY

À la fin de l'année 1931, sur l'invitation du « Groupe des Études Morales et Sociales » de l'Union Chrétienne des Jeunes Gens de Paris (UCJG), branche française de la célèbre « *YMCA* »[1], Maurice Leenhardt donne une conférence. Dans le programme de ce groupe, il précède deux causeries sur « la psychanalyse, théorie de Freud » et « le féminisme ». Pour sa part, Leenhardt propose d'échanger autour de la question suivante : « La colonisation est-elle légitime ? ».

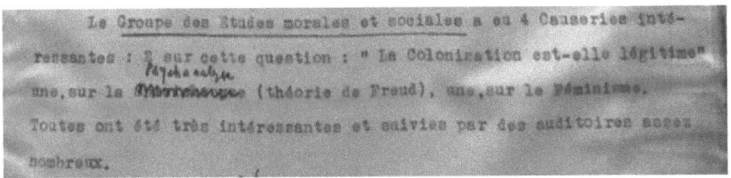

Figure 11. Extrait du rapport mensuel du Comité directeur de l'UCJG Paris, 23 décembre 1931, p. 235 (documents communiqués par C. Bertho, @YMCA-UCJG de Paris).

Le texte de cette conférence est disponible dans le fonds 12 J-14 des Archives de la Nouvelle-Calédonie (ANC), avec de nombreuses autres notes prises pour des communications orales, des cours et des dossiers. Document bref, composé de onze pages parfois annotées en marge de la main du pasteur, il

---

[1] *Young Men Christian Association*, créée à Londres en 1844 par un marchand drapier, George Williams. À leur propos, voir Charles Bernard, *Les Unions Chrétiennes de Jeunes Gens, 1855-2005*, Paris, Olivetan, 2009.

consiste en une suite de notes, irrégulièrement rédigées et comprenant de multiples allusions. Elles sont structurées en un plan clair avec une introduction, cinq parties et une conclusion. La mention « Notes de conférence aux UCJG » en haut de la première page a permis l'identification du public très restreint visé par ce texte, les jeunes hommes parisiens, érudits et protestants, et la datation précise de ce document à une année charnière de l'histoire coloniale française, 1931, considérée comme « l'apogée de l'Empire » et durant laquelle se déroule la célèbre Exposition coloniale de Vincennes. Les archives de l'UCJG de Paris confirment dans leurs rapports annuel et mensuel la tenue de cette conférence[2].

Après avoir rappelé l'histoire de la colonisation depuis l'Antiquité, Leenhardt expose les aspects positifs et négatifs de celle-ci selon lui, utilisant les termes de « légitime » et « illégitime ». Puis il propose des pistes pour la poursuite de l'œuvre coloniale, mieux ancrée dans les valeurs chrétiennes plutôt que dans un matérialisme excessif qu'il dénonce. Nous présenterons, dans cette contribution, une analyse très synthétique de ce texte, tout en nous appuyant, au fil de l'étude, sur des écrits plus anciens ou ultérieurs du pasteur, afin d'appréhender l'évolution, mais aussi la cohérence, de son opinion sur le colonialisme[3].

---

[2] Notamment dans le rapport du 73e exercice de l'UCJG Paris, 1931, par C. Nazelle et G. Adrion, p.9 et du rapport mensuel (fig. 1). Merci beaucoup à Christelle Bertho, coordinatrice des archives de l'UCJG de Paris, pour la communication de ces documents.

[3] Nous présentons ici une version très restreinte de la communication proposée en septembre 2019 au colloque international de Nouméa, « Maurice Leenhardt. Contextes et héritages », dont le texte intégral peut être consulté sur https://www.researchgate.net/profile/Gwenael_Murphy.

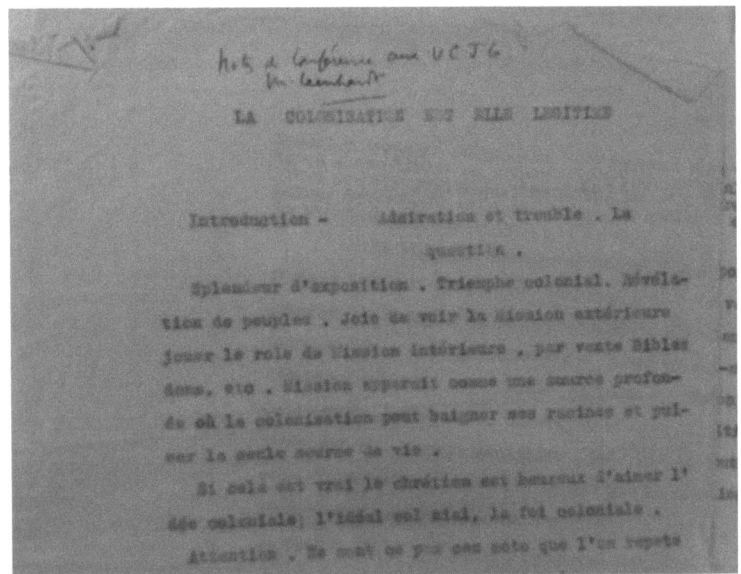

Figure 12. Première page de la conférence donnée par M. Leenhardt en décembre 1931 à l'UCJG de Paris sur la légitimité de la colonisation (ANC, 12 J-14 : fonds Maurice Leenhardt. Conférences, cours, dossiers et notes de travail).

Ce qui rend la colonisation illégitime : une vision critique

Au fil de son exposé, Leenhardt cite régulièrement ses sources. Lorsqu'il entreprend, dans la seconde partie, de rendre compte des critiques adressées à la colonisation, il s'appuie sur les écrits de Félicien Challaye (1875-1967), rédacteur des *Cahiers de la Quinzaine* de Charles Péguy[4]. Suivant de peu *Au cœur des ténèbres* de J. Conrad (1899), Challaye publie ses notes de voyages de retour du Congo, en 1905. Il dénonce les agissements de la compagnie de la N'goko Sangha, société concessionnaire opérant au Congo et en Oubangui-Chari. Membre actif de la Ligue des droits de l'homme, du Parti communiste français et de la Ligue contre l'impérialisme et

---

[4] Sur Challaye, Simon Epstein, *Les Dreyfusards sous l'Occupation*, Paris, Albin Michel, 2001, p. 176-177.

l'oppression coloniale fondée en 1927, Challaye dénonce dans de nombreux articles « l'hypocrisie du prétexte civilisateur de la colonisation ». Le pasteur ne nie pas que « l'orgueil, l'impérialisme et le sang soient présents et que l'on trouve des récits affreux pour illustrer le scandale ». N'oublions pas également les parutions récentes et retentissantes du *Voyage au Congo* d'André Gide (1927) et *Terre d'Ébène* d'Albert Londres (1929), qui dénoncent les abus coloniaux en Afrique.

Dans un court texte de 1913 intitulé « La réquisition des indigènes de Nouvelle-Calédonie », Leenhardt les évoquait également : « la Réquisition est redoutée, et elle a acquis la réputation d'être une charge très lourde et un abus. Est-ce une rumeur de mécontents ? Est-ce une opinion fondée ? »[5]. Il en définit les contours flous pour les Kanak, qui sont placés face à une iniquité récurrente concernant le travail forcé qui leur est imposé, puisque certains hommes sont appelés jusqu'à huit fois (Houaïlou) tandis que d'autres tribus y échappent. Cette fréquence désorganise la vie des réserves, sur lesquelles pèsent « le code de l'Indigénat et ses ambiguïtés, la toute-puissance des gendarmes qui réquisitionnent les individus à des fins de répression et contournent les chefs »[6]. Il redoute l'épuisement de ces populations, déjà en très forte dénatalité depuis l'arrivée des Européens.

---

[5] ANC, 12 J-4 : Fonds Leenhardt. Manuscrits, tapuscrits et épreuves corrigées.
[6] Sur le code de l'Indigénat, que Leenhardt dénonce : Isabelle Merle et Adrian Muckle, *L'Indigénat. Genèses dans l'Empire français. Pratiques en Nouvelle-Calédonie*, Paris, CNRS Editions, 2019.

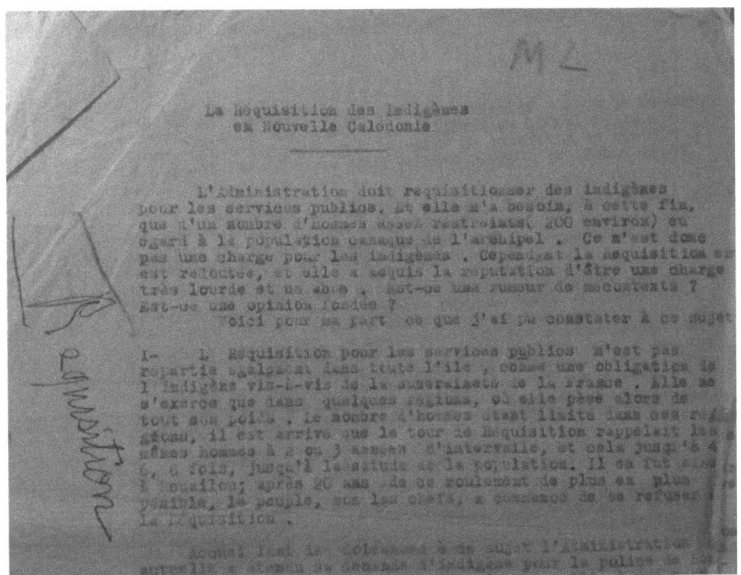

Figure 13. Extrait du texte « La Réquisition des Indigènes en Nouvelle-Calédonie », M. Leenhardt, 1913 (ANC, 12 J-4 : Fonds Leenhardt. Manuscrits, tapuscrits et épreuves corrigées.).

En 1921, il signe un article de seize pages intitulé « Expériences sociales en terre canaque » pour la revue *Le Christianisme social*[7]. Selon lui, à son arrivée dans l'archipel, près d'un demi-siècle après la mise sous tutelle française, « les progrès accomplis par les canaques au contact de la civilisation apparaissent comme un leurre. Ils n'avaient ni commerce, ni cultures nouvelles, ni mœurs meilleures. Les transformations apparentes n'étaient qu'une imitation frustre du Blanc, et plus le canaque imitait, mieux il haïssait ». Six ans plus tard, l'orgueil sans pareil de l'administration coloniale fait l'objet d'un texte railleur intitulé « La rencontre du missionnaire avec l'administrateur », démontrant son antipathie envers les autorités officielles[8].

Le questionnement sur la légitimité s'avère donc ancien chez Leenhardt qui, au cours de sa conférence à l'UCJG, narre à

---

[7] ANC, 12 J-4 : Fonds Leenhardt. Manuscrits, tapuscrits et épreuves corrigées.
[8] ANC, 12 J-5 : Fonds Leenhardt, *idem*.

l'assistance « la camelote vendue au nègre, la main-d'œuvre bon marché » ou encore « les bénéfices rapides obtenus par la consommation de l'alcool ». Au même titre que « Mammon », l'alcool revient à plusieurs reprises dans l'argumentation, fléau pour lequel il accuse les dirigeants coloniaux de faire preuve d'indulgence car il s'avère très lucratif. En Nouvelle-Calédonie, un rapport du docteur Collin alertait les autorités, dès 1913, sur l'urgence avec laquelle il faudrait agir à son encontre[9]. Pour sa part, dans un autre texte intitulé « La mission protestante en Nouvelle-Calédonie » et recopié par sa fille, Leenhardt affirme que les Kanak ont été sacrifiés, en partie, pour l'exploitation minière :

> « Auprès des mines, des villages de mineurs étant créés, les indigènes les plus proches fournissaient les manœuvres et les femmes dont on avait besoin pour donner vie à ces centres et, dans ces voisinages d'alcoolisme et de débauche, les tribus se dissolvaient. Mineurs, éleveurs, planteurs s'accoutumèrent à obtenir tout du Canaque par la boisson, ils l'enivrèrent, le dupèrent, le méprisèrent, le dépouillèrent et […] le traitèrent de brute »[10].

La lutte pour la tempérance, cheval de bataille traditionnel des évangélistes, se joue dans certaines îles du Pacifique dès la période précoloniale au cours de laquelle les commerçants ont affronté durement les missionnaires, qui tentaient de dissuader la population d'échanger le bois de santal contre des armes et de l'alcool[11]. Par ailleurs, lors de sa conférence parisienne, Leenhardt insiste sur l'hypocrisie du discours affublé à de nombreuses conquêtes coloniales, dont l'objectif réel ne résidait qu'en l'exploitation économique, citant le Brésil, les Antilles, l'Indonésie ou les Philippines. En dernier lieu, il ajoute à l'argumentaire anticolonialiste les spoliations foncières, dont il fut l'un des témoins au début du siècle, sans toutefois entrer dans les détails.

---

[9] ANC, 61 J-2 : Fonds Léon Collin. Étude sur l'alcoolisme en Nouvelle-Calédonie, 1913.
[10] ANC, 12 J-20 : Fonds Leenhardt. Conférences, cours, dossiers et notes de travail.
[11] Sur ce point, voir Claire Laux, *Les théocraties missionnaires en Polynésie au XIXe siècle*, Paris, L'Harmattan, 2000.

Ce qui rend la colonisation légitime : une vision chrétienne

En contrepoint, le pasteur inventorie les arguments du discours de légitimation coloniale de son époque, exposant une opinion qu'il ne fait pas sienne. Il explique que, selon ses défenseurs, « la colonisation est un devoir par la mise en valeur de terres que les occupants sans discipline ne mettent pas en valeur », référence au discours séculaire sur l'absence supposée d'exploitation agricole par les peuples autochtones. Les Européens considèrent, selon le principe mis au point par le juriste suisse Emer de Vattel en 1775, à l'époque en référence aux velléités d'expansion des colons nord-américains vers l'intérieur du continent, qu'une terre qu'ils estiment non cultivée est une terre vierge (*Droit des gens ou Principes de la loi naturelle*)[12].

La liste du pasteur se poursuit, égrenant les justifications usuelles de la colonisation : l'éducation, les bienfaits sanitaires (« les coloniaux, après avoir inconsciemment colporté les maladies, ont entrepris la lutte avec des médecins qui furent de véritables apôtres »), les politiques d'assimilation à la française ou d'association à l'anglaise, dont il souligne ce qui en constitue selon lui les avantages et les inconvénients, l'abolition des pratiques esclavagistes à travers l'exemple du Dahomey[13]. Aux colonisations « hypocrites » dénoncées plus haut, il oppose celles de la France et de l'Angleterre, dont c'est la « grandeur de les avoir réalisées » en guidant les peuples colonisés « tels des enfants qui vont s'affranchir », vantant essentiellement le système algérien ou ceux des dominions britanniques et des mandats de la SDN[14]. Il souligne que, désormais, les nations ne prétendent plus coloniser plus pour elles seules mais « tout autant pour le peuple colonial », l'action coloniale serait

---

[12] Voir l'exposé très précis d'Isabelle Merle, « La construction d'un droit foncier colonial. De la propriété collective à la constitution des réserves en Nouvelle-Calédonie », *Enquêtes*, n° 7, 1999, p. 1-23.
[13] Sur la colonisation du Dahomey et le paradoxe de l'abolitionnisme appliqué aux anciennes nations fournisseuses d'esclaves : Patrice Louis, *Le Roi Behanzin. Du Dahomey à la Martinique*, Marseille, Arléa, 2011.
[14] Société des Nations.

devenue « beaucoup plus altruiste qu'on pourrait le supposer car l'étranger profite en effet de plus de la moitié du trafic de nos colonies ». Évolution qui, selon lui, est, de la part des métropoles, « un effort rationnel très grand et très beau dont l'apothéose est l'Exposition ». Nous retrouvons ici l'argumentaire développé par le *Livret officiel de l'Exposition coloniale* (1931), dont un exemplaire figure par ailleurs dans le même fonds d'archive :

> « La doctrine actuelle de la colonisation a par-dessus tout le souci de la dignité de l'homme. Elle n'opprime pas : elle vient en aide. Elle ne dépouille pas : elle associe. Par sa souplesse, elle facilite les adaptations progressives Elle oblige, elle ordonne, elle pacifie »[15].

Au-delà de cette fraternité naissante entre les peuples que Leenhardt croit détecter à travers l'œuvre coloniale, soulignons un silence dans la conférence du pasteur : contrairement à ce qu'il écrit par ailleurs, il ne met pas en avant comme justification indiscutable la propagation de la foi, à laquelle il a voué pourtant plusieurs décennies. Un « oubli » étonnant, car Leenhardt défend depuis longtemps l'idée selon laquelle c'est la Mission qui sauve la colonisation. Dix ans plus tôt, dans son article déjà cité, « Expériences sociales en terre canaque »[16], il explique qu'en Nouvelle-Calédonie, « seules les transformations obtenues dans les missions semblaient les plus stables et les plus durables ». Pour preuve, une fois la conversion effectuée à Maré, « l'état de guerre constant de l'île cessa. Nous n'avons plus affaire ici à des sauvages inassimilables mais à des êtres humains chez qui commence de s'épanouir la conscience morale (...). Le Loyaltien va se développer »[17]. Peu de temps après la conférence donnée à

---

[15] *Livret officiel de l'Exposition coloniale internationale*, Paris, Ministère des Colonies, 1931, p. 9.
[16] ANC, 12 J-4 : Fonds Leenhardt. Manuscrits, tapuscrits et épreuves corrigées de Maurice Leenhardt.
[17] Ici Leenhardt tronque clairement la vérité historique et propose une différenciation, qui se retrouve fréquemment, entre « gens de la Grande Terre » peu ouverts à la « civilisation » et Loyaltiens, qui semblent plus aptes à recevoir les supposés bienfaits de la modernité européenne. Les conversions des habitants de l'île de Maré commencèrent durant les décennies 1840 et

l'UCJG, marqué par l'affaire des Kanak de Boulogne, il rédige un bref « Noël canaque en Indochine »[18], récit dans lequel il narre l'épopée de la centaine d'hommes et de femmes venus en France sur de fausses promesses à l'occasion de l'Exposition Coloniale et obligés de jouer les anthropophages qu'ils n'étaient pas, voisinant avec le bassin des crocodiles et allant même pour certains d'entre eux amuser le public allemand au zoo de Hambourg[19]. L'affaire est bien connue, dans laquelle Leenhardt intervint pour améliorer le sort des Kanak dupés. Son récit se conclut par une envolée lyrique en faveur de l'œuvre missionnaire, évoquant la fraternité entre les anciens coloniaux de Nouvelle-Calédonie et les Kanak engagés, lors du départ de ces derniers à Marseille pour le voyage retour (voir figure 4).

Leenhardt a vu dans le déroulement de l'affaire des Kanak à l'Exposition coloniale une confirmation éclatante d'un point de vue qu'il expose, bien plus timidement, à l'UCJG de Paris : seule la Mission, et plus largement la religion chrétienne, peut orienter sur la bonne voie l'avenir de la colonisation, créant une culture commune qui cimente une fraternité de l'âme.

L'influence des « classiques » du discours de légitimation coloniale

Où situer la pensée et la vision de la colonisation que propose Maurice Leenhardt ? Nous pouvons repérer dans ses écrits les piliers classiques du discours de légitimation

---

1850 et revêtirent un aspect géopolitique : les uns espéraient le soutien des Britanniques, les autres celui des Français dans leurs querelles traditionnelles. Après l'expédition militaire de 1864 durant laquelle les Français prennent officiellement possession de l'île et hissent le drapeau tricolore à Tadine, Maré est ravagée par de violents conflits qui opposent protestants et catholiques. Voir les travaux nombreux du père Dubois, missionnaire à Maré entre 1943 et 1957, ainsi que K.R. Howe, *Les îles Loyauté. Histoire des contacts culturels, 1840-1900*, Nouméa, Société des Études Historiques de la Nouvelle-Calédonie, 1979 ; Charles Illouz, « Dette de parole, parole de guerre en Mélanésie (Maré) », *Autrepart*, 2003/2, p. 1-17.

[18] ANC, 12 J-4 : Fonds Leenhardt. Manuscrits, tapuscrits et épreuves corrigées.
[19] Joël Dauphiné, *Canaques de la Nouvelle-Calédonie à Paris : de la case au zoo*, Paris, L'Harmattan, 1998.

coloniale : la Bible, la science, la civilisation[20]. En appeler à la religion pour assurer la fraternité entre les peuples constitue une sorte de « retour aux sources » dans l'histoire coloniale. Il ne fallut que deux jours à Christophe Colomb après avoir posé le pied sur le sol des futures Bahamas pour écrire dans son journal, le 14 octobre 1492, à propos des Taïnos qu'il vient de rencontrer : « Je m'efforçais de gagner leur amitié car je me rendis compte que c'étaient des gens qui se livreraient et se convertiraient à notre sainte religion par l'amour plutôt que par la force »[21].

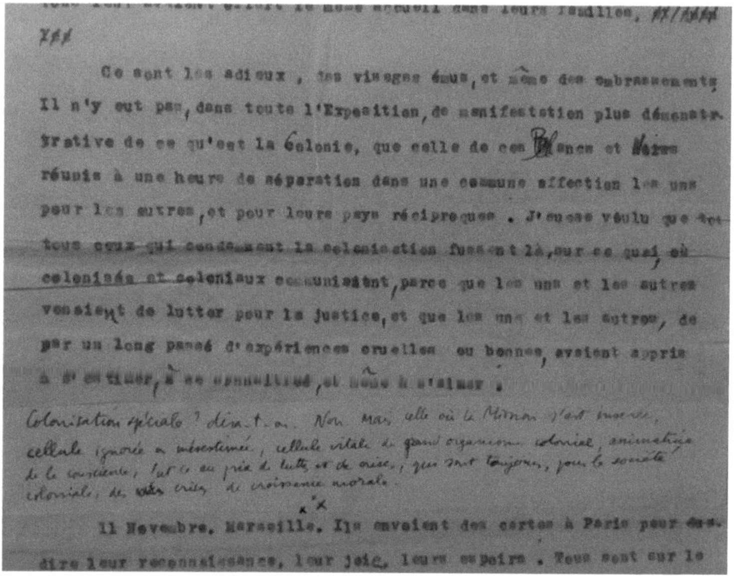
[illegible] le même accueil dans leurs familles,

Ce sont les adieux, les visages émus, et même des embrassements. Il n'y eut pas, dans toute l'Exposition, de manifestation plus démonstrative de ce qu'est la Colonie, que celle de ces Blancs et Noirs réunis à une heure de séparation dans une commune affection les uns pour les autres, et pour leurs pays réciproques. J'eusse voulu que tous ceux qui condamnent la colonisation fussent là, sur ce quai, où colonisés et coloniaux communiaient, parce que les uns et les autres venaient de lutter pour la justice, et que les uns et les autres, de par un long passé d'expériences cruelles ou bonnes, avaient appris à s'estimer, à se [illegible], et même à s'aimer.

Colonisation spéciale ? dira-t-on. Non mais celle où la Mission s'est insérée, cellule ignorée ou [illegible], cellule vitale du grand organisme colonial, animatrice de la conscience, [illegible] au prix de luttes et de crises, qui sont toujours, pour la société coloniale, des crises de croissance morale.

11 Novembre. Marseille. Ils envoient des cartes à Paris pour dire leur reconnaissance, leur joie, leurs espoirs. Tous sont sur le

Figure 14. M. Leenhardt raconte la fraternité entre Calédoniens européens et Kanak après l'affaire de l'Exposition coloniale de 1931 (ANC, 12 J-4 : Fonds Leenhardt. Manuscrits, tapuscrits et épreuves corrigées : « Noël canaque en Indochine »).

[20] Sur le discours de légitimation coloniale en Nouvelle-Calédonie, voir la minutieuse analyse d'Alain Saussol, *L'héritage. Essai sur le problème foncier mélanésien en Nouvelle-Calédonie*, Paris, Société des Océanistes, 1979, en particulier le chapitre 7 (p. 155-187).

[21] Selon l'édition traduite par Jean-Pierre Clément et Jean-Marie Saint-Lu, *La découverte de l'Amérique*, Paris, La Découverte, 2015, p. 234.

Le commerce et la conversion constituaient les deux motivations du voyage audacieux du Génois, et plus de quatre siècles plus tard, ils semblent toujours en lutte selon Leenhardt. Dans un texte satirique de 1927, intitulé « La rencontre du missionnaire et de l'administrateur », il rappelle cet objectif original en regrettant la sécularisation de la colonisation :

> « Au XVIe siècle, il s'agissait d'étendre la gloire du Christ dans tous les pays. Aujourd'hui, c'est la gloire du laïcisme. Qu'est-ce qu'un administrateur ? C'est l'exécuteur de ce droit, le prêtre de ce culte, le propagateur de cet idéal »[22].

La place de la religion chrétienne dans la société coloniale est une préoccupation récurrente pour le pasteur, dont certains textes sont parcourus d'interrogations aussi claires que, entre autres, « Faut-il essayer de faire le bonheur des gens malgré eux ? », « La décolonisation sape-t-elle les bases de la civilisation chrétienne ? », « Le rôle des missions est-il de former une chrétienté indigène ? »[23].

Il faut se projeter quinze années après la conférence de l'UCJG, pour comprendre le modèle auquel Leenhardt aspire : un syncrétisme culturel, qu'il estime avoir vu à l'œuvre en Nouvelle-Calédonie, dans la vallée de Houaïlou. Il le narre dans un article publié en 1946 dans *L'Équipe* sous le titre « L'expression chez les primitifs »[24]. Le pasteur détaille de quelle manière les Océaniens se sont appropriés la religion chrétienne, tout en en respectant les us :

> « Les fêtes nouvelles résultant de l'œuvre des Missions peuvent être l'occasion pour les indigènes, si les missionnaires savent comprendre ces retours, de les ramener peut-être beaucoup de ces expressions esthétiques qu'ils chérissaient à l'époque du paganisme. Ils arrivent habillés de la façon la plus élégante qu'ils peuvent. Non point en imitant l'Européen, mais en apportant beaucoup de goût dans leur adaptation. En Océanie, ils préparent des cantiques, mais ces cantiques, préparés en secret dans chaque

---

[22] ANC, 12 J-5 : Fonds Leenhardt. Manuscrits, tapuscrits et épreuves corrigées.
[23] Questions qui parcourent le texte « Mission et colonisation », composé de 21 pages de brouillon non datées traitant du rôle des missionnaires dans l'œuvre coloniale (ANC, 12 J-20 : Fonds Maurice Leenhardt. Conférences, cours, dossiers et notes de travail).
[24] ANC, 12 J-4 : Fonds Leenhardt. Manuscrits, tapuscrits et épreuves corrigées.

village, apportent tous quelque chose de nouveau. Ils font souvent des mouvements rythmés, tels, par exemple, ces jeunes qui ont préparé de grands sabres de bois pour prolonger le geste de leurs bras et qui chantèrent, en strophes courtes, la vie de Jésus crucifié (…) Tout cela fait avec énormément de discipline, de sérieux et correspondant à un théâtre très émouvant. Lorsque la fête des Missions est finie, il s'agit de savoir quel est le village qui recevra l'année suivante. L'usage est de sceller l'engagement par le don d'une igname ».

Cette fusion n'opère pas, selon lui, uniquement dans la pratique du culte. Lors de son retour en Nouvelle-Calédonie, en 1938, à l'occasion d'une conférence prononcée à Nouméa en présence du gouverneur Marchessou, il rappelle l'épisode de l'Exposition Coloniale et affirme qu'un « lien secret unit les enfants de la Vieille Calédonie et ceux de la Calédonie nouvelle. Ils sont tous deux fils du même sol, et ils grandissent sous le même climat »[25]. L'unité de l'humanité semble en marche, comme l'affirmait Albert Sarraut en 1931 dans son ouvrage *Grandeur et servitudes coloniales*. L'ancien gouverneur général de l'Indochine, quinze fois ministre de la IIIe République, passe alors pour le principal théoricien de la colonisation. Il affirme qu'elle est « une œuvre d'humanité », doit faire preuve d'une administration juste des populations locales dans un souci de « préservation de la race », œuvrant pour un développement séparé des différentes communautés dans le respect des cultures autochtones[26]. Sarraut, alors ministre de la Marine, est cité à plusieurs reprises par Leenhardt et semble influencer sa vision de l'avenir colonial. Le pasteur ne cache d'ailleurs pas son admiration pour la culture kanak. Lors de la conférence de 1938, il fait l'apologie des « armes indigènes, sagaies taillées selon toutes les indications de la meilleure balistique (…) ces haches de jade qui font aujourd'hui l'admiration des connaisseurs et que l'Université de Paris a pris pour emblème pour son Institut d'Ethnologie », des danses, des langues vernaculaires, des techniques de chasse et des modes de

---

[25] ANC, 12 J-14 : Fonds Leenhardt. Conférences, cours, dossiers et notes de travail.
[26] Albert Sarraut, *Grandeur et servitudes coloniales*, [1931], Paris, L'Harmattan, éd. 2012, p. 212.

culture. Les historiens estiment que l'Exposition Coloniale et les années qui la suivent forment la période où la « France est conquise par son Empire »[27], ce que les considérations de Leenhardt viennent appuyer. Le temps où « nous étions certains d'être un peuple supérieur, et que les attardés du monde, les primitifs, les dégénérés, les déchets des races anciennes étaient condamnés à disparaître » est bel et bien révolu.

Le discours de légitimation scientifique s'avère moins présent dans les textes de Leenhardt. Au cours de la même conférence de 1938, citée plus haut, il réfute publiquement « les théories racistes », fidèle en cela à la tradition protestante, plus sensible au racisme évolutionniste qu'au racisme biologique. Leenhardt précise qu'en opposition à ce dernier, il a « toujours revu les deux peuples qui collaborent dans la colonisation calédonienne, et qui sont cependant les deux groupes humains anthropologiquement les plus opposés ». Ce racisme évolutionniste se retrouve explicitement quelques phrases plus loin, lorsqu'il énonce que « 114 indices dans le squelette de notre indigène révèlent en effet chez lui des caractères d'une primitivité plus grande même que celle de l'Australien. Sa belle mâchoire carrée est la seule au monde qui corresponde au plus près au crâne de l'homme de Néanderthal ». Nouvelle version du mythe du bon sauvage préservé des méfaits du matérialisme ou influence des théories du racisme scientifique, ces considérations ramènent le pasteur aux pensées de la majorité des Européens de son temps, celui des années 1930[28].

Enfin, la marche vers la civilisation et le progrès, dernière excuse universelle mise en avant par les colonialistes pour justifier la conquête et l'exploitation de la majeure partie de la planète au profit de quelques pays européens, s'avère très présente dans les textes de Leenhardt et dans la représentation du monde qu'il propose. Soulignons cependant que les défenseurs de la colonisation éprouvent parfois des difficultés à renouveler leur discours. La « civilisation » fut remise au goût

---

[27] Pour reprendre le titre de l'ouvrage collectif dirigé par Nicolas Bancel, Pascal Blanchard, Sandrine Lemaire, *Culture coloniale. La France conquise par son Empire, 1871-1931*, Paris, Autrement, 2007.
[28] À propos du racisme évolutionniste, voir le chapitre que lui consacre George M. Fredrickson, *Racisme, une histoire*, Paris, Liana Levi, 2007.

du jour par les hommes politiques de la IIIe République en France, mais les Espagnols l'avaient utilisée dès le XVIe siècle.

S'il critique sévèrement, lors de la conférence de 1938, l'attitude méprisante et destructrice des premiers colons de la Nouvelle-Calédonie envers les Kanak, et notamment l'altération des paysages et des cultures par le bétail ou encore l'aveuglement culturel, Leenhardt ne se félicite pas moins qu'un nombre important d'entre eux soient devenus « médaillés militaires, patrons de cotres, agriculteurs et *stockmen*, moniteurs et pasteurs : ils sont des gens qui ont pris leur place dans la colonisation », affirme-t-il, après avoir introduit sa démonstration en expliquant que « nous nous sommes moins penchés vers lui qu'il n'est lui-même monté vers nous ». Une rhétorique de la supériorité culturelle et technique qui explique ses références à deux prélats catholiques lors de la conférence devant l'UCJG de Paris : Verdier, archevêque de Paris, qui défendait en 1929 « le puissant génie colonisateur de la France » et Durand, évêque d'Oran, souhaitant que « Dieu nous donne à tous, venus d'Outre-Mer ou indigènes, de ne faire qu'un dans les plis du drapeau de la France, si cher au Christ »[29]. Sarraut est maintes fois cité par Leenhardt dans le même cadre, particulièrement son discours aux élèves de l'École coloniale au cours duquel il évoque les autochtones éduqués, « faces obscures que votre geste fraternel aura tirées des antiques ténèbres ». Georges Hardy (1884-1972), professeur d'histoire qui met en place le système scolaire colonial en Afrique occidentale française dans les années 1910, est également cité par le pasteur devant les jeunes protestants : « La colonisation est une œuvre de choix qui veut beaucoup d'amour ». À ce moment, Hardy est devenu directeur de l'École coloniale, qui forme les administrateurs des possessions françaises outre-mer, et défend un enseignement séparé et minimal pour les autochtones afin de ne pas susciter le « retournement des élites ainsi formées »[30].

---

[29] Voir Jean-Jacques Moussaron, *Le Cardinal Verdier*, Albi, Imprimerie coopérative du Sud-Ouest, 1949.
[30] G. Hardy fit lui-même l'apologie de son activité dans *Une conquête morale, l'enseignement en A. O. F.*, Paris, Armand Colin, 1917.

Un discours protestant classique

Un certain nombre d'auteurs influencent la pensée de Leenhardt, il en cite un grand nombre lors de sa conférence à l'UCJG. En conclusion, il rappelle le fameux poème de Rudyard Kipling (1865-1936), premier Prix Nobel de littérature en 1907[31]. L'auteur britannique avait publié, dans le contexte de la guerre des Boers et de l'invasion des Philippines par les États-Unis, en 1899, le célèbre « *White Man's Burden* », le « fardeau de l'homme blanc ». Leenhardt reprend à son compte cette expression comme signifiant la responsabilité des Européens envers le monde puisque « la colonisation n'est ni bonne, ni mauvaise, ni légitime, ni illégitime : c'est un fait incontournable ». Rappelons que dans son poème, devenu le symbole de l'eurocentrisme et de la « mission civilisatrice », Kipling, né à Bombay et dont les parents se considéraient comme « Anglo-Indiens », souligne que le devoir de l'homme blanc est de civiliser, subvenir aux besoins des « primitifs » et administrer les colonies. Il compare le colonisateur à Jésus qui porte sa Croix lourde des péchés du monde et qualifie les peuples autochtones de « mi-anges, mi-demons (…) agités et sauvages » et, surtout, ingrats face à la grandeur de l'œuvre coloniale, si rude à accomplir pour le colonisateur.

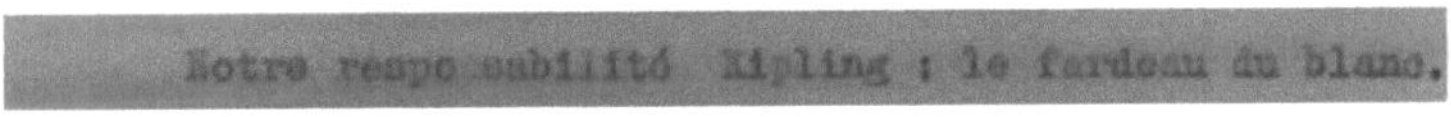
Notre respo sabilité Kipling : le fardeau du blanc.

Figure 15. Phrase extraite de la conclusion de la conférence donnée à l'UCJG en 1931 (ANC, 12 J-14 : fonds Maurice Leenhardt. Conférences, cours, dossiers et notes de travail).

Leenhardt propose une vision non séparée du développement futur des colonies. Les Missions protestantes françaises s'étant toujours implantées sans le soutien de l'État, elles ne ressentent aucune obligation ni attente envers celui-ci. L'approche de Leenhardt, malgré les réserves émises ci-dessus, vise à amener, dans l'idéal, une fusion des peuples à travers un syncrétisme culturel et spirituel.

---

[31] À son propos, voir Charles Zorgbibe, *Kipling*, Paris, Bernard de Fallois, 2010.

En cela, il s'inscrit dans l'évolution du discours protestant sur la colonisation[32]. Proche de la vision britannique, il assume préférer l'association à l'anglaise plutôt que l'assimilation à la française, qu'il juge pleine de fausses promesses et amenant à une acculturation totale qu'il honnit. Son admiration pour la culture kanak (« c'est la solidité de la culture canaque qui l'a préservée d'une rapide destruction au contact de la colonisation », écrit-il en 1938) entraîne une sévère critique de la volonté de faire disparaître les langues d'origine, d'imposer l'école laïque (« contraints par l'école ou par le travail, ils imitent le Blanc, leur tête est vide, ils deviennent des modèles standard », écrit-il en 1946), d'exploiter, de rendre dépendants à l'alcool (« Et le chef Bapou traduisait le sentiment de plusieurs quand il me dit en français, jadis : il vaut mieux boire et puis crever », 1938) et de dénier les héritages culturels et des peuples colonisés[33].

Selon F. Fabre, il présente, globalement, la colonisation comme une alternative à l'esclavage, point évoqué par Leenhardt dès la première partie de sa conférence à l'UCJG à propos du Dahomey. Les missionnaires protestants critiquent le travail forcé, vu comme une continuation déguisée de l'esclavage, se questionnent sur le bienfondé de l'acculturation, sont peu indulgents avec les administrations coloniales, qui sont généralement, côté français, hostiles aux protestants. Si les missionnaires, pasteurs et intellectuels protestants proposent un discours de réfutation du racisme biologique, ils adhèrent volontiers à la vision « civilisatrice » dans la lignée de Kipling. L'infériorité de certains peuples justifie les inégalités de statut dans les colonies, permettant ainsi à la République française, que soutiennent les protestants, de rester sauve dans ses valeurs d'égalité et de fraternité. Le soutien à l'idée coloniale, comme dans l'immense majorité de la classe politique, ne fait pas de doute à cette époque, et la nécessité d'étendre à l'ensemble du monde les valeurs républicaines, citées par Leenhardt en

---

[32] Selon l'étude très complète de Frédéric Fabre, *Protestantisme et colonisation. L'évolution du discours de la mission protestante française au XXe siècle*, Paris, Karthala, 2011.
[33] Extraits des études précédemment citées, consultables aux ANC, 12 J-4 et 5 : Fonds Leenhardt. Manuscrits, tapuscrits et épreuves corrigées.

conclusion de sa conférence, relève de la position protestante sur le sujet. F. Fabre note toutefois le passage, chez les missionnaires, d'une idéologie coloniale classique et imprégnée de l'idée de la supériorité européenne à des convictions et des pratiques qui préfigurent le tiers-mondisme lors des crises violentes qui secouent l'Algérie ou le Cameroun dans les années 1950[34]. Nous le constatons, il est aisé de reconnaître de nombreux aspects des écrits et des arguments du pasteur Leenhardt à travers cette brève évocation de la pensée protestante sur la colonisation aux XIXe et XXe siècles.

---

[34] À la fin de sa vie, Leenhardt critique sans détour le colonialisme selon James Clifford, *Person and Myth. Maurice Leenhardt in the Melanesian World*, London, Duke University Press, éd. 1992, p. 197, à propos d'un article dans Les *Temps Modernes* paru en 1950.

TUER LE PÈRE ?
LES ENJEUX D'UNE ANALYSE CRITIQUE DE MAURICE LEENHARDT PAR LES ETHNOLOGUES

Caroline GRAILLE

Introduction

Les écrits de Maurice Leenhardt (1878-1954) constituent une des incontournables monographies sur les croyances et les pratiques culturelles des Mélanésiens de Nouvelle-Calédonie : ils sont longtemps demeurés – et demeurent encore – une référence et une source d'inspiration pour bon nombre d'intellectuels, d'enseignants-chercheurs, de femmes et d'hommes de foi, et plus particulièrement dans la région de Houaïlou où fut fondée la mission « Do Néva », parmi les Kanak protestants qui ont toujours voué un véritable culte à la personnalité du « Missi Leenhardt »[1].

À l'intérieur du champ français des sciences sociales, en revanche, l'œuvre du missionnaire est régulièrement convoquée pour être questionnée d'un point de vue critique, et ce depuis une trentaine d'années. En effet, si les informations recueillies *in situ* par Leenhardt constituent à n'en pas douter un matériau ethnographique de premier plan, le contexte idéologique dans lequel ce corpus a été collecté continue de faire débat au sein de la communauté des chercheurs en sciences sociales : en anthropologie, sociologie, théologie, histoire, d'aucuns

---

[1] Marie Pineau-Salaün, *L'école indigène. Nouvelle-Calédonie, 1885-1945*, Rennes, Presses Universitaires de Rennes, 2005, p. 37 ; Virginie Soula, *Histoire littéraire de la Nouvelle-Calédonie (1863-2005)*, Paris, Karthala, p. 134-135.

s'interrogent sur la valeur scientifique des données et des savoirs ethnographiques consignés par Maurice Leenhardt, en soulignant les biais idéologiques qui ont forcément présidé à leur élaboration[2]. Cela revient à questionner la place et l'interprétation qu'il convient de leur donner dans une réflexion épistémologique plus large.

Après un bref rappel du parcours et de l'influence intellectuelle de Maurice Leenhardt, dont l'autorité narrative et scientifique était évidemment indissociable de sa légitimité apostolique et de la durée de sa présence sur le terrain, j'évoquerai principalement les lectures critiques dont il a ensuite fait l'objet de la part des ethnologues français qui lui ont succédé : ces derniers entendent ainsi démythifier l'œuvre de leur prédécesseur, au nom de l'objectivation d'une forme d'ambiguïté inhérente à sa pratique, qui fut tout à la fois ethnologique et missionnaire, humaniste et évolutionniste. Je souhaite au final faire dialoguer les visions divergentes, apparemment irréconciliables, entre d'une part, l'hommage toujours respectueux rendu en Nouvelle-Calédonie au pasteur-ethnologue par ses nombreux disciples et fidèles, et d'autre part, la critique acerbe portée par bon nombre de ceux qui, dans un certain champ académique, laïc et métropolitain, ont contribué à sa suite à la production de savoirs anthropologiques sur le monde kanak contemporain.

Cette dichotomie traduit moins la fameuse ambivalence du bilan scientifique de Leenhardt – dont on peut dire qu'elle a été clairement objectivée et unanimement admise depuis l'ouvrage que lui a consacré James Clifford –, qu'elle n'illustre surtout la manière dont la personnalité et l'œuvre du missionnaire-ethnologue sont tantôt appropriées et sacralisées pour leur vertu performative, et tantôt mises à distance – ou *a minima* renégociées – pour étayer de nouvelles légitimités académiques.

---

[2] Michel Naepels et Christine Salomon, *Terrains et Destins de Maurice Leenhardt*, Paris, Editions de l'EHESS, 2007 ; Michel Naepels, « Colonisation, mission et production du savoir. Maurice Leenhardt de Houaïlou à Paris », in C. Laurière & A. Mary (dir.), *Ethnologues en situations coloniales*, Les Carnets de Bérose n° 11, 2019, p. 238-258 ; Frédéric Rognon, « Le sujet dans la religion kanak. Anthropologie et missiologie chez Maurice Leenhardt », *Revue des sciences religieuses,* 2007, 81/2 (URL : http://rsr.revues.org/562) ; *Maurice Leenhardt. Pour un « Destin commun » en Nouvelle-Calédonie*, Lyon, coll. Paroles protestantes, 2018.

Le « Do Kamo » de « Missi Leenhardt » : quand l'humanisme chrétien rencontre la coutume

Premier missionnaire protestant envoyé sur la Grande Terre – où il incarnait l'espoir pour de nombreux Kanak et où il fut accueilli « comme le messie » par les évangélistes loyaltiens[3] –, Maurice Leenhardt symbolise d'emblée la figure crainte et respectée de l'autorité morale et religieuse[4]. Homme de terrain et d'écoute, pourfendeur des violences infligées aux populations mélanésiennes, dénonciateur des méfaits culturels et sanitaires de la colonisation, militant en faveur d'un « sauvetage » des expressions artistiques autochtones, Leenhardt agit autant par humanisme chrétien que par nécessité apostolique, et devient peu à peu « l'ami des Kanak » :

> « Il apportait la bonne nouvelle, mais c'est aussi le fait qu'il s'intéressait aux coutumes et traditions kanak. S'il n'avait été qu'un missionnaire comme les autres, il n'aurait pas été aussi aimé et estimé et il n'aurait pas laissé un tel souvenir »[5].

Le missionnaire fait également figure de pionnier de « l'ethnologie des Néo-Calédoniens », selon l'expression utilisée à l'époque, et il a indéniablement acquis au fil de sa « seconde carrière » une solide autorité scientifique, jusqu'à être considéré comme le fondateur de l'ethnologie de la Nouvelle-Calédonie. Il accumule en effet une foule d'informations durant son séjour en qualité de missionnaire, autant par l'observation directe des relations sociales et claniques au sein des communautés mélanésiennes qu'il côtoie, que par sa propre acculturation à la langue ainsi qu'à certains codes et représentations symboliques autochtones, et plus encore à

---

[3] Frédéric Rognon, *Maurice Leenhardt, op.cit.*, p. 56-58.
[4] Virginie Soula, *Histoire littéraire de la Nouvelle-Calédonie, op.cit.*, p. 134.
[5] « Maurice Leenhardt 100 ans plus tard » (entretien avec Émile Kavivioro), *Mwà Véé*, 2002, n° 38, ADCK, p. 6-7. Leenhardt a bel et bien entretenu une relation privilégiée avec les populations auprès desquelles il a œuvré en tant que missionnaire pendant vingt-cinq ans (1902-1927), au point d'affirmer ensuite, durant ses séminaires à l'École pratique des hautes études : « Je suis Canaque » (cité par Alban Bensa et Pierre Bourdieu, « Quand les Canaques prennent la parole », *Actes de la recherche en sciences sociales*, 1985, n° 56, p. 69-83).

travers les récits mythiques qu'il demande à ses élèves kanak de consigner, en langue a'jïe, dans des « cahiers » qui nourriront ensuite ses propres écrits scientifiques[6].

Reconnu pour la qualité ethnographique de son œuvre, Leenhardt devient, dans le contexte de l'entre-deux-guerres, un « océaniste » de renom, spécialiste du monde kanak, enseignant puis directeur d'études (1940-1941) à l'École pratique des hautes études (EPHE, V^e section, Sciences religieuses) et directeur du département Océanie du musée de l'Homme. Cofondateur et président de la Société des Océanistes, en 1945, il crée également un enseignement des langues océaniennes à l'École des langues orientales (INALCO). C'est bien en tant qu'ethnologue qu'il retourne alors en Nouvelle-Calédonie, d'abord en mission en 1938, puis en 1947, en qualité de directeur de l'Institut français d'Océanie (ancêtre de l'ORSTOM devenu aujourd'hui l'IRD). A la même époque, cet institut accueille Jean Guiart, alors jeune ethnologue, qui fut l'élève de Leenhardt à l'EPHE et qui, plus tard, y enseignera à son tour l'étude des religions de l'Océanie.

Quoique mâtinées d'évolutionnisme, les représentations essentialistes du « Do Kamo » que donne Leenhardt à cette époque[7], et que l'on a coutume de traduire par « la vraie personne »[8], sont peu à peu diffusées auprès d'un large public. Leur véracité se fonde sur la triple légitimité de leur auteur : son statut d'homme d'Église, d'homme de science, et d'homme de terrain réellement « proche de ses ouailles » (au point de braver régulièrement l'autorité de l'Administration coloniale), transforme naturellement ses énoncés en argument d'autorité, au point que les Kanak eux-mêmes vont se réapproprier ses écrits.

On retrouve ainsi bon nombre de descriptions et de propositions théoriques défendues par Leenhardt tout au long du processus de revitalisation et de revendication culturelle porté

---

[6] Maurice Leenhardt, *Notes d'ethnologie néo-calédonienne*, Paris, Institut d'Ethnologie, 1930.
[7] Maurice Leenhardt, *Do Kamo : la personne et le mythe dans le monde mélanésien*, Paris, Gallimard, 1947.
[8] James Clifford, *Maurice Leenhardt : personne et mythe en Nouvelle-Calédonie*. Paris, Jean-Michel Place, éd. 1987, p. 11.

dès le milieu des années 1970 par Jean-Marie Tjibaou[9]. Plusieurs écrits de Leenhardt inspireront notamment le jeu scénique « Kanaké » (fig. 16) présenté au public nouméen en septembre 1975 lors du festival *Mélanésia 2000*[10].

Figure 16. Le jeu scénique Téa Kanaké est présenté lors du festival Mélanésia 2000 en septembre 1975. Ici, le « marchand » et deux « soldats blancs » devant un groupe d'hommes (image BP37 13-03 © ADCK-CCT).

C'est à un scénariste métropolitain, Georges Dobbleaere, que Jean-Marie Tjibaou a demandé de concevoir un spectacle visant à « démontrer les valeurs de la culture canaque

---

[9] Ce dernier explique avoir été influencé par les livres de Maurice Leenhardt et de Roger Bastide, et il a également suivi les cours de Jean Guiart à l'EPHE (Jean-Marie Tjibaou, *La présence kanak* (écrits et entretiens réunis par A. Bensa et E. Wittersheim). Paris, Odile Jacob, 1996, p. 185). Je renvoie à la transcription du discours de Jean-Marie Tjibaou sur Maurice Leenhardt (13 avril 1978) au Musée de l'Homme à Paris (publié dans Hamid Mokkadem, *Ce souffle venu des ancêtres... : l'œuvre politique de Jean-Marie Tjibaou (1936-1989)*, Nouméa, Expressions, p. 357-378 ; voir aussi « D'un usage kanak des sciences sociales. Jean-Marie Tjibaou lecteur de Maurice Leenhardt », dans Michel Naepels et Christine Salomon (éd.), *Terrains et destins de Maurice Leenhardt*, Paris, Editions de l'EHESS, 2007, p. 139-157.

[10] Marie-Christine Laroche, « L'enseignement de Maurice Leenhardt », *Journal de la Société des Océanistes*, 1978, 58-59, t. 34, p. 47-48.

ancestrale »[11]. Le scénographe indique sans équivoque avoir puisé dans la littérature ethnologique par souci d'authenticité :

> « J'ai eu soin de noter constamment les références à Leenhardt (qui me semble faire autorité) car on m'aurait accusé d'inventer ces textes et ces cérémonies que je n'ai fait pourtant que collectionner »[12].

D'après Philippe Missotte, « l'action scénique et le texte furent créés d'après les *Notes d'ethnologie néo-calédonienne* de Maurice Leenhardt en essayant de se conformer le plus possible à ses observations et à leur esprit »[13].

Après la réussite du festival, les écrits de Leenhardt continuent d'inspirer pareillement la politique culturelle et patrimoniale dont Tjibaou se fait l'initiateur et le maître d'œuvre. Féru d'art océanien, Maurice Leenhardt – comme son homologue catholique le père Patrick O'Reilly[14] – a publié en 1945, dans le tout premier numéro du *Journal de la société des Océanistes* (fig. 17), une tribune en faveur du « sauvetage » des objets d'art traditionnel kanak :

> « C'est bien l'heure de regarder au plus vite à notre Océanie : sauver du passé ce que l'on pourra recueillir encore – et c'est la tâche des ethnologues – connaître ses secrets, ses richesses, ses peuples, et c'est la tâche des savants, des médecins, des sociologues, et de tous ceux qui l'aiment. [...] Faisons d'abord un inventaire de tous les objets qui se trouvent chez les particuliers ou dans les musées, en France, en Europe et en Amérique. Des îles comme Tahiti ou la Nouvelle-Calédonie ont été vidées de leurs richesses ethnographiques par les nombreux fonctionnaires, marins

---

[11] Georges Dobbleare, « Le jeu scénique Kanaké », *Journal de la Société des Océanistes*, 1995, 100-101, p. 101-108 (ici p. 102).

[12] *Idem*, p. 90. Dobbleaere dit aussi avoir consulté le n° 9 du *Journal de la Société des Océanistes (JSO)*, paru en 1953 et intitulé « Un siècle d'acculturation en Nouvelle-Calédonie » (*idem*, p. 102).

[13] Philippe Missotte, « Le Festival Mélanésia 2000 – Septembre 1975 », *Journal de la Société des Océanistes*, 1995, 100-101, p. 59-100 (ici p. 90). Un texte de Tjibaou (*JSO* 1976) aurait également servi de référence pour l'écriture du jeu scénique (*idem*, p. 93).

[14] Diplômé de l'Institut d'Ethnologie de Paris, Patrick O'Reilly (1900-1988) rejoint l'ordre des Maristes en 1922 et devient prêtre en 1928. Il effectue différentes missions ethnologiques en Océanie, et devient le secrétaire général de la Société des Océanistes dès sa création.

ou voyageurs qui les ont visitées depuis un siècle. [...] Les sculptures océaniennes sont des œuvres de maître »[15].

La nécessité de produire un inventaire du patrimoine ethnographique kanak dispersé dans les musées et les collections privées est relayée en 1953 dans le n°9 du *Journal de la Société des Océanistes* (fig. 18). Un projet d'inventaire du patrimoine kanak dispersé (IPKD) est bel et bien confié au début des années 1980 à un ethnologue français, Roger Boulay, à la demande de Jean-Marie Tjibaou : il se poursuit sous l'impulsion de l'ADCK (Agence de développement de la culture kanak, créée en 1989) dès les années 1990, avec pour résultat notamment la réalisation d'expositions et la création d'une base de données muséographique et iconographique[16].

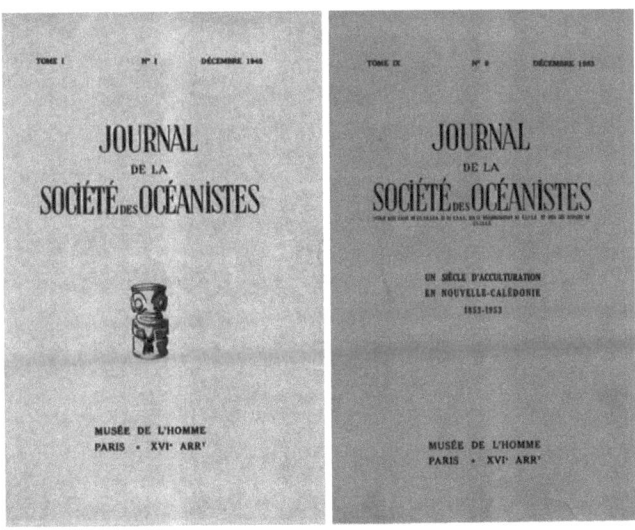

Figures 17-18. Le n°1 du *Journal de la Société des Océanistes*, paru en décembre 1945, et le n° 9, de décembre 1953, consacré à « un siècle d'acculturation en Nouvelle-Calédonie ».

---

[15] Maurice Leenhardt, « La Société des Océanistes », *Journal de la Société des Océanistes*, n° 1, 1945, p. 13-18.
[16] Les expositions-phares sont : *De Jade et de Nacre : Patrimoine artistique kanak*, MAAO, Paris ; Musée de Nouvelle-Calédonie, Nouméa, 1990 ; *Kanak. L'art est une Parole*, Musée du quai Branly, Paris ; Centre Culturel Tjibaou, Nouméa, 2013-2014.

La destinée hors du commun de Maurice Leenhardt est célébrée en Nouvelle-Calédonie, comme en témoigne le dossier que la revue *Mwà Véé* publiée par l'ADCK consacre en 2002 au centenaire de l'arrivée du missionnaire (fig. 19). Si cette publication comprend une large part d'écrits produits par des chercheurs métropolitains – trois anthropologues, Patrice Godin, Jean Guiart, Michel Naepels, et une linguiste, Jacqueline de la Fontinelle –, on y trouve également les témoignages recueillis auprès des descendants de Kanak ayant travaillé avec le missionnaire : Baptiste Gorodë et Béniéla Houmbouy. L'un des contributeurs kanak à ce numéro, Émile Kavivioro, qui a eu l'occasion de rencontrer Leenhardt lors du retour de ce dernier en Nouvelle-Calédonie, en 1947, lui rend dans ce corpus de témoignages un hommage particulièrement vibrant :

> « Pour nous, c'est un vieux qui a travaillé pour les Kanak. Il a d'abord cherché à connaître les gens, il est venu parmi eux, a écouté leurs histoires, s'est intéressé à leurs montagnes, à leur culture, avant de commencer à faire le travail de l'Église. Les gens étaient très touchés de voir cet homme qui représente beaucoup pour nous. C'est grâce à lui si nous sommes là aujourd'hui, parce qu'il a fait ce travail en profondeur sur notre culture [...]. Dans un de ses écrits, Waia Gorode a dit de Maurice Leenhardt : "Il a fait le travail pour connaître l'homme kanak et donc le clan, connaître la langue pour connaître les pensées". [...] Les Blancs n'en voulaient pas parce qu'il était là pour aider les Kanak. Il était mal vu parce qu'il était trop près de nous. [...]
>
> Il a fait connaître et revivre la coutume et la culture avec l'aide des vieux qui travaillaient avec lui. Il n'a pas rejeté en bloc, il a cherché à comprendre de l'intérieur. La présence de Maurice Leenhardt a contribué à faire le point sur la coutume, la langue. C'est une bonne chose qu'il ait écrit sur la coutume, sinon on aurait tout perdu »[17].

---

[17] « Maurice Leenhardt 100 ans plus tard » (entretien avec Émile Kavivioro), *Mwà Véé*, 38, Nouméa, ADCK, p. 6.

Figure 19. 1902-2002 : La revue culturelle Mwà Véé célèbre le centenaire de l'arrivée de M. Leenhardt en Nouvelle-Calédonie.

« L'ethnologie en marche » contre « l'ethnologie missionnaire »

Pourtant, à Paris, dans les hauts lieux du savoir académique, Leenhardt n'est plus vraiment à la mode. L'ethnologue Alban Bensa, qui fut l'étudiant de Jean Guiart à l'EPHE, est très souvent cité pour avoir manifesté ouvertement, dès le milieu des années 1980, son hostilité à l'égard de « l'ethnologie missionnaire » de Maurice Leenhardt. Il emploie un ton parfois très sarcastique à propos du missionnaire-ethnologue, dont les écrits étaient jusqu'alors auréolés d'une forte légitimité scientifique :

> « Au début des années 1970, l'influence de Lévi-Strauss sur l'ethnologie étant considérable, les débats tournaient beaucoup autour de "la pensée mythique" et autres considérations sur ce qui pouvait alors apparaître comme une expression de la primitivité chic. Pour aggraver mon cas, sur la Nouvelle-Calédonie, j'avais lu le célèbre ouvrage de Maurice Leenhardt *Do Kamo, la personne et le mythe dans le monde mélanésien* [...] et tous mes rêves d'altérité radicale et d'utopie naturaliste en avaient été comblés »[18].

---

[18] « De l'autre côté du mythe. Entretien avec Alban Bensa », *Vacarme*, n° 44, 2008, p. 4-14.

Bensa analyse sans concession les théories aux relents essentialistes et évolutionnistes de Leenhardt à propos des Mélanésiens, et fustige en particulier son autorité académique parce qu'apostolique. Dans un entretien avec le sociologue Pierre Bourdieu, il décrit le discours du missionnaire-ethnologue comme ponctué de « termes vernaculaires dont il se veut le seul à connaître le vrai sens ; sens qui précisément serait intraduisible »[19]. Le missionnaire serait l'artisan d'une vision fantasmée de « l'altérité indigène », contribuant à forger l'image romantique et naïve du Kanak mystique révélé à lui-même par la religion, et que Bensa résume ainsi :

> « Leenhardt voit les Canaques[sic] comme des païens que leurs aptitudes originelles prédisposent à recevoir le Christ, c'est-à-dire à passer du dieu caché au dieu révélé, comme ils passent de la tradition à la modernité. Le message évangélique doit permettre la cristallisation d'une latence, l'émergence hors de la gangue naturelle et divine d'une conscience distincte, libre ; les Canaques, agis par la nature, doivent émerger en tant que personne, comme conscience, libre de toute participation mystique. Cet évolutionnisme théologique prend appui pour l'ethnologie chez Lévy-Bruhl, pour la théologie chez Bultman ou Teilhard »[20].

Cet échange entre les deux intellectuels (fig. 20) pose clairement les bases d'une critique de l'ethnologie missionnaire, en rappelant que le travail de Leenhardt s'inscrivait dans le milieu ethnologique français de l'entre-deux-guerres :

> « Les clichés [...] abondent au sujet des Canaques[sic]. Une symbolique mystico-naturaliste expliquerait tous leurs faits et gestes : l'igname sacrée, chair des ancêtres, le temps cyclique, la communion avec la nature dans un espace conçu comme le point de jonction entre les vivants et les morts, la parole, énoncé

---

[19] Alban Bensa et Pierre Bourdieu, « Quand les Canaques prennent la parole », *op.cit.*, p. 75.
[20] *Idem*, p. 70. L'orthographe « Canaque » du texte original a été reproduite ici. On remarque cet usage fréquent de l'orthographe coloniale et dépréciative dans les publications de l'époque (1975-1985), y compris sous la plume de chercheurs et d'intellectuels dont les positions politiques en faveur des colonisés ne font aucun doute. Cette orthographe serait inappropriée aujourd'hui, où le terme « Kanak » (invariable en genre et en nombre) a été constitutionnalisé.

mystérieux garant d'une transcendance, celle de la primitivité sans doute… »[21].

D'après Bensa, cet « évolutionnisme théologique »[22] serait la véritable signature du pasteur-ethnologue : il évoque ailleurs une « véritable théologie anthropologique », « visant à justifier son travail d'évangélisation »[23]. Bensa a ouvert la boîte de Pandore : dans son sillage, l'ouvrage *Do Kamo* a ensuite été assez unanimement critiqué par plusieurs chercheurs français, spécialistes de la Nouvelle-Calédonie, tous dénonçant une forme savante de colonialisme, au mieux de paternalisme, à la fois évolutionniste et essentialiste[24].

En pointant du doigt « l'ethnologie missionnaire » de Leenhardt, Bensa entend surtout dénoncer son « militantisme religieux, moral et politique »[25]. Ce « militantisme » apparaît en effet à Bensa comme un obstacle à la scientificité des propos de Leenhardt, d'autant plus qu'il se double d'une absence totale de réflexivité sur la manière dont le conditionnement moral, intellectuel, spirituel, et même affectif du missionnaire a modelé sa

---

[21] *Ibid.*, p. 71-72.
[22] *Ibid.*
[23] Alban Bensa, « Culture et politique : la société canaque face à l'indépendance », *Les Temps Modernes. Nouvelle-Calédonie : Pour l'indépendance*, n° 464, 1985, p. 1728 ; voir aussi Joël Dauphiné, « Les Kanaks dans le regard des savants (1860-1940) » dans Frédéric Angleviel (dir.), *Histoire de la Nouvelle-Calédonie. Approches croisées*, Paris, Les Indes Savantes, 2007, vol. 1, p. 78.
[24] Voir Michel Naepels, *Histoires de terres kanakes. Conflits fonciers et rapports sociaux dans la region de Houaïlou (Nouvelle-Calédonie)*, Paris, Belin, 1998, p. 73 ; Denis Monnerie, *La Parole de notre Maison. Discours et cérémonies kanak aujourd'hui (Nouvelle-Calédonie)*. Paris, CNRS Éditions-Éditions de la MSH, 2005, p. 48 ; Eric Wittersheim, *Des sociétés dans l'État. Anthropologie et situations postcoloniales en Mélanésie*. La Courneuve, Aux lieux d'être, 2006, p. 41-44 ; Frédéric Rognon, « Le sujet dans la religion kanak », *art.cit*, p. 5-6. *A contrario*, la critique anglo-saxonne retiendra surtout certains aspects narratifs assez inédits du travail ethnographique de Leenhardt, en particulier les écrits que ses élèves produiront, en langue ajië, à sa demande (Bronwen Douglas, « "Written on the Ground" : Spatial Symbolism, Cultural Categories and Historical Process in New Caledonia », *The Journal of the Polynesian Society*, n° 91, 1982, p. 383-415 ; James Clifford, *Person and Myth, op.cit*).
[25] Alban Bensa et Pierre Bourdieu, « Quand les Canaques », *op.cit.*, p. 69-70 ; Frédéric Rognon, *Maurice Leenhardt, op.cit.*, p. 170.

perception du monde social kanak et façonné les représentations qu'il a restituées ensuite[26].

Bensa engage ici une forme d'objectivation des conditions historiques et sociologiques dans lesquelles Leenhardt a pu produire un discours de portée ethnologique sur le monde kanak : il questionne, non seulement sa validité scientifique, mais également la manière dont ce discours est passé progressivement dans le sens commun populaire et savant. Il est tout à fait intéressant de noter que Bensa utilise un argument bourdieusien pour déconstruire et délégitimer l'autorité scientifique de Leenhardt, alors qu'il se montre moins intransigeant à l'égard de sa propre posture d'ethnologue et de militant politique pro-kanak[27] : son engagement dans une « fraternité militante » (expression qu'il emprunte à Leiris et Balandier), ne lui semble pas constituer un obstacle épistémologique à la production de savoirs ethnographiques « objectifs ».

Au final, la lecture critique produite par Bensa contribue surtout à la consolidation de son propre positionnement en tant que référence scientifique et autorité académique dans le champ des sciences sociales en général, et dans l'ethnologie du monde kanak en particulier (surtout pendant la période extrêmement politisée où le texte paraît) : le fait de contester la légitimité de Leenhardt au cours d'un entretien avec le sociologue Pierre Bourdieu (alors figure reconnue de l'intellectuel engagé et personnalité incontournable du champ des sciences sociales) confère à l'argument une caution scientifique qui transcende de surcroît les barrières disciplinaires. À eux deux, Bensa et Bourdieu incarnent une double légitimité intellectuelle, académique, et de terrain : l'un en tant que spécialiste du monde kanak et sympathisant de la lutte

---

[26] Voir aussi Alban Bensa, « Culture et politique », *op.cit.*, p. 1729.
[27] En effet, d'après Bourdieu, « l'objectivation du rapport subjectif à l'objet fait partie des conditions de l'objectivité ; la première des conditions de la scientificité de toute science sociale est qu'elle s'arme de la science de ses propres conditions sociales de possibilité » (« Sur l'objectivation participante. Réponse à quelques objections », *Actes de la recherche en sciences sociales*, vol. 23, 1978, p .68). La subtilité de Bourdieu consiste d'ailleurs à interroger Bensa sur la manière dont il se prémunit du risque de projeter sur la revendication kanak ses propres représentations idéologiques et politiques : « Est-ce que vous ne risquez pas de devenir le Sciences-Po des Canaques ? », lance ainsi le sociologue à l'anthropologue (« Quand les Canaques », *op.cit.*, p. 78).

indépendantiste, l'autre pour ses prises de parole et sa théorisation des rapports de domination et des processus de reproduction sociale par lesquels les dominés intériorisent leur position et leur subordination aux dominants.

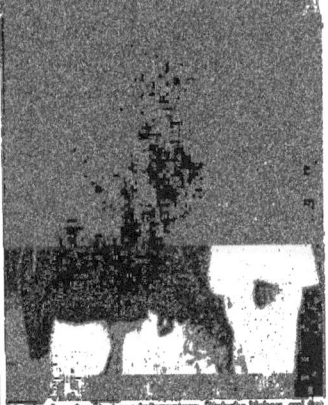

Figure 20. L'article (1985) s'intitule : « Quand les Canaques prennent la parole. Entretien avec Alban Bensa ». L'ethnologue y brosse une critique acerbe de « l'ethnologie missionnaire ».

Les fondements épistémologiques d'une autre ethnologie « en pays kanak »

La rupture épistémologique avec l'ethnologie paternaliste de Leenhardt est formulée plus nettement encore dans une interview accordée par Alban Bensa à la revue *Vacarme* en 2008. Rétrospectivement, « l'ethnologie en marche » ou la « recherche-action » revendiquées par Bensa et léguées aux générations d'ethnologues qui ont suivi ses enseignements, trouvent une justification quasi ontologique dans le fait que le monde kanak était en train de changer, obligeant du même coup ses observateurs scientifiques à renverser les paradigmes existants et les méthodologies de leurs prédécesseurs :

> « Cette société qui se soulevait, ces individus qui s'inventaient un avenir, cette identité qui se redessinait collectivement n'avaient rien à voir avec le Kanak éternel décrit par l'anthropologie classique — celle d'un Maurice Leenhardt par exemple —, figé dans ses rites, ses mythes, sa culture, coupé d'une modernité dont il serait le Grand Autre, au côté des Bororos ou des Baruyas. Il a donc fallu inventer une autre anthropologie, à même de rendre justice aux groupes qu'elle observe quand ceux-ci cherchent à infléchir leur destin.
>
> [...]
>
> La contestation radicale de la colonisation française en Nouvelle-Calédonie par les Kanaks m'a permis de ressaisir [...] la question du politique en acte là où peut-être on s'y attendait le moins. Les Kanaks occupaient en effet, dans l'imaginaire ethnologique français, le statut d'archi-primitifs, montrés à l'exposition coloniale de 1931 et présentés par le missionnaire protestant Maurice Leenhardt comme une quintessence de l'archaïsme mental »[28].

Chemin faisant, Bensa parvient à s'imposer comme le porte-parole d'une ethnologie renouvelée, pertinente parce qu'engagée, qui assume le fait d'avoir choisi son camp au moment des « Événements » qui frappent et endeuillent la Nouvelle-Calédonie. Sa « recherche-action » est d'abord et

---

[28] « De l'autre côté du mythe. Entretien avec Alban Bensa », *Vacarme*, 2008, n° 44, p. 4-14.

surtout une posture militante ; elle s'inscrit *de facto* dans un contexte idéologique et politique bien particulier qui est celui des mouvements de libération des peuples colonisés. Un peu comme l'ethnologie de Leenhardt s'était jadis inscrite en contrepoint du contexte colonial, religieux et scientifique qui était le sien...

Toutes ces attaques en règle contre Leenhardt ont apparemment conduit Jean Guiart – qui n'a jamais cessé d'idéaliser celui qu'il désignât jusqu'à la fin comme son « maître » – à publier une série de diatribes directement dirigées contre Alban Bensa. Avec un style et une verve qui n'appartiennent qu'à lui, Guiart prend notamment la parole en 2002 dans la revue *Mwà Véé* consacrée au centenaire de l'arrivée du missionnaire-ethnologue : il y récuse catégoriquement le terme d'« ethnologie missionnaire » avancé par Bensa, et fait le panégyrique de l'ethnologie leenhardtienne, qu'il décrit comme une brèche humaniste dans l'idéologie coloniale de l'époque :

> « Il y a eu effectivement des méthodistes en milieu aborigène, mais l'ethnologie de Monsieur Leenhardt était une ethnologie libératrice. Elle a servi à mettre les Kanak sur la carte du monde au point de vue conceptuel et a permis de les présenter comme autre chose qu'un peuple primitif, même si Monsieur Leenhardt lui-même utilisait parfois ce terme parce qu'il était impossible à cette époque de se faire comprendre autrement à Paris ».[29]

Ailleurs, Guiart n'a pas de mots assez durs pour qualifier l'attitude de Bensa, dont il dirigea pourtant la thèse, et qu'il accueillit dans ses séminaires d'ethnologie (ce qui aurait dû apparemment inscrire *de facto* l'élève dans une filiation sans équivoque avec son mandarin). Dans un ouvrage entièrement consacré à dresser le portrait idéalisé – ou *a minima* très indulgent – de Maurice Leenhardt, plusieurs passages visent à discréditer celui qui, finalement, a osé tuer symboliquement le père de l'ethnologie du monde kanak :

> « Ces pages [...] veulent répondre [...] aux attaques constantes d'Alban Bensa contre Maurice Leenhardt. Lesquelles attaques

---

[29] « Maurice Leenhardt 100 ans plus tard » (entretien avec Jean Guiart), *Mwà Véé*, n° 38, 2002, ADCK.

marquent bien peu de reconnaissance envers celui qui a montré la voie, a recueilli plus de matériaux et d'informations que Bensa n'en obtiendra jamais, et qui a formé les gens qui ont reçu Bensa parce que l'ethnologie avait acquis, grâce à Leenhardt, une réputation favorable en milieu canaque. Ces attaques servent de paravent au fait de plus en plus évident que Bensa, n'innovant en rien par rapport aux méthodes de Leenhardt, qui était dans une position bien plus favorable que lui, aboutit à dire les mêmes choses en le cachant sous un vocabulaire abscons et dans une formulation trop souvent pseudo-scientifique ».

« Traiter tout cela d'ethnologie missionnaire, comme le fait Alban Bensa, n'est pas acceptable. Vaut-il mieux une ethnologie coloniale, ou encore une ethnologie colorée par le parisianisme ? [...] Maurice Leenhardt nous a laissé plus de données d'une plus grande qualité que ne le feront jamais ses critiques. D'autant que si Bensa a pu travailler, là où il l'a fait, comme nous d'ailleurs, il le doit à ce que le terrain avait été préparé par Maurice Leenhardt. Il a travaillé d'ailleurs avec des élèves de ce dernier, à qui il n'a certainement pas soumis les critiques violentes de celui qui lui avait ouvert la voie »[30].

Et il conclut : « Une des raisons de l'incompréhensible acrimonie d'Alban Bensa contre Maurice Leenhardt, est une volonté évidente de cacher qu'il n'a pas grand-chose à dire de plus »[31]. Dans le monde selon Guiart, tout se passe alors comme si les commentateurs des écrits de Leenhardt se rangeaient dans l'un ou l'autre « camp ». Naepels, qui fut l'élève de Bensa et l'auteur d'une nouvelle monographie sur la région de Houaïlou, se voit ainsi gratifié de pas moins de quarante pages de commentaire peu amène pour son ouvrage *En terres kanakes*, tiré de sa thèse et publié en 1998[32].

---

[30] Pour ces deux extraits : Jean Guiart, *Maurice Leenhardt, le lien d'un homme avec un peuple qui ne voulait pas mourir*, Nouméa, Le-Rocher-à-la-Voile [1997], éd. 2007, p. 144-145 et 117-118.
[31] *Idem*, p. 140.
[32] *Ibid.*, p. 147-188. Plus largement, Jean Guiart a consacré une part importante de son énergie à discréditer, entre autres, la quasi-totalité des chercheurs en sciences sociales ayant travaillé sur la Nouvelle-Calédonie. Voir sur ce point la compilation de Frédéric Angleviel, *Historiographie de la Nouvelle-Calédonie ou l'émergence tardive de deux écoles historiques antipodéennes*, Paris, Publibook, 2003, p. 100-110.

En 2007, un ouvrage collectif dirigé par Michel Naepels et Christine Salomon paraît aux Éditions de l'EHESS. Le livre réunit une série de textes qui, sous couvert d'interroger « la relation entre colonisation, mission et problématisation anthropologique »[33], replacent l'œuvre de Leenhardt « dans son paradigme théorique propre (à la jonction de l'évolutionnisme et du différentialisme) ». Les auteurs sont tous plus ou moins affiliés ou en sympathie avec Bensa et, exception faite de Mokaddem, ils n'ont aucun enjeu professionnel en Nouvelle-Calédonie (où ils ne résident pas). L'ouvrage que Naepels et Salomon codirigent concède à Leenhardt une position de « réformiste colonial, ce qui ne revient pas à en faire un précurseur de l'anticolonialisme »[34]. Et de fait, certaines contributions ramènent le pasteur-ethnologue au rôle de « savant colonial »[35], ou soutiennent que « Leenhardt partage avec ses contemporains la phobie du déclassement, du déracinement, de l'émergence d'une caste indigène instruite qui échapperait à tout contrôle »[36]. Leur relecture du missionnaire-ethnologue se fait d'autant plus critique qu'elle doit nourrir une réflexion plus large sur l'anthropologie des savoirs ethnographiques en situation coloniale[37].

Même l'éclairage ethnographique si particulier chez Leenhardt, qui consistait à demander à ses élèves de rédiger des récits mythiques dans leur langue maternelle – et que James Clifford avait relevé comme une innovation méthodologique – devient ici particulièrement suspect et polémique, au motif que

---

[33] Michel Naepels et Christine Salomon (éd.), *Terrains et destins, op.cit.*, p. 11.
[34] *Idem*, p. 13.
[35] Benoît de l'Estoile, « Une politique de l'âme. Ethnologie et humanisme colonial », *idem*, p. 40 et 43.
[36] Marie Pineau-Salaün, « Pédagogie missionnaire, pédagogie coloniale (Do Neva, 1903-1926) », *idem*, p. 132.
[37] Voir le séminaire proposé à l'EHESS en 2013 qui « entend revenir de manière dépassionnée sur les rapports entre anthropologie et colonisation » (https://colonialcorpus.hypotheses.org/2127) et les publications thématiques du Lahic dans les Carnets du Bérose (http://www.berose.fr/?Ethnologues-en-situations-coloniales).

Leenhardt s'est réapproprié, en les paraphrasant, les écrits ethnographiques d'autrui[38].

Quant à Frédéric Rognon, pasteur et professeur de philosophie des religions, il étudie depuis plus de trente-cinq ans l'influence de la religion sur les sociétés océaniennes. Au moment où paraît l'ouvrage de Naepels et Salomon, lui-même s'inscrit peu ou prou dans une analyse critique comparable à celle de ses homologues ethnologues ou historiens[39]. Dix ans plus tard, on peut cependant noter que l'auteur tient à se dissocier nettement de l'ouvrage dirigé par Naepels et Salomon, qu'il considère comme un « procès à charge » contre Leenhardt. Il n'y voit rien de moins qu'une ethnologie « anti-missionnaire, hermétique à toute dimension religieuse, tant dans la culture traditionnelle que dans l'interaction avec l'univers colonial, renouant ainsi avec le positivisme des années 1950 et 1960 »[40]. Rognon, qui décrit désormais Leenhardt comme un utopiste du vivre ensemble calédonien, sorte de militant avant l'heure du « destin commun », propose un bilan beaucoup plus mesuré de l'œuvre du missionnaire-ethnologue, non sans en énoncer les limites :

> « Ethnologue, quoique missionnaire. En effet, l'ethnologie missionnaire ne va pas de soi. Elle signifie que le missionnaire Maurice Leenhardt était ethnologue avec toute la sensibilité à des éléments très subtils de la culture locale que son expérience apostolique lui avait conférée ; mais aussi avec tous les présupposés que son statut de missionnaire sous-entendait, et qui ne pouvaient que faire obstruction à une approche scientifique »[41].

Et de conclure : « Maurice Leenhardt n'est certainement pas un auteur anticolonial : il reste un homme de son temps ». La lecture rétrospective d'une saillance historique, qu'elle soit missionnaire ou scientifique, est toujours aussi une volonté d'interpréter le passé à la lumière des enjeux du présent. De fait, le contexte colonial dans lequel s'inscrit le destin de Maurice

---

[38] Michel Naepels « Les pratiques ethnographiques de Maurice Leenhardt » dans *Terrains et destins, op.cit.*, p. 108.
[39] Frédéric Rognon, « Le sujet dans la religion kanak », *art.cit.*, p. 5-6.
[40] Frédéric Rognon, *Maurice Leenhardt, op.cit.*, p. 172.
[41] *Idem*, p. 9.

Leenhardt n'offrait guère les conditions idéologiques, sociales et politiques favorables à l'émergence d'un discours exclusivement anticolonial ou pro-kanak. De la même manière, et même si Leenhardt l'eût voulu, l'image glorifiante, comme en surplomb, du missionnaire en Nouvelle-Calédonie rendait difficilement concevable une acculturation « en sens inverse », dans laquelle « le Blanc » aurait été en mesure de se débarrasser entièrement de tous les préjugés raciaux évolutionnistes qui l'autorisaient, comme ses contemporains, à deviser candidement sur le degré de « primitivité » des « naturels » issus de tel ou tel peuple colonisé[42].

Endogène ou exogène ? Enjeux identitaires, académiques et épistémologiques d'une critique de Maurice Leenhardt

Il importe de souligner que les représentants métropolitains de la recherche en sciences sociales incarnent une autorité scientifique exogène qui a longtemps détenu le monopole du discours académique légitime : ils entretiennent depuis Bensa une distance très critique avec l'héritage de Leenhardt, « afin de ne pas le constituer en autorité morale et scientifique, ni de lui faire jouer un rôle de légitimation mais plutôt de le considérer comme un jalon dans l'histoire de l'anthropologie et de la Nouvelle-Calédonie »[43].

Cette « épistémologie exogène », qu'elle fût ou non pavée de bonnes intentions, tranche nettement avec l'autre discours, endogène celui-là, sur Maurice Leenhardt, et plus particulièrement celui des penseurs kanak ; plus largement, le champ religieux et intellectuel local – pas seulement protestant, mais aussi catholique ou laïc – porte un regard globalement beaucoup plus mesuré (d'aucuns diraient indulgent) à l'égard du missionnaire-ethnologue.

---

[42] Voir Pierre Lambert, *Mœurs et superstitions des Néo-calédoniens* [1900], Nouméa, Société d'études historiques de Nouvelle-Calédonie, n°14, 1976.
[43] Michel Naepels et Christine Salomon (éd.), *Terrains et destins, op.cit.*, p. 19.

J'inclus volontiers dans cette pensée endogène le point de vue de l'ethnographe et anthropologue Patrice Godin, qui a su dresser un « bilan scientifique » dépassionné de Maurice Leenhardt[44]. Ce dernier reconnaît d'autant plus volontiers la qualité des recueils ethnographiques proposés par Leenhardt que ces écrits, rédigés en langue kanak, sont en fait ceux que les catéchistes du missionnaire avaient soigneusement consignés dans leurs cahiers :

> « Au fil de mes lectures et relectures, j'ai été de plus en plus sensible au fait que Leenhardt ait su, avant beaucoup d'autres, ne pas séparer l'étude d'une société de celle d'une pensée, et l'étude d'une pensée de celle de la langue qui la porte ; au fait également que, dans un contexte colonial, il ait été capable de faire des hommes avec lesquels il travaillait, beaucoup plus que des informateurs, des collaborateurs à part entière du travail ethnographique.
>
> [...]
>
> Il faut relire ensemble et pas séparément comme on le fait trop commodément, le triptyque formé par *Notes d'ethnologie néo-calédonienne* (1930), *Documents néo-calédoniens* (1932) et *Vocabulaire et Grammaire de la langue de Houaïlou* (1935) pour se rendre compte de l'originalité des méthodes d'investigation de Leenhardt : sans doute la première véritable tentative d'approche compréhensive d'une société jamais menée en anthropologie »[45].

Dans une autre intervention, dédiée cette fois à une réflexion sur la symbolique de l'art kanak traditionnel, Godin critique assez sobrement le prisme évolutionniste avec lequel Leenhardt a appréhendé l'esthétique et la symbolique des sculptures kanak traditionnelles[46]. Surtout, l'ethnologue se prend à rêver d'une nouvelle épistémologie « décolonisée », qui libérerait

---

[44] « Maurice Leenhardt (1878-1954) : bilan scientifique ». Conférence du 4 décembre 2014 au Centre Culturel Tjibaou, Nouméa. Pour une critique récente de Leenhardt par Godin, on se reportera à sa communication au colloque de 2019 sur https://unc.nc/colloque-maurice-leenhardt-contexte-et-heritage/.

[45] Patrice Godin, « Le paradoxe de l'ethnologue », *Mwà Véé*, n° 38, 2002, ADCK, p.16.

[46] Patrice Godin, « Le sens des formes », *Mwà Véé*, n° 86, 2015, ADCK, p. 61-62.

l'expression de la pensée autochtone. Il précise en effet en conclusion de sa conférence de 2014 : « Ce sera plutôt aux anthropologues kanak de faire le bilan », tant il est vrai que, jusqu'à présent, les lectures critiques de Leenhardt proviennent pour l'essentiel de chercheurs et d'auteurs non-kanak...

J'ai souligné ailleurs la manière dont les représentations de l'ethnologie missionnaire se sont trouvées progressivement réappropriées par les Kanak eux-mêmes[47]. Pour reprendre les mots de Frédéric Rognon, le *Do Kamo* de Maurice Leenhardt, c'est un peu « l'image d'eux-mêmes que M. Leenhardt a léguée aux Kanak, qu'ils ont intériorisée et qu'ils présentent aujourd'hui aux étrangers comme le fondement de leur identité »[48]. Plus largement, avec la prise en charge pleinement assumée de l'héritage conceptuel missionnaire par les Kanak, et la prégnance des valeurs chrétiennes qui ponctuent le discours autochtone et font désormais partie du « socle commun des valeurs fondamentales » (Sénat coutumier 2014), il est devenu difficile de contester cet axiome de l'identité kanak, culturaliste souvent, essentialiste parfois, sans offenser ou porter atteinte à la légitimité de ceux qui s'en réclament.

Dans le jeu scénique présenté au festival *Mélanésia 2000*, trois « marionnettes » montées sur des échasses symbolisaient l'entrée en scène fracassante et autoritaire du marchand, du missionnaire et du gendarme (fig. 21). L'anecdote qui suit, relatée par Jean-Marie Tjibaou, est tout à fait révélatrice du « conditionnement religieux » (l'expression est de Fote Trolue) qui touche l'ensemble du monde kanak : « la discussion a porté sur le fait qu'il y a des anciens, des vieux catholiques ou protestants, qui risquaient d'être choqués par une représentation un peu carnavalesque du missionnaire »[49]. Cette réticence à « carnavaliser » le représentant de l'Église et à le tourner en

---

[47] Caroline Graille, *Des militants aux professionnels de la culture. Les représentations de l'identité kanak en Nouvelle-Calédonie (1975-2015)*, thèse de doctorat, Université Paul-Valéry Montpellier III, 2015, p. 195 et suivantes.
[48] Frédéric Rognon, « Le sujet dans la religion kanak », *art.cit.*, p. 6.
[49] Jean-Marie Tjibaou et Michel Degorce-Dumas, « Le point de vue de Jean-Marie Tjibaou président et organisateur du festival », *Journal de la Société des Océanistes*, n° 100-101, 1995, p. 113. Voir aussi Philippe Missotte, « Le Festival Mélanésia 2000 », *op.cit.*, p. 91.

ridicule, même le temps d'une « fête populaire », témoigne une fois encore, si besoin était, de l'imbrication très étroite – et même, pourrait-on dire, quasiment indifférenciée – dans la conscience des populations locales, entre l'autorité morale de la coutume et celle de la religion.

Figure 21. La grande marionnette du « missi » au milieu des soldats, lors du jeu scénique Téa Kanaké présenté au festival Mélanésia 2000 en 1975 (image BP37 8-09 © ADCK-CCT).

Conclusion

Comme en 1975, et partout en terre kanak, Maurice Leenhardt continue d'incarner la figure du missionnaire (et, avec lui, de toute l'histoire de l'acculturation par la conversion au christianisme) qui doit conserver une forme respectable d'autorité morale. Les intellectuels kanak rechignent d'autant plus à démythifier la personnalité et l'œuvre de Leenhardt qu'il fut aussi, comme on le sait, « le fondateur du protestantisme scolaire ».

Emmanuel Tjibaou, fils du *leader* disparu et actuel directeur de l'ADCK, ne cache pas une forme d'étonnement devant l'acrimonie des ethnologues à l'égard de Maurice Leenhardt : « Sans doute avaient-ils besoin de tuer le père ? », suggère-t-il, perplexe[50]. Parmi cette même génération d'intellectuels kanak, on pourrait également citer l'universitaire Umberto Cugola, docteur en géographie, dont la critique à l'égard du missionnaire reste pour le moins contenue :

> « On retrouve chez Maurice Leenhardt (1947) la conception selon laquelle le monde du rêve n'était pas distinct du monde réel chez les Kanak [...]. À mon humble avis, les rapports que les Kanak entretenaient avec leurs rêves devaient être bien plus subtils »[51].

La simple composition ethnique du panel de chercheurs ayant pris la parole lors du colloque de 2019 consacré au pasteur-ethnologue en dit long aussi, sans doute, sur une tendance kanak à l'autocensure et à la mise en retrait dès lors qu'il s'agit de déconstruire publiquement le bilan scientifique de « Missi Leenhardt ». Au point qu'il semble possible de faire l'hypothèse d'une forme d'épistémologie autochtone qui sacralise ou sanctuarise celui qui, pour les Kanak, restera éternellement et avant tout le Leenhardt missionnaire, éloigné de tout enjeu de nature académique[52] : « Tous les vieux disent de Maurice Leenhardt que c'est un grand-père pour eux. On parle de lui comme on parle d'un chef, avec le même respect. Il pouvait demander beaucoup aux gens parce qu'il donnait beaucoup »[53].

Comme le résume très justement Rognon, Leenhardt est devenu « en quelque sorte, un ancêtre ! »[54] : il évoque en effet un esprit toujours bien présent et bienveillant, un de ces « vieux » que l'on ne saurait critiquer ou calomnier sans se renier soi-même, et vis-à-vis duquel on préférera toujours faire

---

[50] Entretien avec Emmanuel Tjibaou, Nouméa, avril 2014.
[51] Umberto Cugola, *Les contradictions culturelles du développement. La tribu de La Conception à Nouméa, Nouvelle-Calédonie*, thèse de doctorat en sciences sociales (Études rurales, mention développement), Université de Toulouse Le Mirail, 2009, p. 27.
[52] Lors de ma communication (septembre 2019), j'avais effectivement parlé d'épistémologie « autochtone », terme que j'ai conservé pour la rédaction du présent texte. Néanmoins, aujourd'hui, au terme d'une nouvelle étape dans mon travail de recherche, je propose la notion d'*épistémologie endémique*, dont je définirai ailleurs les nuances et les enjeux.
[53] « Maurice Leenhardt 100 ans plus tard », *op.cit.*, p. 6.
[54] Frédéric Rognon, *Maurice Leenhardt, art.cit.*, p. 156.

montre d'humilité et de respect, laissant à d'autres le soin de débattre de l'ambivalence de son « humanisme colonial » ou de la « subjectivité missionnaire » de ses écrits.

LES « FONDS LEEHNARDT » AUX ARCHIVES DE LA NOUVELLE-CALÉDONIE

Ismet KURTOVITCH

Les fonds Leenhardt

Depuis 1995, le service des archives de la Nouvelle-Calédonie conserve et communique ce que nous appellerons ici les Archives Leenhardt. Ce sont des archives missionnaires. Cet ensemble n'émane pas que de Maurice Leenhardt mais aussi de deux de ses enfants, Raymond et Roselène, et d'un collectif de lettrés, auteurs et informateurs kanak, lesquels sont trop nombreux pour être tous mentionnés ici.

La liste des fonds composant cet ensemble d'archives est la suivante :
- 12 J : Fonds Maurice et Raymond Leenhardt.
- 21 J : Fonds Roselène Dousset-Leenhardt.
- 1J 12 : Papiers de Maurice Leenhardt sur la révolte de 1917.

D'autres fonds participent à cet ensemble parce qu'ils contiennent des écrits de, ou collectés ou suscités par, Leenhardt :
- 109 W 248. 4. Dossier sur la mission de Maurice Leenhardt aux ex-Nouvelles-Hébrides (Vanuatu), 1938-1939.
- 1J 28. Fonds Jean Guiart, pour le très original et unique recensement de la population kanak de Houaïlou effectué par Leenhardt et Boessou Euridizi en 1918.

De même, sont conservés aux Archives nationales d'Outre-Mer (ANOM) deux fonds donnés par Geneviève Leenhardt et

portant les cotes : 54 APOM et 38 APC. Sur le site des ANOM le contenu de ces fonds est résumé ainsi :

> « On trouve dans le fonds de la correspondance, des carnets de tournée, des documents en houaïlou, quelques autres concernant les Canaques et leurs pasteurs, des notes relatives à la participation de Canaques à l'exposition coloniale de 1931. » (…) Il s'agit de correspondance et de rapports de la gendarmerie de Touho (*Nouvelle-Calédonie*) relatifs au chef Amane »[1].

Bien entendu, cette liste n'est pas exhaustive, nous pouvons par exemple songer aux envois qu'a pu faire Leenhardt aux autorités centrales de la Mission protestante à Paris ou ailleurs et que l'on retrouve, entre autres, dans les archives du Service des missions protestantes françaises, boulevard Arago à Paris. Signalons également celles ou ceux qui n'ont pas rapporté les documents empruntés lors d'une visite rue Claude Bernard à Paris, au domicile de la famille Leenhardt…

Organisation du fonds Leenhardt (ANC, 12 J)

Les archives de M. Leenhardt évoquées ici n'ont pas été arrangées après utilisation par leur créateur, ni classées pour la postérité, ni triées pour retenir telle ou telle information particulière. Ce sont les papiers collectés tels qu'ils étaient disposés par leurs différents utilisateurs, çà et là, aux domiciles parisiens de Maurice Leenhnardt et Roselène Dousset-Leenhardt, rue Claude Bernard (résidence de Maurice) ou rue Monsieur le Prince (résidence de Roselène).

Nous les avons répertoriés – uniquement le 12 J, le fonds de loin le plus important – en reprenant les intitulés des thèmes, sous-thèmes ou nom d'auteurs qui figurent sur les chemises, boîtes, cartons ou liasses. Tout juste les avons-nous organisés en grandes rubriques classiques ou propres à l'histoire de notre pays. C'est-à-dire que nous avons répertorié les dossiers et

---

[1] Site des Archives Nationales d'Outre-Mer (ANOM) : « État des fonds », puis « Archives privées », puis « Archives privées Outre-Mer ». Voir l'ouvrage général d'Isabelle Dion, *Les ANOM, mode d'emploi*, Paris, Archives & Culture, 2021.

sous-dossiers sous un intitulé qui en rend compte ou les catégorise dans un petit tout, qui leur donne un sens ajouté classique ou spécifique, par exemple : la révolte kanak de 1917, la linguistique, le recensement de la population kanak, l'histoire de l'Église ; s'y ajoutent bien sûr les catégories comme correspondances, publications, dossiers divers, etc.

Autrement dit, le classement des archives Leenhardt épouse l'œuvre du pasteur mais également le travail de ceux qui les ont manipulées, transcrites, traduites, dactylographiées, réutilisées pour des projets professionnels différents, et ce pendant presque quatre-vingts ans, entre 1920 et 2000. Au total, ce sont les papiers de Maurice Leenhardt tels que lui, son fils Raymond ou sa fille Roselène (portion du 21 J concernant la correspondance entre Maurice et Jeanne Leenhardt), sa femme Jeanne et sa sœur Stella les ont produits, reproduits aussi parfois, utilisés ou simplement rangés. D'autres chercheurs ont pu avoir accès à ces documents et modifier leur classement initial avant restitution.

Le contenu du fonds Leenhardt

Que documentent les archives de Maurice Leenhardt ? Je traite des papiers de Leenhardt, mais il faut savoir que la vie et l'œuvre intellectuelle de Raymond et Roselène Leenhardt sont abondamment documentées dans les fonds que j'ai mentionnés, comme d'autres sujets d'ailleurs. Citons par exemple, dans le 12 J, une portion d'archives publiques dites du gouverneur Feillet ou le journal de Madame Crosnier de Varigny entre 1856 et 1857, laquelle rapporte notamment des faits et gestes à la cour du roi de Hawaï Kamehameha V.

Admettons maintenant qu'une biographie historique de Maurice Leenhardt en Nouvelle-Calédonie soit mise en chantier ; le chercheur aura à disposition : sa correspondance privée et professionnelle, ses carnets de route personnels et ses carnets de tournée pastorale, ses agendas, son journal (autographe et transcrit et dactylographié ensuite sans doute par Jeanne et Stella, puis en partie par Raymond, ou ensemble) et d'innombrables notes éparses. Tous ces éléments sont très volumineux et « copieux » : il s'agit de plusieurs centaines de pages manuscrites et/ou dactylographiées, qui permettront à un biographe de reconstituer presqu'au mois le mois l'activité et même les réflexions au fil de l'eau de Leenhardt au cours de ses séjours calédoniens (cinq au total entre 1902 et 1946).

Admettons que ce travail biographique souhaite mettre plus l'accent sur telle ou telle dimension de la vie et de l'œuvre de Maurice Leenhardt. Notre biographe pourra se documenter naturellement à son propos comme enseignant et chercheur grâce aux tapuscrits de ses conférences, à ses notes de travail, de cours et dossiers de préparation de cours, sans oublier les trois cartons d'archives d'une de ses élèves, Nathalie Alexeieff, portant sur les notes, cahiers et synthèses des cours de Leenhardt entre 1940 et 1944.

Son activité pastorale est celle qui est la plus documentée et même très en amont puisque Leenhardt s'est occupé de collecter des informations sur l'arrivée du protestantisme en Nouvelle-Calédonie, notamment du point de vue des lettrés kanak dont il conserve les écrits. Toute l'activité pastorale de la mission protestante pendant ses deux premiers séjours (1902-1920) en Nouvelle-Calédonie est documentée en détail par des textes officiels, professionnels et privés à savoir un journal quotidien détaillé et des lettres familiales qui le sont tout autant.

Le travail du pasteur comme linguiste et collecteur d'informations grammaticales et lexicologiques sur les langues de l'archipel et des ex-Nouvelles-Hébrides (Vanuatu) est également documenté en détail par des notes accompagnant des traductions, des listes de vocabulaire, des grammaires, des questionnaires linguistiques informés, des notes de cours.

Des projets ponctuels, des centres d'intérêts ou épisodes particuliers de son activité font l'objet de documentation distincte par exemples : la Croix Bleue ; l'Institut Français en Océanie ; la création et administration de la revue *Le Monde Non Chrétien* ; les correspondances adressées par les Natas loyaltiens au pasteur François Langereau à la fin du XIXe siècle.

Les documents figurés ne sont pas absents. Maurice Leenhardt a en effet pris beaucoup de photographies lors de ses séjours. Il a aussi composé en 1938-1939 un album photographique remarquable qui se présente comme un reportage documentaire renseigné sur toute sa mission ethnographique sur la Grande-Terre, aux Iles Loyauté, aux ex-Nouvelles-Hébrides (Vanuatu) et même à Wallis et Futuna : lieux, œuvres d'art, scènes de la vie quotidienne, ou personnages sont sélectionnés et montrés avec rigueur. L'album est consultable au service des Archives de la Nouvelle-Calédonie avec le cahier portant ses légendes autographes.

Les archives kanak dans le fonds Leenhardt

Il y a dans les papiers Leenhardt, ceux de Maurice comme ceux de Raymond, des archives que je qualifie de façon un peu générique de « Kanak ».

Il est banal dans un fonds missionnaire de trouver des écrits autochtones qui sont d'emblée ou qui deviennent des « matériaux ethnographiques », ainsi que les qualifie l'anthropologue Michel Naepels dans son article paru en 2008[2] sur, notamment, le fonds Leenhardt. Ils sont produits par les fidèles, les auxiliaires, les élèves pasteurs, les pasteurs, les catéchistes... Toutefois, gardons à l'esprit que ces matériaux sont produits pour les nécessités de l'œuvre missionnaire dans toutes ses facettes et qu'à ce titre, ils doivent être contextualisés.

Néanmoins, dans ces papiers kanak, il y a autre chose et c'est pourquoi cette portion des archives Leenhardt vérifie, selon mon opinion, cette double qualification. En effet, une fois repérées les productions autochtones, disons « classiques » dans un fonds missionnaire, on y découvre des productions d'une autre nature, des productions d'auteurs proprement dites. Ce sous-ensemble est proprement extraordinaire. C'est particulièrement vrai pour les écrits kanak liés directement ou indirectement à Maurice Leenhardt.

Je propose donc de constater, chose remarquable, que nous avons dans ces fonds – le 12 J et 54 APOM – des créations littéraires et scientifiques produites par un certain nombre d'auteurs – une dizaine –, certes déclenchées par l'impulsion

---

[2] Michel Naepels, « Contextualiser les archives missionnaires : quelques remarques méthodologiques », in *Ateliers d'Anthropologie*, n° 32, mis en ligne le 21 août 2008. URL : http://journals.openedition.org/ateliers/1882.

initiale d'un missionnaire, mais qui semblent avoir été saisies par ces lettrés pour créer une œuvre propre[3]. Ils sont plus auteurs que sources. Ils sont historiens, sociologues, épistoliers, chroniqueurs, généalogistes, ethnologues, traducteurs, plus que simples pourvoyeurs d'informations. Parce que, comme l'affirme la linguiste Jacqueline de la Fontinelle : « Maurice Leenhardt considérait réellement les Kanak avec lesquels il travaillait comme des collègues et non simplement comme des informateurs »[4]. Voici quelques-uns de ces auteurs et leurs archives consultables :

- Boessou Euridizi : ethnologue, sociologue et traducteur du « Nouveau Testament ». Il est un des plus estimés collaborateurs de Maurice Leenhardt et sans doute le plus complet puisque ce dernier dit de son travail : « tout ce qui m'a été permis d'éclaircir dans l'obscurité des questions indigènes, je le dois à Boesou ». C'est peut-être celui dont on retrouve les œuvres dans les archives Leenhardt, qui a été le plus général dans l'ordre kanak. Son œuvre majeure comprend plus de dix cahiers autographes[5] ;
- Elaicha Nebayes : auteur de notes d'ethnologie sur l'aire Paici et d'une autobiographie remarquable. Dans plusieurs lettres adressées à Leenhardt, Elaisha relate son travail de linguiste chargé de collecter le vocabulaire de plusieurs langues de la Grande-Terre. Il rédige un petit dictionnaire des langues paici et a'jiië vers le français ;
- Acoma Nerhon : aumônier-infirmier du premier contingent des Tirailleurs du Pacifique en 1916, il écrit son autobiographie en 1966 et des dizaines d'articles pour le journal *ViRherhi* sur la campagne des Tirailleurs

---

[3] « Maurice Leenhardt cent ans plus tard », *Mwa Vee*, revue du Centre Culturel Tjibaou, 2008, n° 38.
[4] *Idem.*
[5] Certains cahiers ont été traduits, voir S. Aramiou, J. Euritein, *Pèci i Bwêêyöuu Ërijiyi. Cahiers de Boesou Eurijisi*, 1ère série, *1915-1920*, Houaïlou, Fédération de l'enseignement libre protestant, 2002, n° 7 ; *Pèci i Bwêêyöuu Ërijiyi. Cahiers de Boesoou Eurijisi*, 2nde série, *1918-1921*, Houaïlou, Fédération de l'enseignement libre protestant, 2003, n° 8.

kanak. On peut dire qu'il fut un chroniqueur de cette guerre.

Je voudrais mentionner trois historiens et chroniqueurs de la révolte kanak de 1917 :
- le Nata Tein Bai Gorowaô dans cinquante lettres adressées à Maurice Leenhardt avec un long récit de cette révolte ;
- Félix Nempoé dans un récit historique et poétique de huit cents vers (!) ;
- Baunyan Copiou Goropoadjelaï dans six cahiers où la révolte est racontée et son issue contextualisée dans une forme littéraire originale. L'anthropologue Alban Bensa a étudié cette œuvre dans son ouvrage sur 1917[6].

Sans doute convient-il de regarder les quatre premiers traducteurs du Nouveau Testament en a'jiïé comme de véritables créateurs d'une œuvre importante s'il en est : il s'agit de Joané Nigoth (il traduit seul depuis le faga uvéa en a'jiïé, l'évangile de Mathieu qui est imprimé en 1903), de Apou Pwacili Hmaé, de Moneosee Tooua et Boessou Euridzi. Leurs lettres sont conservées dans le fonds Leenhardt, mais leur œuvre de traducteurs constitue, en somme, un ouvrage collectif. Il y a encore dans le fonds Leenhardt plusieurs dizaines de cahiers portant des poèmes et récits manuscrits dont les auteurs n'ont toujours pas été identifiés.

Enfin, dernière interrogation, mais non la moindre : quel statut donner à tous ceux qui, sollicités par Maurice Leenhardt ou Raymond Leenhardt comme enseignants, ont, sachant cela, écrit ou raconté tant et tant de fables, récits historiques, discours protocolaires, oraisons funèbres, de telle sorte qu'il est, pour eux aussi, au moins pour les plus prolixes d'entre eux, impropre de les qualifier uniquement ou simplement d'informateurs ? Ils sont plusieurs dizaines d'auteurs, tous érudits de leur culture et capables d'écrire dans leur langue. Je note aussi que plusieurs

---

[6] Alban Bensa, Kacué Yvon Görömwêêdö, Adrian Muckle, *Les sanglots de l'aigle pêcheur – Nouvelle-Calédonie : la guerre kanak de 1917*, Toulouse, Anacharsis, 2015.

femmes correspondent avec Maurice et Jeanne Leenhardt, dont Laura Néa épouse du grand-chef des Poyes Kowi Bouillant, et Népéhninge, épouse du pasteur Apou Pwacili Hmaé. Elles écrivent en a'jiïé.

On peut regretter, litote, que la majorité des écrits kanak du Fonds Leenhardt soient encore inédits et non traduits.

INVENTAIRE DÉTAILLÉ DU FONDS « 12 J » DES ARCHIVES DE LA NOUVELLE-CALÉDONIE

Gwénael MURPHY

Présentation

Nous présentons, en complément des actes du colloque tenu à Nouméa en septembre 2019, un résumé des fonds d'archives déposés par les descendants de Maurice et Jeanne Leenhardt, et de leurs enfants Raymond et Geneviève. Ces documents, remis par portions entre 2001 et 2006 à la Nouvelle-Calédonie par Geneviève Leenhardt et ses fils, Olivier et André, composent le fonds 12 J, présenté par Ismet Kurtovitch (voir chapitre précédent). En outre, dix-neuf autres fonds conservés aux Archives de la Nouvelle-Calédonie (ANC) contiennent des documents concernant le pasteur Leenhardt. Ils sont mentionnés succinctement à la suite de l'inventaire des pièces du fonds 12 J. Nous ne pouvons entrer dans les détails concernant ce dernier, et conseillons au chercheur ou à l'érudit de se reporter au sommaire détaillé, rédigé par Ismet Kurtovitch en 2006 et 2013 et disponible dans la salle de lecture des ANC, qui compte 44 pages et dont nous avons strictement respecté ci-dessous l'ordre de classement et la nomenclature des rubriques. Par commodité, nous avons abrégé « Maurice Leenhardt » en « ML » et « Raymond Leenhardt » en « RL ».

La richesse de ce fonds est très importante. Il offre la possibilité de retracer non seulement des pans entiers de l'histoire religieuse et coloniale de la Nouvelle-Calédonie, mais aussi de retrouver nombre de documents inédits concernant des acteurs majeurs de cette période, et ainsi, bien entendu, de suivre son travail de linguistique.

FONDS 12 J : MAURICE ET RAYMOND LEENHARDT, 1856-2001

I. Sur Maurice Leenhardt.
1. Maurice Leenhardt. Renseignements personnels et sur l'œuvre, 1903-1918. Correspondances familiales et personnelles, attestation, notes, rapports (1894-1902). Pièce donnée au musée. Inventaire des archives de ML, consécration (1902), dossiers nécrologiques sur ML, collections de microfiches (lettres à son père ; 9 carnets de Nouvelle-Calédonie ; correspondance avec le pasteur Apou Hmae ; notes en Houaïlou, 1906-1917 ; journal manuscrit de Kapéa, 1841-1906 ; conférences pastorales tenues à Do Neva.
2. Agenda et emploi du temps de ML, 1902-1953 (manquent 1927-1933 ; 1935-1939 ; 1945 ; 1948).

II. Sur Raymond Leenhardt.
3. Renseignement personnels sur RL. Agendas, correspondances, dossier professionnel.

III. Manuscrits, tapuscrits et épreuves corrigées de Maurice et Raymond Leenhardt.
4. ML. 70 études, récits et articles, portant essentiellement sur les missions en Nouvelle-Calédonie, la religion et la spiritualité chez les Kanak, quelques récits satiriques ou métaphoriques, méditations, 1900-1953.
5. ML. Récits et discours, 1902-1949. Explication de la vocation de ML, narration de l'arrivée du couple en Nouvelle-Calédonie, études sur les sociétés kanak, carnets de notes.
6. ML. Études sur le masque et le mythe en Nouvelle-Calédonie, la perle, la monnaie, les femmes et la littérature mélanésiennes, récits et coupures de journaux (*La Dépêche Coloniale*), 1939-1952.
7. RL. 39 dossiers, articles et études sur les chefs mélanésiens (1901), les missions protestantes et notamment leur centenaire, les problèmes fonciers

(1969), évocation de la vie de Jeanne Leenhardt, 1901-1970.
8. RL. Dossier sur le chef Amane.
9. RL. Pièces diverses et non classées.
10. Index sur l'ensemble des écrits de ML concernant les principaux faits de l'histoire de la Nouvelle-Calédonie et des Eglises chrétiennes.
11. Autres auteurs (Durand, Millet, Lehec, Le Chartier, Ekollo, de Richemond, Spindler, Roumeguère, Kohler, Guiart, Teisserenc, Gorodey, Clifford, Dieterlen).
12. Autres auteurs (Guillaumin, Turpin de Morel, Guiart, Van Randwijck, Darcel, Boegner).
13. Autres auteurs (Cané, Blocher, Baubérot, Cornevin, Guiart, Roumeguère, Lenormand, Bourret, Parsonson, Dardelin, Luquet, Cooksey, Baccuet, Gusdorf, Bois).

IV. Conférences, cours, dossiers et notes de travail de Maurice Leenhardt, de Raymond Leenhardt et d'autres auteurs.

14. ML. Textes de cours et de conférences, 1899-1951. Sur la légitimité de la colonisation, la nécessité des missions, le totémisme, la rébellion de 1917, les mythes austronésiens, l'ethnologie en Nouvelle-Calédonie. Notes sur des ouvrages et des articles, revue de presse sur la « politique indigène » en Nouvelle-Calédonie et au Vanuatu.
15. RL. Dossier Pierre Gascher, notes et conférences sur les enfants et le protestantisme en Nouvelle-Calédonie.
16. RL. Dossier relatif à l'ouvrage *Au vent de la Grande Terre*.
17. RL. Dossiers, notes et lectures sur l'histoire de l'Océanie pour les élèves de l'INALCO.
18. RL. Dossier « Calédonie, « 1958-1972 ».
19. RL. Notes de lectures, cours rédigés, sujets d'examens sur la Nouvelle-Calédonie et la Polynésie française pour les élèves de l'INALCO.
20. RL. Dossier sur le protestantisme et la décolonisation.

21. Autres auteurs (Mauss, Van den Broeck d'Obrenau, Lanyon-Orgill, Haddon, de la Hautière, Mariotti, Kruger, Miller, Danon, Guiart, Paul-Emile Victor, Baudoux).

V. Journal de Maurice Leenhardt et correspondances familiales

22. Journal, 1902, 1903, 1910-1917. Cartes postales, lettres à ses parents.
23. Journal, 1906-1919 (manque 1909).
24. Jeanne Leenhardt. Lettres à ML et à ses enfants, 1921-1938.
25. Jeanne et ML. Correspondances familiales, 1902-1917.
26. ML. *Idem*, 1902-1919.
27. Jeanne Leenhardt. Lettres à sa famille, 1902-1948.
28. ML. Correspondances familiales, 1902-1934.
29. ML. *Idem*, 1917-1926 (avec Jeanne Leenhardt).
30. ML. *Idem*, 1906-1936 (avec Jeanne Leenhardt).
31. ML. *Idem*, 1892-1954 (avec Henry et Frantz Leenhardt).

VI. Correspondances et/ou documents adressés ou échangés avec Maurice Leenhardt par ses informateurs, élèves, paroissiens et pasteurs de la mission de l'Église protestante aux Îles Loyauté et en Nouvelle-Calédonie, 1902-1954.

32. Boesu Eurijisi. Transcription en ajië et traduction de ses notes d'ethnologie sur l'aire coutumière ajië, appelées « cahiers ».
33. Kapéa. Cahier de notes, lettres, noms, lexiques, récit sur la conversion de Kapéa, 1886-1957. Elaïcha Nadapérémâ Nebayes : lettres en ajië, 1917-1948, récits de vie, généalogie des clans de Canala, récit sur le cannibalisme à Bayes et Canala.
34. Apou et Népéhninge Hmae. Lettres en aijië, 1917-1952, notices biographiques.
35. Elia et Sindai Manarhë. Deux cahiers comportant des légendes et des généalogies de différentes chefferies de Houaïlou. Joane Nigoth, Calle Nigoth, Acoma Nerhon : lettres en ajië, 1909-1960. Joseph de Moméa, cahier de notes et de lettres, 1905-1906. Péoroi Rhai, cahier de

récits, chants en ajië. Séné, cahier comportant 26 légendes et discours en ajië, 1890-1969. Poindi Goa, cahier portant des récits en ajië. Sésil, 4 cahiers de légendes en ajië.
36. Dossier intitulé « cahiers des informateurs ».
37. Correspondances diverses, 1906-1933.
38. Correspondances diverses, 1917-1940. 141 lettres en langue avec traduction, ainsi que les lettres adressées à ML par ses informateurs, élèves et paroissiens, 1902-1954.

VII. Autres correspondances de Maurice Leenhardt, 1896-1956
39. Correspondances diverses, dont universitaires, 1896-1956.
40. Lettres de missionnaires de Nouvelle-Calédonie à ML, 1902-1954.
41. Correspondances avec Jean Blanquis, directeur de la Société des Missions Evangéliques de Paris, 1910-1931. Correspondances avec Daniel Couve, directeur adjoint, 1908-1939. Correspondances avec d'autres missionnaires hors Nouvelle-Calédonie, 1902-1956.

VIII. Correspondances familiales privées de Raymond et Geneviève Leenhardt, 1916-1990
42 à 46. Lettres diverses entre les membres de la famille, non communicables.

IX. Correspondances et documents adressés ou échangés entre Raymond Leenhardt et ses amis et interlocuteurs de Nouvelle-Calédonie, 1916-2001.
47 à 53. Correspondances avec le pasteur Charlemagne, James Clifford, Philippe de Miguel, dossiers divers, non communicables.

X. Autres correspondances de Raymond Leenhardt, 1925-1982.
54. Diverses lettres adressées et reçues par RL vers et de Nouvelle-Calédonie, non communicables.

XI. Séjour de Raymond et Geneviève Leenhardt en Nouvelle-Calédonie, mai à octobre 1958.
55. Relation du voyage, récits en langue, commentaire du film.
55 bis. Texte en langues mélanésiennes de la Nouvelle-Calédonie (sans détails).
56. Contes, récit, discours et témoignages recueillis en ajië d'Arab, Sindaï Manarheu, Elia Manarhë, Philippe Teye.
57. *Idem* de Boedawe de Houaïlou, Peoroi Rhai, Mileka de Coula, du pasteur Philippe Gorode, de Jona, Issaka de Mou, Poindi Goa, Kowi Bouillant, Dikona Moro, Apoupia Mindia, du chef Ao de Paimboa, de Yenéé Bwêêrhexau, Wakuba Yaru, du chef Kairel, de David Kasarhérou de Nechakoia, Albert Dikona, de l'épouse du chef Denis de Coula, de Waokiou Bwawé, Sylveste Chaoukoré, Tiapi Poarorhe, Pucama Goieta, Doui de Monéa, Edmond Nekiriai et Dikona Apanga de Mou.

XII. Papiers particuliers.
58. Papiers du lieutenant de vaisseau Caillet, 1872 ; de Marius Archambault, 1901-1902 ; Gabrielle Rousseau, 1952-1954 ; Jacques Vasseur, 1890-1984 ; du pasteur François Lengereau, 1897-1898 (correspondance avec les natas).
59. Papiers du pasteur Philippe Rey-Lescure, 1924-1962. Journal, récits et rapports.
60-61. Papiers Charles Crosnier de Varigny, 1856-1973.
62-65. Papiers du gouverneur Paul Feillet, 1893-1905. Il s'agit sans doute de la partie du fonds la plus riche concernant l'histoire coloniale de la Nouvelle-Calédonie. Les quatre boîtes contiennent près de 700 documents issus de l'administration Feillet, qui traitent de sujets très variés. Citons : registre des dépêches confidentielles du gouverneur (1894-1900, 235 p.) ; des notes et rapports sur la « guerre des Poyes » (1900-1901) ; la « politique indigène » entre 1878 et 1900 (budget, rapport sur l'insurrection de 1878, capitation, écoles « indigènes », troubles de Wagap, Tiéti, Ina, rébellion de tribus, prisonniers kanak) ; un dossier de 140 documents sur l'affaire des Poyes ; la correspondance du gouverneur ; les archives du secrétariat général de la colonie (1900-

1902) ; un registre des dépêches confidentielles (1901-1902, 72 p.).
66. Papier du pasteur Alfred Boegner, 1876-1911. Journal, correspondances et récits.
67-69. Papiers Nathalie Alexeieff, 1940-1944. Cahiers de notes, de résumés et de synthèses de cours.

XIII. Histoire de la Mission et de l'Église protestante aux Îles Loyauté et en Grande-Terre, 1873-1953.

70-72. Histoire. Ces trois boîtes proposent une multitude de textes et de cahiers qui permettent de retracer une part importante de l'histoire du protestantisme en Nouvelle-Calédonie. On pourra y trouver entre autres : des textes liturgiques en langue ; les règlements des Églises protestantes ; des articles de ML sur le sujet ; un récit historique sur l'arrivée des missionnaires et l'œuvre de conversion à Kouaoua, Canala, Houaïlou, Paimboa, Yambé, Ouanache et Kowei ; des correspondances ; la traduction du Nouveau testament en drehu ; un récit historique sur la mission protestante en Nouvelle-Calédonie ; des coupures de presse sur le pasteur Jones à Maré (1886) ; un texte sur la mission de Hienghène (1922) ; des cahiers de compte-rendu des conférences pastorales et des carnets de route tenus par ML (1903-1917 et 1924) ; une collection des procès-verbaux des conférences des missionnaires (1902-1931), en français, ajië ou nengone ; des statistiques sur les Églises protestantes (1905, 1918, 1919).

XIV. Dossiers particuliers

73-75. Linguistique. Cahiers de transcription en ajië des psaumes de Salomon ; 37 exemplaires d'un questionnaire linguistique en français et en anglais composé par ML et Bwêêyöuu Erijiyi pour l'étude des langues mélanésiennes ; notes sur les langues d'Ouvéa (1914) ; notes sur la langue de Houaïlou ; cahier de vocabulaire « Lifou-Français » ; cartes des langues et dialectes de Nouvelle-Calédonie ; carnet de chants et prières en ajië ; notes d'ethnologie sur les Big Mambas ; liste de noms de

73 sortes d'ignames en paicî (1958) ; cours de langues océaniennes (1943-1958) ; récits, chants et contes en ajië et paicî ; grammaire drehhu ; grammaire nengone ; numération.

76. Mission de ML en Océanie, 1938-1940. Correspondances familiales, rapport sur l'activité de ML en Nouvelle-Calédonie.

77. Voyages de ML en Afrique, 1921-1923. Association des Indigènes Calédoniens et Loyaltiens Français, correspondances et notes, 1947-1952. Croix Bleue, 1922-1984, affiches, journaux, correspondances. Révolte de 1878, récit de 4 pages manuscrites. Commissions d'enquête, notes et commentaires sur les rapports des Inspecteurs des colonies (1929-1935). Récits et légendes recueillis sur la Grande Terre par Jeanne Leenhardt, 1938-1939. Dossier sur l'enfance kanak.

78. Recensements de la population kanak, 1880-1937. Dénombrement par tribus et par circonscription. États numériques, nominatif pour 1918 pour la commune de Houaïlou.

79. Institut Français d'Océanie. Rapports, notes et études de ML, 1946-1948.

80-81. *Le Monde Non Chrétien.* Collection de 22 articles écrits par ML. Correspondances, listes, compte-rendu et tapuscrits, 1931-1971.

82. Comité de liaison des Missions Évangéliques, 1933-1954. Notes, correspondances, rapports, comptes rendus et procès-verbaux. Alliance Évangélique Universelle, 1951-1952. Volontaires du Christ, 1927-1930, listes de noms, notes, brochures et correspondances.

83. Affaire et dossier Rey-Lescure, 1922-1959.

84-87. Division de l'Église Protestante en Nouvelle-Calédonie aux Îles Loyauté, 1958-1963. Non communicables.

88. Étudiants et soldats calédoniens à Paris, 1960-1964. Sur l'association des jeunes Kanak en France, correspondances, rapports, notes, bulletins et coupures de presse. Dossier « soldats calédoniens ». Non communicable.

89. Célébrations du centenaire de la naissance de ML, 1977-1979. Correspondances, télégrammes, procès-verbaux de réunions préparatoires du Centenaire à Houaïlou et Nouméa. Presse. Conférence de J. Guiart au Musée de l'Homme, 18 janvier 1978 ; conférence de James Clifford sur ML ; de RL sur son père.
90. Suivi des publications Leenhardt.
91. Tirailleurs du Pacifique, 1916-1954. Pétitions, correspondances (certaines en ajië), lettres des pasteurs polynésiens, liste de noms de tirailleurs, articles de presse, photographies, livre de prière du Tirailleur, liste des anciens combattants titulaires de la médaille militaire.
92. Rébellion de 1917. Nombreuses correspondances en français et en langue (traduites), carnet de route de ML (1917), télégramme sur l'assassinat de la famille Grassin (juin 1917), histoire de la rébellion de Koné en ajië, discours des chefs, poèmes en ajië sur feuilles de papier cousues (traduits), récits de la rébellion, rapport de l'Inspecteur général des colonies Pégourier, coupures de presse, fiches sur la rébellion par RL, collections de six cahiers de récits et poèmes en ajië, de cinq cahiers sur la rébellion et les chants de guerre de 1917 en paicî.
93-94. Église Évangélique Libre de Nouvelle-Calédonie et des Iles Loyauté, 1957-1964. Correspondances, statuts, circulaires, bulletins, dossier André Barraud, presse, dossier « crise Église Évangélique Libre », compte-rendu, budget, résolutions. Non communicables.
95. Petits dossiers, 1949-1975. Hommages, questionnaires sur les pasteurs, listes d'ouvrages et de revues, dossier « Société des Océanistes », statut et avis de constitution de l'Association.

XV. Ministère pastoral de Raymond Leenhardt.
96-104. Paroisses de Saint Amand-Lecelles et Nomain, Alger, Sainte-Marue, Bercy et Ledru-Rollin (Paris). Publications paroissiales, notes, sermons, actes pastoraux, Comité des missions, comités auxiliaires des missions en Algérie, Union consistoriale des Églises d'Algérie, Ligue française pour le relèvement de la moralité publique,

bourses théologiques, recueils de cantiques, rapport sur les Églises d'Algérie, sermons et causeries à Radio-Alger et Radio-Paris, catéchisme, conseil des Missions évangéliques en Afrique du Nord, dossier « Association des Néo-Calédoniens d'Afrique française ».

105-110. Divers documents à propos du ministère pastoral. Notes de travail, de recherches, d'études sur la religion chrétienne et l'œuvre missionnaire, correspondances avec des officiers protestants, sermons, 1927-1980.

XVI. Imprimés (livres, journaux et publications périodiques ponctuelles).

111-114. Publications de ML. Ouvrages, articles de presse, tirés à part, brochures.
115. Publications de RL. *Idem.*
116. Journaux de la Mission protestante en Nouvelle-Calédonie, 1912-1932.
117. Publications sur l'histoire des missions protestantes et catholiques en Nouvelle-Calédonie.
118. Publications générales sur la Nouvelle-Calédonie. Ouvrages, articles de presse, brochures.
119-122. Journaux et périodiques de Nouvelle-Calédonie.
123-124. Publications administratives. Journaux officiels, procès-verbaux du conseil général de la Nouvelle-Calédonie, brochures et rapports.
125-126. Publications générales sur le reste du monde.
127-129. Collection de la revue *Le Monde Non-Chrétien*, numéros 1-91.
130. Journaux et périodiques hors Nouvelle-Calédonie.

XVII. Iconographie.

131. Lot de plusieurs centaines de photographies anciennes de la Nouvelle-Calédonie et du Vanuatu. Ensemble intitulés « Album 1938-1939 », « Album CH.B. Nething », « Exposition Centenaire Leenhardt 1878 », photographies sur la Nouvelle-Calédonie dans les années 1970. Films 16 mm, dessins, gravures, plans, cartes anciennes et récentes, bons de caisse, billets de banque.

BIBLIOGRAPHIE LEENHARDTIENNE

1. Publications de Maurice Leenhardt

——, 1909a, « Note sur la fabrication des marmites canaques en Nouvelle-Calédonie », *Bulletins et mémoires de la Société d'Anthropologie de Paris*, V° série, 10, p. 268-270.

——, 1909b, « Percuteurs et haches de Nouvelle-Calédonie », *Bulletins et mémoires de la Société d'Anthropologie de Paris*, V° série, 10, p. 270-272.

——, 1909c, « *Note sur quelques pierres-figures rapportées de Nouvelle-Calédonie* », Revue de l'École d'anthropologie, 19, p. 292-295.

——, 1918, *Ërëwaa cèki mâ a'pâgür̃ü mwââr̃ö*, a'jië, DöNévâ, 21 mars, 3 p. (12 J-36), 1977, « Questionnaire pour la connaissance des clans (21 mars 1918) », traduction Raymond Leenhardt & Jean Guiart (1977).

——, oct.-nov. 1921, « Expériences sociales en terre canaque », *Le christianisme social*, 9, p. 96-114 [rééd. sous le titre « De la gangue tribale à la conscience morale », *Le monde non-chrétien*, 66, avril-juin 1963, p. 114-132].

——, 1930 / 1980, *Notes d'ethnologie néo-calédonienne*, Paris, Institut d'ethnologie, 340 p.

——, 1932, *Documents néo-calédoniens*, Paris, Institut d'ethnologie, 514 p.

——, 1935, *Vocabulaire et grammaire de la langue houaïlou*, Paris, Institut d'ethnologie, VI-414 p.

——, 1937, *Gens de la Grande Terre*, Paris, Gallimard, 214 p. Réédition 1953 revue & augmentée, 228 p. Fac-similé, 1986, Nouméa, Éditions du Cagou, 228 p.

—, 1938, *Questionnaire linguistique destiné à l'étude des langues de la Mélanésie du Sud*, Nouméa, Imprimeries réunies, 86 p., 1 283 entrées français-anglais page gauche, page droite vierge, renseignée par chaque « aide ».

—, [1939], « Vocabulaire et grammaire de la langue houaïlou. Notes complémentaires & corrections apportées par Maurice Leenhardt sur son exemplaire au cours de son voyage 1938-1939 », 14 p. dactylographiées par Raymond Leenhardt (12 J-75).

—, 1941, « Conique et marmites en Nouvelle-Calédonie », *Comptes rendus des séances de l'Institut français d'Anthropologie*, 7, p.13.

—, 1945, « Mawaraba mapi. La signification du masque en Nouvelle-Calédonie », *Journal de la Société des Océanistes*, 1, p. 29-35.

—, 1945 « La Société des Océanistes. Allocution prononcée lors de la reprise des travaux de la société », *Journal de la Société des Océanistes*, 1, p. 13-18.

—, 1946/1956, *Langues et dialectes de l'Austro-Mélanésie* (1942), Paris, Institut d'ethnologie, XLVIII-676 p. « Introduction », p. VII-XLVIII, « Relevé succinct des langues », p. 1-244, « Tableau comparatif des langues », p. 245-627, « Errata », p. 657-673. 1 165 entrées, 36 langues. Voir 1938.

—, 1947, *Do Kamo – La personne et le mythe dans le monde mélanésien*, Paris, Gallimard, 259 p. Réédition 1985, Paris, Gallimard, TEL n° 95, 314 p.

—, 1948, « Problèmes de préhistoire en Nouvelle-Calédonie », *Bulletin du Commerce de Nouvelle-Calédonie*, édition du 3 janvier 1948.

—, 1963, « Lettre aux pasteurs de Nouvelle-Calédonie écrite en houaïlou le 10 octobre 1939 » (en mer de Chine), Paris, *Monde non chrétien*, n° 68, p. 253-273. Réédition 1964, fascicule 36 p. (a'jië p. 22-36, traduction Raymond Leenhardt p. 4-21).

—, 1978, « Éducation et progrès social » (1947), dans Dominique Bourret (éd.), *Centenaire Leenhardt – 1878-1954*, Nouméa, comité Maurice Leenhardt, p. 99-104.

2. Publications autour de Maurice Leenhardt

CLIFFORD James, *Maurice Leenhardt, personne et mythe en Nouvelle-Calédonie*, traduction Geneviève & Raymond Leenhardt, Paris, J.M. Place, 1987, 269 p.

GÖRÖDE Waia, *Les souvenirs d'un Néo-Calédonien ami de Maurice Leenhardt* (1976), écrit en partie en a'jië, traduction Raymond Leenhardt, Paris, Raymond Leenhardt, 1977, 66 p.

GUIART Jean, introduction à la traduction de LEENHARDT 1918, dans *Objets et mondes*, Paris, Muséum national d'histoire naturelle, 17/2, 1977, p. 89.

——, « Maurice Leenhardt 100 ans plus tard » (entretien avec Jean Guiart), *Mwà Véé*, 38, Nouméa, ADCK, 2002.

——, *Maurice Leenhardt, le lien d'un homme avec un peuple qui ne voulait pas mourir*. Nouméa, Le-Rocher-à-la-Voile, 1997.

LAROCHE Marie-Christine, « L'enseignement de Maurice Leenhardt », Paris, *Journal de la Société des Océanistes*, 1978, n° 58-59, p. 45-48. Cours de Leenhardt à l'École pratique des hautes études (1936-44).

LEGEARD Luc, « Maurice Leenhardt, pêcheur d'âmes – Origines, influences, débuts à DöNévâ (1902-1909) », Nouméa, *Bulletin de la Société d'études historiques de la Nouvelle-Calédonie*, 2015, n° 182, p. 2-23.

LEPOUTRE-GOFFINET Marie, « Do-Néva La famille Leenhardt arrive à Houaïlou» dans *Natas, Missi and Moniteurs*, octobre 2002, Médiathèque du Centre Culturel Tjibaou (ADCK).

MARY André, « Maurice Leenhardt, un ethnologue en mission », dans *Bérose – Encyclopédie internationale des histoires de l'anthropologie*, Paris, 2020.

Mwà Véé. Revue culturelle kanak, n° 38, 2002, *Maurice Leenhardt cent ans plus tard*, Nouméa.

NAEPELS Michel, « Colonisation, mission et production du savoir. Maurice Leenhardt de Houaïlou à Paris », dans Christine Laurière & André Mary (dir.), *Ethnologues en situations coloniales. Les Carnets de Bérose n° 11*, Paris, Bérose, 2019 - Encyclopédie internationale des histoires de l'anthropologie, pp. 238-257.
https://www.berose.fr/article1711.html.

NAEPELS Michel et SALOMON Christine (éds.), *Terrains et destins de Maurice Leenhardt,* Paris, Editions de l'EHESS (Cahiers de l'Homme), 2007, 165 p.

ROGNON Frédéric, « Le sujet dans la religion kanak. Anthropologie et missiologie chez Maurice Leenhardt », *Revue des sciences religieuses* [En ligne], 2007, 81/2. URL : http://rsr.revues.org/562.

——, *Maurice Leenhardt. Pour un « destin commun » en Nouvelle-Calédonie.* Lyon, Éditions Olivetan (Paroles Protestantes), 2018.

SAUVAGEOT Aurélien, compte-rendu de LEENHARDT 1946, Paris, *Journal de la Société des Océanistes,* 1946, n° 2, p. 266-268.

——, « Maurice Leenhardt linguiste » (1954), Paris, *Journal de la Société des Océanistes,* 1955, n° 10, p. 28-33.

——, « Maurice Leenhardt linguiste », Paris, *Monde non chrétien,* 1955, n° 33, p. 109-112.

SPINDLER Marc, « L'ecclésiologie de Maurice Leenhardt », Paris, *Journal de la Société des Océanistes,* 1980, n° 69, p. 279-291.

AUTEURS

Dominique BARBE est maître de conférences en histoire des mondes anciens et médiévaux à l'université de Nouvelle-Calédonie. Après avoir fait une thèse sur le concept d'*unanimitas* chez les Pères latins et mené des travaux sur le christianisme de la fin de l'Antiquité, il s'est lancé dans l'étude du christianisme et de la christianisation en Océanie et plus particulièrement en Nouvelle-Calédonie. Ses travaux ont porté en particulier sur l'iconographie religieuse entre syncrétisme et orthodoxie.

Emilie DOTTE-SAROUT est archéologue, spécialiste de l'Océanie. Elle a développé sa recherche sur l'historiographie de l'archéologie océaniste francophone à l'Australian National University (ANU), de 2015 à 2020, au sein du projet « CBAP – The Collective Biography of Archaeology in the Pacific : a Hidden History », dirigé par le Professeur Matthew Spriggs. Elle travaille en tant que Discovery Early Career Research Award Fellow à l'University of Western Australia, sur le rôle méconnu des femmes au sein de cette histoire, tout en continuant ses recherches en archéobotanique appliquée dans la zone Indo-Pacifique, plus particulièrement en Nouvelle-Calédonie, en Polynésie française et en Australie.

Bernard GASSER est spécialiste de la littérature calédonienne et de linguistique kanak. Président de l'association CORAIL (Coordination pour l'Océanie des Recherches sur les Arts, les Idées et la Littérature), il a traduit, publié et édité de nombreux textes articles et ouvrages, dont les œuvres de Jean Mariotti,

Georges Baudoux, de Maurice Leenhardt ou encore une *Ethnographie des Kanak de Nouvelle-Calédonie et des Îles Loyauté, 1911-1912* (Paris, Ibis press, 2009).

Caroline GRAILLE est docteure en ethnologie de l'université Paul-Valéry Montpellier III. Chargée de cours à l'université de la Nouvelle-Calédonie en sociologie, anthropologie et épistémologie des sciences sociales, elle est associée à l'équipe de recherche TROCA (Trajectoires d'Océanie). Formatrice agréée, elle intervient également auprès des collectivités publiques et des institutions de la Nouvelle-Calédonie, sur des thématiques liées à l'interculturalité et aux processus de construction identitaire.

Ismet KURTOVITCH, né en 1954 à Nouméa est docteur en histoire, spécialiste de l'histoire politique contemporaine de la Nouvelle-Calédonie, auteur de nombreux articles et ouvrages à ce sujet, dont *Une histoire politique de la Nouvelle-Calédonie, 1940-1953* (Editions universitaires européennes, 2020). Désormais retraité, il a dirigé le service des Archives de la Nouvelle-Calédonie.

Gwénael MURPHY est maître de conférences HDR en histoire contemporaine à l'université de la Nouvelle-Calédonie, membre de l'équipe TROCA (Trajectoires d'Océanie, UNC). Il étudie les sociétés coloniales océaniennes, en particulier sous l'angle de la justice et du genre, ainsi que les usages des archives. Ses derniers ouvrages : avec L. Lagarde et E. Banaré, *Sous le ciel de l'exil. Autobiographie poétique de Marius Julien, forçat de Nouvelle-Calédonie,* Nouméa, Presses universitaires de la Nouvelle-Calédonie, 2020 ; *Mémoires d'un forçat. Le manuscrit inédit du faussaire Ernest Saint-Paul (1888),* Paris, Vendémiaire, 2022.

Bernard RIGO est professeur émérite des universités (sections 15, 17 et 20 du CNU : philosophie, anthropologie sociale et culturelle, littératures et cultures océaniennes, épistémologie des sciences humaines). Il a enseigné les langues et cultures océaniennes à l'Université de Nouvelle-Calédonie. Il est l'auteur, notamment, de *Lieux-dits d'un malentendu culturel. Analyse anthropologique et philosophique du discours occidental sur l'altérité polynésienne* (Au Vent des Îles, éd. 2013).

Frédéric ROGNON est professeur de philosophie à la Faculté de théologie protestante de l'Université de Strasbourg ; auteur entre autres de : *Maurice Leenhardt. Pour un « Destin commun » en Nouvelle-Calédonie* (Lyon, Éditions Olivétan, coll. Figures protestantes, 2018).

Gilles VIDAL est maître de conférences en histoire du christianisme à l'époque contemporaine à l'Institut Protestant de Théologie (IPT) – Faculté de Montpellier depuis 2011. Il a enseigné à Maré dans l'Alliance Scolaire de l'Église Évangélique de 1988 à 1990 et au Centre de formation théologique et pastorale Bethania (Lifou) de 2003 à 2007. Docteur en histoire contemporaine et en théologie protestante, ses recherches portent sur l'histoire des missions en Océanie et l'articulation de la théologie et des cultures océaniennes au XIXe et XXe siècles. Il a également consacré plusieurs travaux à l'histoire de la Faculté de théologie protestante de Montauban-Montpellier. Co-directeur du Centre Maurice-Leenhardt de recherche en missiologie de l'IPT, il est également membre du laboratoire Crises (EA 4424) de l'Université Paul-Valéry Montpellier III. Il est secrétaire de l'Association française œcuménique de missiologie (AFOM) et membre du conseil du Centre de recherches et d'échanges sur la diffusion et l'inculturation du christianisme (CREDIC). Il est l'auteur de *Les nouvelles théologies protestantes dans le Pacifique Sud. Étude critique d'un discours religieux et culturel contemporain* (Karthala, 2016), *L'Allemagne missionnaire, d'une guerre à l'autre (1914-1939). Effondrement et résilience* (codir., Karthala, 2017), *Enfance, jeunesse et missions chrétiennes XIXe-XXIe s.* (codir. Karthala 2020).

RÉSUMÉS / ABSTRACTS

Frédéric ROGNON, « Les présupposés théologiques et philosophiques du discours leenhardtien ».

Résumé : En interrogeant les présupposés théologiques, philosophico-anthropologiques, et proprement philosophiques du discours leenhardtien, ce chapitre cherche à mettre au jour le cadre conceptuel qui a pu structurer et orienter le regard du missionnaire-ethnologue au cours de son immersion dans l'univers kanak. Christianisme social et thématique de l'émancipation, mentalité primitive et phénomène social total, phénoménologie et personnalisme : tels sont les principaux lieux de régulation théorique de l'œuvre leenhardtienne, qui vont subir chacun une profonde réinterprétation. Car ces présupposés vont s'articuler à deux autres facteurs pour produire le discours singulier de Maurice Leenhardt : son expérience de la confrontation avec l'altérité culturelle, et le génie propre de l'homme qu'il était.

Mots-clés : Présupposés, philosophie, anthropologie, théologie, altérité.

Abstract : *By questioning the theological, philosophico-anthropological and properly philosophical presuppositions of the Leenhardtian discourse, this article seeks to bring to light the conceptual framework that was able to structure and orient the gaze of the missionary-ethnologist during his immersion in the Kanak universe. Social Christianity and thematic emancipation, primitive mentality and total social phenomenon, phenomenology and personalism: these are the main places of theoretical regulation of Leenhardt's work, each of which will undergo a profound reinterpretation. Because these presuppositions will be linked to two other factors to produce Maurice Leenhardt's singular discourse: his experience of confrontation with cultural otherness, and the genius of the man he was.*

Keywords : *Presuppositions, philosophy, anthropology, theology, otherness.*

Dominique BARBE, « Maurice Leenhardt et les missionnaires catholiques, vers une convergence ecclésiologique dans la région de Houaïlou-Canala au début du XXe siècle ? ».

Résumé : La reconnaissance des Kanak comme acteurs de la gestion de leur Église et de la mission se produit au début du XXe siècle, sur la Grande Terre en Nouvelle-Calédonie dans la région de Houaïlou et de Canala. Elle a débuté en pays ajië avant même l'arrivée du pasteur Leenhardt qui donne à l'Église protestante une structure solide. Il devra combattre cependant les *a priori* de ses confères pasteurs peu enclins à laisser des postes à responsabilités à des Kanak. Une génération plus tard, alors que Rome initie une véritable révolution dans les objectifs et les méthodes de la mission catholique, un peu plus au sud, à Canala, le père Luneau emprunte des chemins similaires pour que les Kanak prennent en main leurs destins de pierres vivantes d'une Église encore trop encadrée par des missionnaires maristes et des prêtres européens. Si elle ne remet pas en cause des différences ecclésiologiques fondamentales, cette volonté de faire des Kanak des authentiques chrétiens qui détermine une similitude dans les actions menées par un pasteur et un prêtre et leurs équipes montre cependant que, malgré les défiances traditionnelles entre protestants et catholiques, l'œcuménisme est une réalité de terrain avant d'être un des leitmotivs des Églises de la fin du XXe siècle.

Mots-clés : ecclésiologie, catholiques, protestants, missionnaires, formation.

Abstract : The recognition of the Kanak as actors in the management of their Church and mission occurred at the beginning of the 20th century on Grande Terre in New Caledonia in the region of Houaïlou and Canala. It began in

Ajië country even before the arrival of Pastor Leenhardt who gave the Protestant Church a solid structure. However, he had to fight against the prejudices of his fellow pastors who were not inclined to leave positions of responsibility to Kanak people. A generation later, when Rome initiated a real revolution in the objectives and methods of Catholic missionary work, a little further south, in Canala, Father Luneau took similar paths so that the Kanak people could take their destiny in hand as the living stones of a Church that was still too much supervised by Marist missionaries and European priests. If it does not call into question fundamental ecclesiological differences, this desire to make the Kanak people authentic Christians, which determines a similarity in the actions carried out by a pastor and a priest and their teams, shows however that, despite the traditional mistrust between Protestants and Catholics, ecumenism is a reality on the ground before being one of the leitmotivs of the Churches at the end of the 20th century.
Keywords : ecclesiology, Catholics, Protestants, missionaries, religious formation.

Bernard RIGO, « *Do Kamo* **: comment la pire des fables passe pour la meilleure théorie ? ».**
Résumé : Dès que Maurice Leenhardt sort de l'ethnographie pour théoriser comme anthropologue culturel sur les sociétés kanak, sa pensée s'inscrit dans une vision évolutionniste et, bien au-delà, dans des problématiques européennes très anciennes héritées aussi bien de la métaphysique chrétienne que de la philosophie antique. En ce sens son anthropologie, par le biais même de cette vision eurocentrée, finit par détourner son ethnographie en élaborant des fables qui s'imposeront, parfois aux Kanak eux-mêmes, contre la réalité du terrain.
Mots-clés : individualisme, individuation, participation, évolutionnisme culturel, être, apparence, primat de la relation.
***Abstract** : When Maurice Leenhardt stopped working as an ethnographer and started theorizing his cultural anthropology of Kanak societies, he contributed to the mainstream evolutionary view. Even more, he was in line with a very conservative European vision rooted in both Christian*

metaphysics and Ancient Greek philosophy. This Eurocentric bias in his anthropological work eventually distorted his own ethnography by constructing some imaginary tales that became true for the Kanak people themselves, notwithstanding the reality of fieldwork.

Keywords : individualism, individuation, participation, cultural evolutionism, Being, appearance, primacy of relationship.

Gilles VIDAL, « La trajectoire Leenhardt : émergence et évolution de l'humain, maître de sa conscience. Analyse des proximités intellectuelles entre Franz Leenhardt, Maurice Leenhardt et Éric Dardel ».

Résumé : Cet article tente de cerner la trajectoire intellectuelle de Maurice Leenhardt, entre l'influence reçue de son père Franz, géologue et théologien, à la fin du XIXe siècle et l'influence exercée sur son gendre Éric Dardel, géographe, au milieu du XXe siècle. Dans un constant dialogue entre méthode scientifique et théologie, Leenhardt développe une pensée sociale dominée par la centralité de l'humain sans occulter sa dimension spirituelle. Une première partie est consacrée à l'importance du « concret » dans l'œuvre de Maurice, un concept mis en relation dans une deuxième partie avec la philosophie chrétienne finaliste de son père Franz, et dans un troisième volet, avec la recherche d'une géographie de l'humain propre à son gendre Éric Dardel.

Mots-clés : missions protestantes, Nouvelle-Calédonie, théologie protestante, évolutionnisme, géographie humaine

Abstract : *This article attempts to identify the intellectual trajectory of Maurice Leenhardt, between the influence he received from his father Franz, a geologist and theologian, at the end of the 19th century and the influence exerted on his son-in-law Eric Dardel, a geographer, in the mid-20th century. In a constant dialogue between scientific method and theology, Leenhardt develops a social thought dominated by the centrality of the human without obscuring its spiritual dimension. A first part is devoted to the importance of the "concrete" in Maurice's work, a concept that is related in a second part to the finalist*

Christian philosophy of his father Franz, and in a third part to the search for a geography of the human being specific to his son-in-law Eric Dardel.

Keywords : *Protestant missions, New Caledonia, Protestant theology, evolutionism, human geography*

Emilie DOTTE-SAROUT, « Maurice – et Jeanne – Leenhardt et l'archéologie calédonienne : une histoire de connexions ».

Résumé : Dans cette contribution, je propose d'examiner le soutien essentiel apporté par le couple Leenhardt à Marius Archambault, un des premiers archéologues de Nouvelle-Calédonie, au tout début du XXe siècle. Le contexte intellectuel sera exposé, mais aussi l'importance des histoires biographiques des protagonistes. De plus, j'explorerai la continuité de l'intérêt porté par Maurice Leenhardt aux questions d'archéologie en Nouvelle-Calédonie et dans le Pacifique, tout autant que le rôle actif qu'il prit dans la réalisation d'une archéologie professionnelle océaniste. En filigrane apparait l'influence essentielle de Jeanne Leenhardt dont le rôle précis demeure flou, comme souvent lorsque l'on tente de restituer la place des femmes dans l'histoire des sciences.

Mots-clés : archéologie, Jeanne Leenhardt, Marius Archambault, Journal intime, Préhistoire

Abstract : *In this contribution, I propose to examine the essential support that the Leenhardt couple offered to Marius Archambault, one of the first archaeologists in New Caledonia at the very beginning of the 20th century. The intellectual background will be exposed, but also the importance of the protagonists' biographical histories. In addition, I will explore the continuity of Maurice Leenhardt's interest in archaeological issues in New Caledonia and the Pacific, as well as the active role he took in the development of professional Pacific archaeology. The essential influence of Jeanne Leenhardt in this history arises tangentially in the sources, and her precise role remains unclear, as is often the case when attempting to restore the place of women in the history of science.*

Keywords : *Archaeology, Jeanne Leenhardt, Marius Archambault, Diary, Prehistory*

Bernard GASSER, « Sur le rôle respectif de Maurice Leenhardt et ses collaborateurs kanak dans l'élaboration de *Langues et dialectes de l'Austro-Mélanésie* (1946) ».
Résumé : Revenu du 3 juillet 1938 au 21 septembre 1939 en Nouvelle-Calédonie au titre de la commission Guernut pour rechercher les « besoins et aspirations légitimes » de la population, essentiellement « relever les langues et dialectes » kanak, Maurice Leenhardt charge les pasteurs qu'il a formés autrefois d'enquêter, et remplir ou faire remplir le questionnaire linguistique qu'il a préparé à leur intention en français et « en langue canaque » (le a'jië). Lui-même enquête sur les langues de l'extrême Sud de l'île ; ils renseignent ensuite le questionnaire définitif, préparé en français et en anglais : 29 exemplaires sont renseignés (1 283 entrées), aucun n'est signé. Rentré en France, il en tire le monumental *Langues et dialectes de l'Austro-Mélanésie* de 1942, publié en 1946, riche de 1 165 entrées de mots ou expressions en 36 langues, une « prouesse » selon le compte rendu d'Aurélien Sauvageot (1946). Aucun collaborateur, dit « aide indigène », n'y est cité, mais Jacques Vasseur a bien mis en valeur le rôle du pasteur Apu Pwacili Hmwae. Nous utiliserons principalement les questionnaires renseignés en paicî et la correspondance de Élaisha Nâbai (mai-juin 1939) pour éclairer leur rôle : leur collecte, effectuée parfois dans des conditions difficiles, leur contribution personnelle à l'importante œuvre commune, donc la place et la méthode de Maurice Leenhardt, mais aussi les erreurs possibles des uns et des autres.
Mots-clés : « aide indigène », Austro-Mélanésie, langues kanak, Leenhardt, questionnaire.
Abstract : *Maurice Leenhardt was sent again to New Caledonia from 3rd July 1938 to 21st September 1939 on behalf of the Guernut Commission : his main mission was to seek the people's "needs and aspirations", thus focusing on "the inventory of indigenous languages and dialects". Leenhardt passed his request onto the pastors he had formerly trained, so*

they could make enquiries and fill in a linguistic survey he himself had prepared for them in both French and a'jië (the indigenous idiom spoken in the Houaïlou area). Meanwhile, he conducted his own enquiries on the dialects spoken in the South end of the main island. Together they also completed 29 copies of the final survey prepared in both English and French (1,283 items), but none of them was signed. Back to France, Leenhardt published his monumental Languages and dialects from Austro-Melanesia (released in 1946) : with not less than 1,165 words and idioms translated in 36 languages, the book was greeted as a feat by French linguist Aurélien Sauvageot. None of the contributors – or "native helpers" – was quoted, but Jacques Vasseur later highlighted the role of pastor Apu Pwacili Mwae (1984).

In this article we stress the significance of both the questionnaires that were completed in paicî and the letters from Elaisha Nâbai (May and June 1939): the way they were collected, sometimes under harsh conditions ; their contribution to the major collective work ; thus the role played by Maurice Leenhardt and his method, alongside with the mistakes that were possibly made by the protagonists.

Keywords : *"native helpers" – Austro-Melanesia – Kanak languages – Leenhardt – survey*

Gwénael MURPHY, « Maurice Leenhardt et le colonialisme. Textes et conférences sur la légitimation coloniale (1913-1948) ».

Résumé : En 1931, Maurice Leenhardt propose une conférence aux jeunes protestants qui fréquentent l'Union Chrétienne des Jeunes Gens (UCJG) de Paris, branche française des célèbres *YMCA*. Alors que l'Exposition Coloniale internationale de Vincennes vient de s'achever, triomphe populaire et apogée de la « culture coloniale » en France, Leenhardt sort sans doute marqué par la déplorable affaire des cent onze Kanak de Lifou et Canala emmenés en métropole pour y jouer les cannibales et pour lesquels, parmi d'autres, il est intervenu auprès des autorités. Aussi le pasteur semble-t-il se poser à lui-même la question qu'il soumet aux jeunes hommes venus l'écouter : « La colonisation est-elle légitime ? ».

Maurice Leenhardt développe alors un argumentaire philosophique et historique qu'il veut équilibré, entre défenseurs et détracteurs de la colonisation, avant de conclure par son propre avis, reflet d'une opinion marquée par les positions des protestants sur la colonisation mais aussi par son évolution personnelle à ce propos. Une plongée dans les écrits, articles et conférences que le pasteur tient sur ce sujet entre 1913 et 1948, rassemblé dans le fonds des Archives de la Nouvelle-Calédonie, permet ainsi de mettre en relief l'évolution de la pensée de Leenhardt sur le colonialisme.

Mots-clés : colonialisme, civilisation, protestantisme, débat, Vincennes.

Abstract : In 1931, Maurice Leenhardt offered a conference to young Protestants who attended the Union Chrétienne des Jeunes Gens (UCJG) in Paris, the French branch of the famous YMCAs. While the International Colonial Exhibition in Vincennes has just ended, a popular triumph and the apogee of "colonial culture" in France, Leenhardt no doubt comes out marked by the deplorable affair of the one hundred and eleven Kanaks of Lifou and Canala taken to the metropolis for there playing cannibals and for which, among others, he intervened with the authorities. So the pastor seems to be asking himself the question he puts to the young men who came to listen to him : "Is colonization legitimate?".

Maurice Leenhardt then developed a philosophical and historical argument that he wanted balanced, between defenders and detractors of colonization, before concluding with his own views, reflecting an opinion marked by the positions of the Protestants on colonization but also by its evolution personal about it. A dive into the writings, articles and conferences that the pastor held on this subject between 1913 and 1947, collected in the New Caledonia Archives collection, thus makes it possible to highlight the evolution of Leenhardt's thought on colonialism.

Keywords : colonialism, civilization, Protestantism, debate, Vincennes.

Caroline GRAILLE, « Tuer le père ? Les enjeux d'une analyse critique de Maurice Leenhardt par les ethnologues ».

Résumé : La personnalité de « Missi Leenhardt » continue d'inspirer le respect et l'admiration dans le monde kanak, et les écrits qu'il a produits sont considérés comme des témoignages ethnographiques de premier plan. Néanmoins, les chercheurs français qui ont étudié à sa suite le monde kanak, en particulier ceux qui ont été les témoins de la revendication politique autochtone des années 1970-1980, ont quasi-unanimement dénoncé « l'évolutionnisme théologique » et le « paternalisme missionnaire » de leur illustre et encombrant prédécesseur (Bensa et Bourdieu 1985). Cette mise à distance critique de l'ethnologie de Maurice Leenhardt ouvre surtout la voie à une réflexivité des sciences sociales sur leurs propres pratiques de terrain et d'écriture : cette dernière passe alors par l'objectivation des conditions de production et du caractère performatif du discours scientifique.

Mots-clés : ethnologie missionnaire, évolutionnisme théologique, légitimité, anthropologie critique, réflexivité

Abstract : The personality of "Missi Leenhardt" has long been inspiring awe and respect among Kanak people, and his publications still stand for prominent academic sources of top-ranked ethnographic testimony. However, the French researchers who followed his paths into the Kanak world, especially those who witnessed the indigenous political claim during the 1970's and 1980's, have unanimously accused their illustrious albeit embarrassing predecessor of spreading "theological evolutionism" and "missionary paternalism" (Bensa and Bourdieu 1985). Such a critical review of Maurice Leenhardt's ethnology paves the way for self-reflexivity in social sciences, particularly towards fieldwork and writing practices: the whole elaboration process of any scientific discourse must thus be objectified, as well as its ongoing performative impact on the social reality supposedly depicted.

***Keywords** : missionary ethnology, theological evolutionism, legitimacy, critical anthropology, reflexivity.*

Ismet KURTOVITCH, « Les « fonds Leenhardt » aux archives de la Nouvelle-Calédonie ».

Résumé : Cette communication décrit les archives de Maurice Leenhardt, consultables au service des archives de la Nouvelle-Calédonie depuis 2006. Ce fonds couvre toutes les dimensions de l'œuvre de Leenhardt : littéraire, scientifique et pastorale, tant par des documents écrits que figurés (photographies). La documentation réunie est si variée qu'elle permet de suivre, année après année, l'ensemble de l'activité du missionnaire, de l'ethnologue et du professeur.

Le travail de Leenhardt est également documenté de façon plus originale et sans doute unique, par l'abondance et la typologie d'écrits de ses interlocuteurs ou informateurs kanak. La plupart de ces écrits sont à peine connus et peu traduits. Les archives Leenhardt sont aussi des archives kanak.

Mots-clés : Maurice Leenhardt, Boessou Euridizi, Raymond Leenhardt, archives missionnaires.

Abstract : *This communication describes the archives of Maurice Leenhardt, available for consultation at the New Caledonian Archives Service since 2006. This Fund covers all the dimensions of Leenhardt's work: literary, scientific and pastoral, both through written and figurative documents (photographs). The documentation gathered is so varied that it makes it possible to follow, year after year, the whole activity of the missionary, the ethnologist and the teacher. Leenhardt's work is also documented in a more original and arguably unique way, by the abundance and typology of writings by his Kanak interlocutors or informants. Most of these writings are barely known and little translated. The Leenhardt archives are also Kanak archives.*

Keywords : *Maurice Leenhardt, Boessou Euridizi, Raymond Leenhardt, missionary archives*

Affiche du colloque organisé par l'équipe émergente TROCA (Trajectoires d'Océanie) en septembre 2019 dont les actes sont publiés dans le présent ouvrage.

TABLE DES FIGURES

Figure 1. Pierres, stèles et falaises de Do-Néva, vallée de Houaïlou (1909)...94
Figure 2. Guide identifié comme Bwêêyöu Ërijiyi (1909).............................95
Figure 3. Autoportrait de Marius Archambault (1909) 96
Figure 4. Lettre adressée au Ministère de l'Instruction Publique...................99
Figure 5. Jeanne Michel (1900) 102
Figure 6. La famille de Varigny en France (1884)..102
Figure 7. La famille Leenhardt à Do-Néva (1915)..105
Figure 8. Page du journal de Marius Archambault 106
Figure 9. Hache en serpentine..108
Figure 10. Fragment de masque Marawaba Mapi..108
Figure 11. Rapport mensuel du directeur de l'UCJG de Paris
(décembre 1931)..137
Figure 12. 1ère page de la conférence de Maurice Leenhardt à l'UCJG
(1931) 139
Figure 13. Extrait du texte de Maurice Leenhardt intitulé
« La Réquisition des Indigènes en Nouvelle-Calédonie » (1913).................141
Figure 14. Extrait du texte de Maurice Leenhardt
« Noël canaque en Indochine » (1931) 146
Figure 15. Extrait de la conclusion de la conférence à l'UCJG (1931).........151
Figure 16. Le jeu scénique de Téa Kanaké (1975).......................................159
Figure 17. Couverture du n° 1 du *Journal de la Société des Océanistes*
(1945) 161
Figure 18. Couverture du n° 9 du *Journal de la Société des Océanistes*
(1953) 161
Figure 19. Couverture de la revue culturelle *Mwà Véé* (2002) 163
Figure 20. Extrait de l'interview
« Quand les Canaques prennent la parole » (1985)......................................167
Figure 21. La marionnette du « missi » au festival Melanesia 2000 (1975) 176

TABLE DES MATIÈRES

Remerciements 7

Introduction 9
   Dominique BARBE

Les présupposés théologiques et philosophiques
du discours leenhardtien 13
   Frédéric ROGNON

Maurice Leenhardt et les missionnaires catholiques,
vers une convergence ecclésiologique dans la région
de Houaïlou-Canala au début du XXe siècle ? 37
   Dominique BARBE

« Do Kamo ». Comment la pire des fables
passe pour la meilleure théorie 53
   Bernard RIGO

La trajectoire Leenhardt : émergence et évolution de l'humain,
maître de sa conscience Analyse des proximités intellectuelles
entre Franz Leenhardt, Maurice Leenhardt et Éric Dardel 71
   Gilles VIDAL

Maurice – et Jeanne – Leenhardt et l'archéologie calédonienne :
une histoire de connexions 89
   Émilie DOTTE-SAROUT

Sur le rôle respectif de Maurice Leenhardt
et de ses collaborateurs kanak dans l'élaboration
de *Langues et dialectes de l'Austro-Mélanésie* (1946) 117
  Bernard GASSER

Maurice Leenhardt et le colonialisme. Textes et conférences
sur la légitimation coloniale (1913-1948) 137
  Gwénael MURPHY

Tuer le père ? Les enjeux d'une analyse critique
de Maurice Leenhardt par les ethnologues 155
  Caroline GRAILLE

Les « fonds Leehnardt » aux archives
de la Nouvelle-Calédonie 179
  Ismet KURTOVITCH

Inventaire détaillé du fonds « 12 J » des archives
de la Nouvelle-Calédonie 187
  Gwénael MURPHY

Bibliographie leenhardtienne 197

Auteurs 201

Résumés / Abstracts 205

Table des figures 217

Structures éditoriales du groupe L'Harmattan

L'Harmattan Italie
Via degli Artisti, 15
10124 Torino
harmattan.italia@gmail.com

L'Harmattan Hongrie
Kossuth l. u. 14-16.
1053 Budapest
harmattan@harmattan.hu

L'Harmattan Sénégal
10 VDN en face Mermoz
BP 45034 Dakar-Fann
senharmattan@gmail.com

L'Harmattan Congo
219, avenue Nelson Mandela
BP 2874 Brazzaville
harmattan.congo@yahoo.fr

L'Harmattan Cameroun
TSINGA/FECAFOOT
BP 11486 Yaoundé
inkoukam@gmail.com

L'Harmattan Mali
ACI 2000 - Immeuble Mgr Jean Marie Cisse
Bureau 10
BP 145 Bamako-Mali
mali@harmattan.fr

L'Harmattan Burkina Faso
Achille Somé – tengnule@hotmail.fr

L'Harmattan Togo
Djidjole – Lomé
Maison Amela
face EPP BATOME
ddamela@aol.com

L'Harmattan Guinée
Almamya, rue KA 028 OKB Agency
BP 3470 Conakry
harmattanguinee@yahoo.fr

L'Harmattan Côte d'Ivoire
Résidence Karl – Cité des Arts
Abidjan-Cocody
03 BP 1588 Abidjan
espace_harmattan.ci@hotmail.fr

L'Harmattan RDC
185, avenue Nyangwe
Commune de Lingwala – Kinshasa
matangilamusadila@yahoo.fr

Nos librairies en France

Librairie internationale
16, rue des Écoles
75005 Paris
librairie.internationale@harmattan.fr
01 40 46 79 11
www.librairieharmattan.com

Librairie des savoirs
21, rue des Écoles
75005 Paris
librairie.sh@harmattan.fr
01 46 34 13 71
www.librairieharmattansh.com

Librairie Le Lucernaire
53, rue Notre-Dame-des-Champs
75006 Paris
librairie@lucernaire.fr
01 42 22 67 13